낙제생들의 노래

최년균 · 정환종 역주

정원표 감수

도서출판 월인

서문

중국은 以文立國하였다. 즉 文으로 나라를 세우고 다스렸으며 문관이 무관보다 우선이 되는 나라였다. 이러한 중국을 대표하는 王朝는 중국의 찬란한 문화를 꽃피웠다고 일컬어지는 漢나라와 唐나라였다. 漢나라에서는 인재선발에 孝廉制度를 사용하였다. 각 군현에서 효자와 청렴한 사람을 추천하여 고핵한 다음 관직를 주는 제도이다. 그러나 이 제도는 많은 병폐를 불러왔다. 정말 효자인지 청렴한 사람인지 가리기도 어려워 허명을 얻어 관직에 오르려는 시도가 속출하였다. 또한 진정한 효자, 청렴한 사람이라도 관리의 자질을 갖추고 있는지는 별개의 문제였다. 魏, 晉, 南北朝時代에는 九品中正制를 시행하였는데 이 또한 "下品에 高貴한 가문 출신이 없고 上品에 微賤한 족속이 없다"는 폐단이 생겼다. 隋나라 文帝는 이를 없애고 科擧制를 실시하였다.

본격적인 과거제도의 시행은 중국문화가 가장 찬란히 꽃피웠던 당나라 때였다. 당나라의 과거제도는 선비들에게는 출세로 나가는 첩경이었고 정부에게는 검증된 인재를 비교적 공정하게 계속해서 등용하여 행정에 투입할 수 있게 하였는데 각 지방에서 선발시험을 거쳐 뽑힌 鄕貢들이 서울인 장안이나 낙양에 와서 시험을 치르게 되어 있었다. 鄕貢들은 서울에 와서 그동안 자신들이 지은 시를 文名있는 사람이나 고관들, 시험관들에게 돌려 미리 자신을 알리고 평가를 받아보곤 하였는데 이를 行卷, 溫卷이라 하였다.

한 해에 과거시험을 치는 鄕貢들의 수는 많게는 이 삼천여 명에서 적게는 팔백여 명이었으며 이 중 급제하는 기쁨을 누리는 사람은 겨우 삼십명 내외였다. 당연히 行卷도 치열하고 관리들에게 자신을 알리는 것도 쉽지는 않았을 것이다. 때문에 관리들과 유명인사에게 연줄을 댈 수 없는 일부인사는 靑樓라 하는 기생집의 유명한 기생들에게 부탁하여 자신의 작품을 놀러온 관리들에게 보이는 수도 있었다. 이렇게 자신을 알리려 노력하지만 대부분 권력에 가까우면서 작품도 뛰어나고 이미 시인으로 이름이 알려진 사람이 유리한 것은 말할 필요도 없으며 唐나라 과거제도의 한 단점이 된다.

중국은 땅도 넓어 한번 시험 보러 오가는 시간이 오래 걸렸고 비용도 많이 들었으며 장안이나 낙양에서의 생활도 녹녹치 않았다. 한 번 두 번 떨어지면서 노자가 떨어지면 장안에서 머물 방법을 찾아보아야 했다. 운 좋은 사람은 관리들이나 돈있는 집의 입주과외 선생을 하며 지냈던 것 같다. 관리들이 자신의 아들이나 손자들을 가리키게 하여 생활을 돌보아주고 行卷도 하게 해준 것이다. 그러나 행랑채 생활이 어찌 수월했으랴. 한 번 두 번 계속 떨어지고 나이가 들어가면 품었던 큰 꿈도 사그러들게 마련이라 느는 건 푸념과 넋두리요 드는 건 懷疑와 悔恨이라 흔들리는 마음을 다잡기는 쉽지 않았을 터. 급제하지 못하고 낙제한 사람들에게서는 당연히 여러 말이 나오기 마련이다. 여기에 뽑아 정리한 落第詩를 보더라도 시험관에게 이번 시험은 공정하였다고 하며 잘 보여 다음 기회를 기약하려는 사람, 나를 알아주지 못하는 시험관과 세상이 싫다고 다시는 시험 안보겠다는 사람, 붓을 버리고 從軍하겠다는 사람, 볼만큼 보았으니 고향에 돌아가겠다는 사람. 적당한 곳에 은거하겠다는 사람, 그냥 장안에 머물러 있겠다는 사람 등 여러 반응이 나온다.

흔한 말로 역사는 승자의 기록이라 한다. 문단도 마찬가지였던 것이다. 그동안 중국고전들을 공부해오면서 유명한 수많은 시인들의 이름을 들어왔고 작품들을 보아왔다. 그들 대부분은 과거에 급제하고 벼슬에 나아가 생활하며 자신의 喜怒哀樂을 표현했다.

그러나 지금까지 낙제시를 정리해 주석과 해석을 해놓은 자료를 본 적도 없어 낙제한 시기 문인들의 시와 감성과 생활 면면 등을 접할 기회조차도 없었다. 그들에게 과거시험은 인생의 가장 중요한 고비이고 관문이다. 이런 중요한 관문을 넘지 못하고 떨어진 시인들의 모습과 아픔을 그들이 낙제한 뒤 지은 시를 통해 조금이라도 이해하고자 이번에 ≪全唐詩≫에서 낙제와 관련된 시를 뽑아 해석하고 주를 달아 출판하게 되었다. 唐나라의 시인과 과거, 시단을 이해하는데 조금의 도움이라도 되었으면 좋겠다. 아울러 여러분들의 질정과 편달을 부탁드린다.

끝으로 이 책의 출판을 맡아주신 도서출판 월인에 감사를 드린다.

2011년 6월
역주자 일동

목차

<落第西還別劉祭酒高明府> 陳子昂

別館分周國, 歸驂入漢京.
地連函谷塞, 川接廣陽城.
望逈樓臺出, 途遙煙霧生.
莫言長落羽, 貧賤一交情.

<낙제하고 서쪽으로 돌아가며 劉祭酒·高明府와 이별하다>
진자앙

周나라 國都였던 洛陽의 여관을 떠나,
漢나라 首都였던 長安으로 고향 가는 수레는 들어왔다네.
땅은 函谷關이라 要塞와 잇닿고,
강은 臨潼의 廣陽城에 이어졌네.
높은 곳 올려다보니 樓臺가 솟아있는데,
내 갈 길은 아득하여 구름 안개만 피어오르네.
영원히 상처입고 떨어진 새 같다고 여기지 말지니,
가난하든 천하든 사귀는 정은 한결 같아야 하리.

註

* 陳子昂 : 字는 伯玉, 蜀땅 사람. 高宗 龍朔 元年(661)에 태어나 武后 長安 2年(702)에 죽었으니 42歲였다. 富裕한 집에서 태어나 건달 같은 생활하다 후에 뜻을 세워 학업에 열중하였다. 처음에 서울 갔는데 알아주는 이 없었다. 마침 胡琴을 百萬錢에 파는데 사는 사람이 없자 陳子昂이 얼른 사며 자기가 잘 연주한다 하고 宣揚里에서 다음날 재주를 보이겠다 하였다. 사람들이 그곳에 가니 술과 안주를 갖춰 잘 대접한 후 "蜀人 陳子昂이 글을 잘 하는데 알아주는 이가 없구나. 이런 악기는 천한 광대가 하는 것이니 마음 쓰지 말 것이다." 하고는 때려 부수고 자기의 글을 사람들에게 나눠주었다. 이에 하루 만에 명성이 서울을 진동하였다. 文明 元年(684)에 進士及第하였다. 그때 子昂의 나이는 23세였으니 당시로는 빠른 급제였다. 그러나 ≪全唐詩≫에 이 시 두 수가 있는 것으로 보아 그도 어린 나이에 낙제의 좌절이 있었던 것 같다. 武后가 아주 아꼈으며 右拾遺를 지냈다. 그 후 여러 사정으로 귀향하였는데 縣令인 段簡이 財産을 탐내 죄를 엮어 下獄시킨 뒤 얼마 안가 獄死하였다.
  唐 初期 詩風은 南朝의 徐陵·庾信을 따라 섬세하고 아름다우며 연약하였는데 陳子昂이 이를 씩씩하고 雅正하게 바꿨으니 그의 큰 功이라 한다.
* 西還 : 蜀은 洛陽·長安의 서쪽에 있으므로 귀향하는 것을 이렇게 썼다.
* 祭酒 : (좨주)라 읽는다. 國子監祭酒를 말한다.
* 明府 : 縣令에 대한 尊稱이다. 縣尉는 少府라 한다.
* 別館 : 客館. 이때의 科擧는 長安이 아닌 洛陽에서 치른 듯하다. 과거보기 위해 머물던 집을 가리킨다.
* 周國 : 周나라의 國都. 西周는 鎬京, 東周는 洛邑이 國都였다. 여기에서는 東周시대의 서울인 洛陽을 말한다.
* 歸驂 : 歸車. 즉 고향으로 돌아가는 수레를 말한다. 驂(참)은 세필의 말이 수레를 끄는 것 즉 三頭馬車인데 그냥 말이나 수레의 뜻으로 쓰인다.
* 漢京 : 漢나라의 서울. 즉 장안. 漢의 長安은 唐나라 長安의 西北에 위치한다.
* 函谷關 : 長安 부근의 유명한 關.
* 川 : 長安 북쪽의 渭水를 말한다.
* 廣陽城 : 陝西省 臨潼縣의 북쪽에 있던 城.

* 樓臺出 : 출세한 사람을 상징함.
* 煙霧生 : 자신의 암담한 현실을 상징함.
* 言 : 헤아리다. 추측하다. 알다.
* 落羽 : 상처 입고 떨어진 새를 말하는데 失意·失志를 뜻한다. 참고로 말하면 길짐승은 毛라 하고 날짐승은 羽라 하며 물짐승은 鱗이라 표현한다. 즉 그 짐승의 극히 작은 일부분으로 그 집승을 나타내는 것이다.
* 一 : 專一함. 純一함. 不變함.
* 貧賤一交情 : ≪史記·汲鄭列傳讚≫에 보면 翟公이 司法의 長官인 莫强한 廷尉가 되었을 때 손님으로 문이 터질 지경이었는데 그만두자 문 밖에 참새 잡는 그물을 놓을 수 있도록 새만 들끓었고 인적은 끊어졌다. 다시 廷尉가 되자 손님들이 몰려들게 되었는데 翟公이 문에 크게 써 붙였다. "죽느냐 사느냐가 달렸을 때 사귀는 정을 알 수 있고, 가난하냐 부유하냐가 닥쳤을 때 사귀는 모습을 알 수 있으며, 귀해졌느냐 천해졌느냐 하는 데에 사귀는 정이 들어난다. 一死一生, 乃知交情; 一貧一富, 乃知交態; 一富一賤, 交情乃見." ≪後漢書·宋弘傳≫에는 "貧賤之交不可忘. 빈천할 때의 사귐은 잊어서는 안된다."이라 하였다.

<落第西還別魏四懍> 陳子昂

轉蓬方不定, 落羽自驚弦.
山水一爲別, 歡娛復幾年.
離亭暗風雨, 征路入雲煙.
還因北山逕, 歸守東陂田.

<낙제하고 서쪽으로 돌아가며 魏懍과 이별하다> 진자앙

뿌리 뽑혀 구르는 쑥대인가 이제 정처가 없는데,
상처 입고 떨어진 새인가 빈 시위소리에도 놀란다네.
산 좋고 물 좋은 이곳을 한번 떠나가면,
기쁨과 즐거움은 또 몇 해나 가야 누리나.
이별하는 亭子는 비바람에 어두운데,
내 갈 길은 구름과 안개 속으로 이어지네.
다시 北山가는 길을 걸으려 하니,
돌아가 지키리라 동쪽 비탈의 밭뙈기나.

註

＊方 : 또한. 막. 이제. 바야흐로.

＊驚弦 : ≪戰國策 · 楚策≫에 다음과 같은 이야기가 있다.

更羸(경리)가 魏王과 京臺의 아래에 있다가 날아가는 새를 보며 魏王에게 말하였다. "臣이 임금님을 위해 화살 얹지 않은 빈 시위로 새를 떨구겠습니다." 잠시 뒤 기러기가 동쪽에서 오는데 과연 빈 시위를 당겨 새를 떨어뜨렸다. 魏王이 "기술이 이 정도에 까지 이를 수 있단 말인가" 하자, 更羸가 대답하였다. 이것은 孼鳥(얼조) 즉 상처 입은 새라는 것이었다. 어떻게 아느냐고 하자 천천히 날고 슬피 우는 것으로 알았다는 것이다. 묵은 상처가 낫지 않고 놀란 마음이 가시지 않았는데 활시위 소리를 듣자 몸을 늘이고 목을 빼 높이 오르다 옛 상처가 찢어져 떨어졌다는 것이다.

驚弦은 한번 좌절을 겪은 사람은 일을 당하면 겁부터 나고 툭하면 놀라기 쉽다는 것을 나타내게 되었다.

＊征路 : 征途. 路程. 旅程.

＊因 : 말미암다. 따르다.

＊北山 : 隱居하는 곳을 가리킨다. 郭遐周(곽하주)의 <贈嵇康>에서 "歸我北山阿, 逍遙以倡佯. 나의 北山 모퉁이에 돌아가, 소요하며 배회하리"라 하였고 吳均의 <酬別江主簿屯騎>에서 "我有北山志, 留連爲報恩. 내 北山의 뜻이 있지만, 미적거림은 은혜 갚기 위함이라네."라 하였다.

＊東陂田 : 隱居하며 때를 기다린다는 뜻으로 쓰인다.

≪後漢書 · 周燮傳≫에 의하면 周燮(주섭)은 조상이 남겨준 산마루의 초가와 비탈의 밭을 가지고 부지런히 일하여 자급자족하였다. 일찍이 孝廉의 賢良方正에 추천되었으나 병을 핑계로 사양하였으며 安帝가 幣帛으로 예를 갖춰 부르니 일가가 모두 권하였다. 즉 修德立行함은 나라를 위함인데 왜 동쪽 비탈의 밭이나 지키고 있느냐고. 周燮이 대답하였다. "대저 修道하는 사람은 時機를 헤아려 움직이는 법, 움직임이 時機에 맞지 않으면 어찌 형통할 수 있으리오."

<送綦毋潛落第還鄉> 王維

聖代無隱者, 英靈盡來歸.
遂令東山客, 不得顧採薇.
旣至君門遠, 孰云吾道非.
江淮度寒食, 京洛縫春衣.
置酒長安道, 同心與我違.
行當浮桂棹, 未幾拂荊扉.
遠樹帶行客, 孤城當落暉.
吾謀適不用, 勿謂知音稀.

<綦毋潛(기무잠)이 落第하고 歸鄉하니 전송하다> 왕유

태평성대에는 은자가 없으니,
영재들은 모두 모여든다네.
東山의 숨어사는 이를,
고비 뜯는 일 생각지 않게 하였다네.
왔어도 대궐의 문은 멀기만 하였지만,
어찌 자기의 길이 틀렸다 하겠는가.
長江·淮水에서 한식을 지낼 것이고,
洛陽 東都에서 봄옷을 꿰매리라.
長安 大路에 술자리 베푸니,
한 마음의 벗님과 이별이구나.
장차 계수나무 배를 띄우면,
얼마안가 고향 사립문에 닿으리라.
아득히 늘어선 나무들은 나그네를 이끄는데,
외딴 城 하나 夕陽을 마주하고 있다네.

자신의 계책이 공교롭게 쓰이지 않았을 뿐,
알아주는 이 거의 없다고 여기지 말기를.

註

*王維 : 字는 摩詰. 則天武后 聖歷 2年(699)에 태어나 肅宗 乾元 2年(759)에 죽으니 61歲였다. 아홉 살 때에 이미 글을 짓는 天才였으며 開元初에 進士及第하여 右拾遺·監察御史를 지냈다. 山水詩로 이름을 떨쳤느나 送詩·邊塞詩도 대단히 뛰어났다. 長安 남쪽 輞川에 別墅를 두고 裴迪 등과 노닐며 創作하였다. 또한 그림에도 능하여 그의 山水畵는 南宗畵의 淵源이 될 정도였다. 한마디로 多才多能하였다. 동생인 王縉도 글이 뛰어나 형제가 함께 이름이 났다.

*綦毋潛 : 字는 孝通, 荊南사람이다. 生卒年은 확실히 알 수 없다. 開元 14年(726) 進士及第하였다. 詩를 잘 하였는데 특히 世俗을 벗어난 깨끗한 마음을 잘 그려냈다. 右拾遺를 지냈고 集賢院待制·校書郎·著作郎을 역임하였다. 후에 세상이 어지러움을 보고 감투를 벗고 江東으로 돌아가 隱居하였다.

*聖代 : 태평성대. 자기가 사는 시대를 의례 이렇게 불렀다.

*英靈 : ① 뛰어난 人才. ② 죽은 사람의 영혼을 높여 부르는 말.

*東山客 : 東晋의 謝安이 일찍이 東山에 隱居하였다. 흔히 "東山携妓"라 한다. 따라서 東山客은 隱士를 나타낸다.

*採薇 : 周나라 武王이 殷나라 紂王을 치고 天下를 차지하자 伯夷·叔齊는 周나라 곡식을 안 먹겠다고 首陽山에 숨어 薇蕨(미궐. 고비와 고사리) 뜯어 먹다 굶어죽었다. 고비 뜯고 고사리 캔다는 것은 요즈음 말로 반체재라 하면 쉽게 알 수 있다.

*旣 : 이미. 벌써. 대궐 문에 이미 도착했음을 나타낸다.

*君門遠 : 대궐의 문은 멀었다. 落第를 말함.

*吾道非 : ≪史記·孔子世家≫에 의하면 孔子가 陳과 蔡사이에서 곤경에 처했을 때 나의 길 나의 주장이 틀렸단 말인가 어찌 이 지경에 이르렀단 말인가 하였다 한다.

*京洛 : 東京·東都인 洛陽.

*行當 : 장차. 앞으로.

*桂棹(계도) : 계수나무로 만든 노. 棹는 노가 본뜻이나 배의 代稱으로 쓰인다.

*未幾 : 얼마안가.

* 拂 : 接近하다. 접촉하다.
* 荊扉 : 싸리나무로 엮어 만든 문이니 즉 사립문이다.
* 適 : 마침. 우연히. 공교롭게.
* 知音 : ≪列子 · 湯門≫에 나오는 이야기.

伯牙는 琴을 잘 탔고 種子期는 잘 감상하였다. 伯牙가 高山을 생각하며 타면 子期는 泰山처럼 우뚝하도다 하였고 伯牙가 流水를 생각하며 타면 子期는 출렁출렁 강물 같구나 하였다.

伯牙가 생각하는 바를 子期는 꼭 알아챘다 한다. 以後 知音 즉 소리를 알아듣는다로 자기를 제대로 알아주는 것 즉 知己를 나타냈다.

<送丘爲落第歸江東> 王維

憐君不得意, 況復柳條春.
爲客黃金盡, 還家白髮新.
五湖三畝宅, 萬里一歸人.
知禰不能薦, 羞爲獻納臣.

<丘爲가 落第하고 江東으로 돌아가니 전송하다> 왕유

애석하구나! 그대 뜻을 얻지 못함이여.
더구나 또 버들가지 피는 봄날이라니……
나그네 되어 황금만 없어지고,
돌아가려니 백발만 돋았네.
五湖에는 오막살이가 있으려니,
萬里 먼 길 쓸쓸히 갈 사람이여.
예형(禰衡)인줄 알면서 천거하지 못했으니,
獻納臣 됨이 참으로 부끄럽소.

註

* 丘爲 : 字는 알려지지 않았으며 蘇州사람이다. 生卒年은 확실히 알 수 없다. 대략 則天武后의 長安(701~704) 年間에서 德宗의 貞元(786~804)末까지 生存 96歲의 장수를 누린 것으로 알려졌다. 오랫동안 及第 못하다가 天寶 元年(742)에야 進士가 되었다. 王維가 인정하였고 劉長卿과 친하였다. 그는 繼母를 지극한 효성으로 섬겨 이름났으며 堂下에 靈芝가 났다고 한다. 팔십여 세에 太子右庶子를 끝으로 致仕하고 돌아갔는데 계모가 그때까지 생존해 있었으며 자기 봉급의 절반을 털어 모셨다 한다.
* 柳條 : 단순히 버들이 아니고 이별을 상징한다. 예로부터 길 떠나는 사람에게 버들을 꺾어주는 풍속이 있었다. 또한 ≪詩經≫의 <小雅·采薇>에서도 "昔我往矣, 楊柳依依, 今我來思, 雨雪霏霏. 예전 내가 떠날 때 버들이 하늘하늘 했는데, 지금 내가 돌아간다면 눈이 펄펄 날리리."라 하였으니 이별의 含義가 있다 하겠다.
* 春 : 합격자의 방(榜)은 봄에 붙인다. 따라서 낙제자에게 봄은 슬프다.
* 五湖 : 太湖. 丘爲의 고향은 太湖 부근이었다.
* 畝(무) : 논밭 넓이의 단위. 1畝는 1段의 1/10이니 약 30평이다.
* 三畝宅 : 당시로는 아주 작은 집이다. 孟子時代에도 五畝之宅이 그저 살만한 집이었다.
* 禰衡(예형) : 後漢人. 언변이 뛰어나고 총명하였으며 몹시 오만하였다. 나이가 훨씬 많은 孔融과 忘年之交를 맺었고 孔融은 그를 적극 추천하였다. 王維는 자신이 孔融과 같지 못함을 자책하는 것이다.
* 獻納臣 : 補闕·拾遺는 그 所任이 人材 추천과 좋은 의견의 開陳이었다. 王維는 右拾遺·左補闕을 歷任하였으므로 이렇게 말하는 것이다.

<落第長安> 常建

家園好在尙留秦, 恥作明時失路人.
恐逢故里鶯花笑, 且向長安度一春.

<장안에서 낙제하다> 상건

내 집 뜰 잘 두고도 여전히 서울에 머무니,
부끄럽구나! 이 좋은 시대에 길 잃은 사람 되었으니.
두려운 건 고향 꾀꼬리 꽃의 비웃음이니,
그럭저럭 長安에서 또 한 봄을 넘겨야지.

註

* 常建 : 生卒年 모두 분명치 않다. 玄宗 開元 15年(727)에 王昌齡과 함께 及第함. 詩를 아주 잘 하였는데 有識하게 말해 旨趣가 幽遠하고 感興은 冷僻하다. 벼슬길이 순조롭지 못하여 거문고와 술에 정을 부쳤으며 長安 부근의 太白山과 終南山의 紫閣峯을 往來하며 은거할 뜻을 키웠다. 결국 鄂渚(악저)에 숨어 王昌齡 · 張僨을 불러서 함께 은거하였다. 당시 크게 이름을 떨친 名士였다. 위의 시는 長安에서 落第한후 지은 시이다.
* 家園 : 집의 뜰. 집의 정원. 나아가 故鄕, 家庭의 뜻으로 쓰임.
* 秦 : 漢과 唐의 長安은 秦의 都邑인 咸陽이 있던 곳이다. 따라서 秦, 秦川, 秦中으로 首都인 長安을 나타냈다.
* 恥 : ≪論語 · 泰伯≫에 "邦有道, 貧且賤, 恥也 ; 邦無道, 富且貴, 恥也. 나라에 道가 있는데 貧賤하면 수치요, 나라에 道가 없는데 富貴하면 수치니라."라 하였다.
* 明時 : 太平聖代. 자기가 살던 시대를 나타냄.
* 失路 : 要路를 얻지 못함. 要路 · 要津은 중요한 길목인데 나중에는 영향력 있는 중요한 자리나 지위, 또는 그러한 자리에 있는 사람을 나타냈다. 漢 · 揚雄의 <解嘲>에서 "當塗者升青雲, 失路者委溝渠. 요로에 있는 사람은 청운에 오르나, 요로를 얻지 못한 사람은 개골창에 버려진다."라 하였다.
* 故里 : 故土. 故鄕.
* 鶯 : ≪詩 · 小雅 · 伐木≫에서 "伐木丁丁, 鳥鳴嚶嚶. 出自幽谷, 遷於喬木. 나무 찍는 소리 탕탕, 새우는 소리 조잘조잘. 으슥한 골짜기에서 나와 큰키 나무로 옮아가네."이라 하였다. 嚶嚶은 그저 새우는 소리인데 唐나라 때부터 꾀꼬리의 울음소리라 하였으며 幽谷에서 喬木으로 옮아감이 及第나 昇職 · 昇進을 나타낸다 하였다. 따라서 꾀꼬리는 及第 · 昇職 · 昇進의 象徵이 되었다.
* 花 : 唐代의 進士及第者들은 長安城을 싸지르며 꽃구경 다니는 풍속이 있었다. 요즈음의 카퍼레이드와 비슷하다 하겠다. 따라서 看花는 及第를, 看花人은 及第者를 뜻하였다. 그 증거가 있으니 宋나라 錢易의 ≪南部新書≫에서 "施肩吾와 趙嘏는 同年 同榜의 及第者이건만 사이가 안 좋았다. 趙嘏는 예전에 한쪽 눈을 잃어 구슬로 눈동자를 대신하였었다. 施肩吾가 조롱하는 시를 지었는데 가로되 스물아홉 명이 함께 급제하였는데 쉰일곱

눈이 꽃구경하네. 二十九人同及第, 五十七隻眼看花."라 하였다. 또한 孟郊의 <登科後>에서도 "春風得意馬蹄疾, 一日看盡長安花. 봄바람에 흡족한 마음 말발굽도 경쾌해, 하루 동안에 長安의 꽃을 다 보았다네."라 하였다.

<落第贈楊侍御兼拜員外仍充安大夫判官赴范陽> 劉長卿

職副旌旄重, 才兼識量通.
使車遙肅物, 邊策遠和戎.
擲地金聲著, 從軍寶劍雄.
官成稽古力, 名達濟時功.
肅穆烏臺上, 雍容粉署中.
含香初待漏, 持簡舊生風.
黠吏偏驚隼, 貪夫輒避驄.
且知榮已隔, 誰謂道仍同.
念舊追連茹, 謀生任轉蓬.
泣連三獻玉, 瘡懼再傷弓.
戀土函關外, 瞻塵灞水東.
他時書一札, 猶驥問途窮.

<侍御史이시며 또 員外郎에 拜受되시고
다시 安大夫의 判官이 되시어 范陽으로
赴任하시는 楊謀께 落第한 뒤 드리는 글> 유장경

職位는 將帥의 輔佐로 莫重하시며,
재주는 識見과 度量 모두 통달하셨다네.
부임하는 수레 속 멀리서도 엄숙하시고,
변방의 계책은 먼 外族과 화평이라네.
지은 글 땅에 던지면 金石의 소리 쟁쟁하고,
종군하시니 寶劍이 헌걸차시네.
벼슬은 옛일을 잘 考察하신 力量이시고,
명성은 세상을 구제하신 공로이시라네.

까마귀 모였다는 御史臺에서는 엄숙하고 공경하시며,
벽에 분칠했다는 尙書省에서는 온화하고 점잖으셨다네.
지금 조회 시간 기다리며 鷄舌香 물고 계시지만,
예전 監察 맡아 威風 당당히 笏을 잡고 계셨다네.
간악한 관리 송골매라 기겁하게 놀랐고,
탐욕스런 무리 청총마라 재빨리 피했네.
아아! 이 몸은 富貴榮華와 이미 담을 쌓은 격,
어찌 그대와 길이 같다 하리오.
옛날엔 띠풀 뿌리 엉키듯 따르고 친했건만,
지금은 살길 찾아 구르는 쑥대와 같네.
세 번이나 주옥 같은 글 바쳐 눈물 이어졌고,
상처 입은 새라 상할까 겁부터 나는구나.
函谷關 밖의 고향땅을 그리며,
灞水의 동쪽에서 그대의 수레 먼지를 본다네.
다른 날 편지 한 장 쓰셔,
그래도 막다른 길의 이 사람 위로해 주시길.

註

* 劉長卿 : 字는 文房. 生卒年은 불분명함. 玄宗 開元 21年(733)에 進士及第하였다. 성품이 억세고 남과 어울리지 못하였으며 그 때문에 誣告를 당하여 죄없이 下獄되기도 하였다. 벼슬길은 그리 순탄하다 할 수 없었으며 隨州刺史로 끝났다. 詩는 특히 五言詩가 뛰어나 權德輿는 그의 詩를 "五言長城"이라고 칭찬하였는데 公正한 평가라 할 수 있다.
* 安大夫 : 范陽節度使로 姓이 安인 사람은 安祿山 하나다. ≪舊唐書≫에 의하면 天寶 3年에 范陽節度使가 되었고 6년에 大夫가 되었다 한다.
* 判官 : 節度使의 屬官이다.
* 旌旄 : 將帥의 깃발. 將帥의 뜻으로도 쓰인다.
* 識量 : 識見과 度量.
* 使車 : 中央政府의 使命을 띤 사람이 탄 수레.
* 肅物 : 사람을 대하거나 사물을 접할 때 엄숙하고 단정함.
* 邊策 : 邊方을 安定시킬 計策.
* 擲地金聲 : ≪世說新語 · 文學≫에 의하면 孫綽이 <天台賦>를 완성한 뒤 范啓에게 보이며 뽐냈다. "한번 땅에다 던져보시게, 분명 金石 즉 종과 磬(경) 소리가 날걸세." 글의 聲調가 쟁쟁하다는 말이다.
* 稽古 : 옛 일을 考察함.
* 濟時 : 匡時濟世. 당시의 나쁜 것을 고치고 세상의 어려움을 구제함.
* 肅穆 : 嚴肅하고 恭敬함.
* 烏臺 : ≪漢書 · 朱博傳≫에 의하면 當時 御史府에 측백나무가 줄지어 있었는데 들까마귀 수천마리가 그 위에 깃들었다가 새벽에는 떠나고 저녁이면 돌아오곤 하였다 한다. 후세에 이 때문에 御史臺를 烏臺라 부르게 되었다 한다.
* 雍容 : 온화하고 점잖음.
* 粉署 : 漢代에 尙書省의 벽에는 胡粉을 발랐다 한다. 이 때문에 尙書省을 粉署 즉 분바른 官署라 부르게 되었다 한다.
* 含香 : ≪漢官儀≫에 의하면 임금을 지척에서 뵙게 되는 尙書郎은 입냄새를 없애기 위해 鷄舌香을 물고 엎드려 上奏하였다 한다.
* 待漏 : 百官들이 朝會하려면 먼저 宮 밖에서 모여 漏刻 즉 물시계가 제때에 이르기를 기다렸다 한다. 이것을 待漏라 한다.

* 簡 : 手版 또는 홀(笏)이라 한다. 관리들이 손에 쥐고 있다.
* 生風 : 威風이 생김. 즉 威風이 堂堂함.
* 烏臺와 生風은 侍御史에 관한 일이고 粉署와 含香은 員外郎에 관한 것이다.
* 黠(할) : 교활함. 간교함.
* 偏 : 몹시. 대단히. 아주.
* 隼(준) : 송골매.
* 驄 : 청총마. 총이말. ≪後漢書·桓典傳≫에 의하면 당시 환관들이 권력을 잡고 횡포가 심하였다 한다. 桓典이 侍御史가 되자 公事를 보매 엄격하여 피하는 것이 없었다. 그는 언제나 驄馬를 타고 다녔는데 서울사람들이 모두 두려워 驄馬御史를 우선 피하고 보자 하였다 한다. 이 때문에 後世에는 驄馬로 御史를 나타내게 되었다.
* 茹 : ≪易≫의 <泰卦>에 "拔茅茹. 以其彙. 띠풀을 뽑으면 뿌리가 엉켜있으니 같은 類이기 때문이다."라 하였다. 茹는 뿌리가 서로 엉킨 모습이다.
* 謀生 : 생활을 유지할 방법·길을 모색함.
* 三獻玉 : ≪韓非子·和氏≫에 의하면 楚人인 和氏가 옥박(玉璞) 즉 玉의 原石을 楚山에서 발견하여 厲王에게 바쳤는데 玉다루는 사람이 돌이라 하였다. 王은 속였다고 하여 和氏의 왼발을 잘랐다. 厲王이 죽고 武王이 즉위하자 또 玉을 바쳤는데 玉다루는 사람은 다시 돌이라 하였고 武王은 속였다 하여 오른발을 잘랐다. 武王이 죽고 文王이 즉위하였는데 和氏는 玉璞을 안고 楚山 아래에서 사흘 밤낮을 우니 눈물이 마르고 피가 흘렀다. ……文王이 玉다루는 사람에게 玉璞 을 다루게 하여 드디어 寶玉을 얻었는데 이것을 和氏之璧이라 불렀다 한다.
  本詩에서는 자기의 才能을 여러 번 펼쳤으나 번번이 落第하였다는 의미로 쓰였다.
* 瘡懼云云 : 앞에서 이미 설명하였다.
* 途窮 : 길이 막다름. ≪世說新語·棲逸≫에서 ≪魏氏春秋≫를 引用하였는데 阮籍은 홀로 수레를 몰고 나가는데 길을 가다가 막다르면 통곡하였다 한다. 막다른 길이 이러지도 저러지도 못하는 제 신세·처지와 흡사하다는 것이다.

<落第歸鄕留別長安主人> 豆盧復

客裏愁多不記春, 聞鶯始歎柳條新.
年年下第東歸去, 羞見長安舊主人.

<落第한 뒤 歸鄕하며 長安 旅館主人에게 주는 이별의 詩>
두로복

客地생활에 시름만 많아 봄마저 잊었는데,
꾀꼬리 소리 듣고서야 버들가지 새로워진 것을 탄식했네.
해마다 떨어져 동쪽으로 돌아가자니,
長安의 낯익은 여관주인 보기가 부끄럽네.

註

* 豆盧復 : 豆盧가 姓이고 復이 이름이다. ≪全唐詩≫에 의하면 그는 崇玄生이었고 詩 두 首를 남겼다고 되어있다. 崇玄館은 唐代 官立道敎學校로 開元 29年(741)에 設置되었으며 博士를 두어 學生을 가르치게 하였다. 그들이 익히는 과목은 ≪老子≫ ≪莊子≫ ≪文子≫ ≪列子≫ 等이었다.
* 記 : 不忘. 즉 잊지 않음.
* 鶯 : 단순히 꾀꼬리를 뜻하지는 않고 科擧의 發表로 合格 不合格을 알게 되었다는 含意가 있다. 發表는 봄에 있으며 榜도 그래서 春榜이라 한다.
* 柳條新 : 단순히 버들이 새롭게 핀 것이 아니고 이별한다는 내용을 담고 있다. 옛부터 이별할 때에는 길 떠나는 사람에게 버들가지를 꺾어서 주었는데 그 중 유명한 것으로 宋나라 朱敦儒가 지음 <柳枝>라는 詞가 있다.

  江南岸, 柳枝. 江北岸, 柳枝.
  折送行人無盡時, 恨分離, 柳枝.
  酒一盃, 柳枝. 淚雙垂, 柳枝.
  君到長安百事違, 何時歸, 柳枝.
  강남쪽 기슭의 버들가지. 강북쪽 기슭의 버들가지.
  꺾고 꺾어서 길 떠나는 이를 보내도 다할 때가 없으니, 이별을 한탄하는 버들가지.
  한 잔 술에 버들가지. 두 줄기 눈물에 버들가지.
  당신이 서울 가 온갖 일이 글러지면, 언제쯤 돌아오나 버들가지.
* 제2구는 결국 과거의 결과를 보고나서야 봄이 왔다는 것을 알았고 또 다시 장안을 떠나야 한다는 것을 깨달았다는 것이다. 꾀꼬리와 버들은 단순한 경물이 아닌 것이다.
* 東歸 : 唐의 首都 長安은 西北쪽에 자리 잡고 있다. 따라서 中國 대부분은 長安의 東이나 南이 되는데 일단 東쪽 문을 나서서 歸鄕하므로 東歸라 한 것이다. 물론 예외도 있으니 앞에 나온 陳子昂은 蜀땅의 사람이므로 西還 즉 서쪽으로 돌아간다 하였다. 蜀은 長安보다 서쪽에 있으니까 말이다.
* 舊主人 : 科擧를 많이 보았으므로 旅館도 단골이 있었을 것이며 그 주인도 낯이 익어 옛부터 알던 주인이라 하였다.

<落第劉拾遺相送東歸> 錢起

不醉百花酒, 傷心千里歸.
獨收和氏玉, 還採舊山薇.
出處離心盡, 榮枯會面稀.
預愁芳草色, 一徑入衡闈.

<落第한 뒤 동쪽으로 가는 나를 拾遺벼슬하는 劉某가 전송해주다> 전기

취하지도 않네 백화주에도,
상심뿐이네 천리 먼 길 돌아가야 하니.
和氏玉 내 재주를 다시 거둬들이고,
고향 산의 고비나 또 뜯어야겠네.
거듭거듭 낙제해 이별의 슬픔은 메말랐고,
꽃피고 시듬이 다르니 서로 만나는 일 드물겠지.
지레 걱정하네 꽃다운 풀빛이,
온 길 가득 채워 사립문에 들어올 것을.

註

* 錢起 : 字는 仲文, 江南 사람이다. 大曆(代宗時代의 年號. 766~779)十才子의 한 사람이다. 天寶 10年(751)에 及第하였다. 그가 有名한 것은 다음의 이야기 때문이다. 그가 客舍에 머물 때 문 밖에서 "曲終人不見, 江上數峯靑."이라고 여러 차례 읊조리는 것이었다. 문을 열고 보아도 아무도 보이지 않았다. 그 후 과거를 보는데 詩題가 <湘靈鼓瑟. 湘江의 神이 瑟을 타다>이었다. 옳다구나 하고 그 두 句로 끝을 맺었다. 考試委員들이 모두 神의 도움이 있지 그냥 나올 수 없는 詩句라고 크게 稱賞하고 높은 점수를 주었다 한다. 그는 郎士元과 함께 이름을 날려 당시에 "前有沈宋, 後有錢郎. 예전에는 沈佺期·宋之問이 있고, 후에는 錢起·郎士元이 있다."이라 하였으며 朝廷의 官吏들 즉 丞相以下 百官이 地方으로 赴任하거나 길 떠날 때 餞送宴자리에 錢起·郎士元의 送詩가 빠지면 그것은 무효라 했으며 큰 수치로 알았다 한다.
* 百花酒 : 많은 꽃을 넣어 빚은 고급술.
* 獨 : 3句의 獨과 4句의 還은 互文으로 또 다시, 여전히의 뜻이다.
* 和氏玉 : 앞에서 나왔다. 玉으로 자신의 才能을 나타냈다.
* 舊山 : 故鄕을 말하는데 여기에서는 고향의 산으로 쓰였다.
* 採薇 : 周나라 武王이 殷의 紂王을 치고 天下를 얻자 伯夷·叔齊는 周나라 곡식을 안 먹겠다며 首陽山에 숨어 薇蕨(고비와 고사리)을 캐 먹다 굶어 죽었다. 따라서 고비를 캐다 고사리를 뜯다 하면 세상을 버리고 隱居하는 것을 말한다.
* 出處 : 나아가 활동·벼슬하는 것과 집에 머물고 숨는 것 즉 隱居하는 것. ≪易≫의 <繫辭上>에서 "君子之道, 或出或處, 或黙或語. 君子의 가는 길이란 혹은 나아가 벼슬하거나 혹은 집에 머물고, 혹은 묵묵히 있거나 혹은 말을 하는 것이다."라 하였다.
* 會面 : 만나다. 대면하다.
* 衡闈(형위) : 衡門과 같다. 즉 양쪽에 기둥을 세우고 막대기 하나를 가로지르고는 문이라 치는 것이다. 이것으로 누추한 집도 나타낸다.

<送鄔三落第還鄉> 錢起

郢客文章絶世稀, 常嗟時命與心違.
十年失路誰知己, 千里思親獨遠歸.
雲帆春水將何適, 日愛東南暮山碧.
關中新月對離尊, 江上殘花待歸客.
名宦無媒自古遲, 窮途此別不堪悲.
荷衣垂釣且安命, 金馬招賢會有時.

<鄔三(오삼)이 落第, 歸鄕하므로 전송하다> 전기

郢客 같은 고상한 詩人의 글은 세상에 견줄 바 없이 드문데,
늘 탄식함은 운명과 생각이 어긋남이라.
십년을 길 잃고 뜻 잃었으니 알아줄 이 그 누군가,
천리 밖 어버이 그리며 그저 멀리 돌아갈 뿐이라.
구름 같은 돛달고 봄 강물에 어디로 가려나,
날로 동남쪽 저녁 산 푸른 것 기뻐하리라.
관중이라 서울의 초승달 아래 이별의 술잔을 대하니,
강가의 남은 꽃들도 돌아가는 사람을 마주하네.
명성과 벼슬은 끌어주는 이 없으면 옛부터 더딘 법,
막다른 길에서 지금 이별한다고 슬퍼할 것 없지.
연잎 옷 입고 낚시 드리우며 그저 운명을 따를지니,
金馬門에서 인재 부름은 응당 때가 있으리.

註

*郢客(영객) : 宋玉의 <對楚王問>을 보면 다음의 이야기가 나온다. 郢땅에서 노래하는 사람이 있었는데 처음에 저속한 <下里巴人>을 부르자 모여서 함께 노래 부르는 사람이 수천 명이었다. 조금 고상한 <陽阿薤露(양아해로)>를 부르자 모여서 함께 부르는 사람이 수백 명이었다. 아주 고상한 <陽春白雪>을 부르자 모여서 함께 부르는 사람이 불과 수십 명이었다. 商聲으로 뽑으며 羽聲으로 꾸미고 流徵(유치)를 섞자 모여서 함께 부르는 사람이 불과 몇 명이었다. 곡이 고상해 질수록 함께하는 사람이 적어지는 것이다. 운운. 이후 郢客은 歌手나 詩人을 가리키게 되었으며 또한 格調가 높은 노래나 詩文도 뜻하게 되었다.

*絶世 : 絶代라고도 한다. 당대에 견줄만한 것이 없다는 말이다.

*時命 : 命運. 運命.

*雲帆 : 구름처럼 흰 돛.

*關中 : 長安一帶를 가리킨다. 東으로는 函谷關, 西로는 散關, 南으로는 武關, 北으로는 蕭關이 있고 그 가운데가 長安인 것이다.

*新月 : ① 초승달. ② 보름달.

*離尊 : 이별의 술잔. 尊은 尊貴하다는 뜻으로 쓰일 때에는 (존)으로 읽으나 술그릇으로 쓰일 때에는 (준)으로 읽으며 樽·罇과 같은 뜻의 字이다.

*殘花 : ① 殘이 傷하다, 毁損하다의 뜻으로 쓰이면 시든 꽃의 뜻이고 ② 殘이 剩餘의 뜻으로 쓰이면 아직도 남아있는 꽃의 뜻이 된다. 本詩에서는 ②가 맞는다.

*名宦 : 名聲과 官職.

*窮途 : 막다른 길. 窮地. 困境.

*荷衣 : 연잎으로 만든 옷. 고상한 사람, 은자를 나타낸다. ≪楚辭·九歌·少司命≫에서 荷衣와 蕙帶라 하였다.

*安命 : 운명에 따름. 운명을 마음 편하게 받아드림.

*金馬門 : 漢代의 宮門이름인데 學士들이 임금의 詔命을 기다리던 곳이다.

*會 : 응당. 분명.

<送褚大落第東歸> 錢起

離琴彈苦調, 美人慘向隅.
頃來荷策干明主, 還復扁舟歸五湖.
漢家側席明揚久, 豈意遺賢在林藪.
玉堂金馬隔靑雲, 墨客儒生皆白首.
昨夢芳洲采白蘋, 歸期且喜故園春.
雉子只思陶令至, 文君不厭馬卿貧.
剡中風月久相憶, 池上舊遊應再得.
酒熟寧孤芳杜春, 詩成不枉靑山色.
念此那能不羡歸, 長楊諫獵事皆違.
他日東流一乘興, 知君爲我掃荊扉.

<褚大가 落第하고 동쪽으로 돌아가는 것을 전송하다> 전기

이별의 자리라 거문고 소리 처량한데,
님께서는 슬피 구석만 바라보네.
막 좋은 계책으로 明主를 찾았건만,
다시 조각배 타고 五湖에 돌아가네.
나라에서 옆자리 비우고 인재 뽑은지 오랜데,
어찌 알았으랴 어진 이를 초야에 버려둘 줄을.
玉堂署. 金馬門의 청운의 뜻 막혔으니,
墨客과 儒生은 모두 하릴없이 백발 될 뿐이네.
어젯밤 꿈에 아름다운 물 섬에서 백빈(白蘋) 따셨다니,
그래도 고향 봄 맞춰 돌아가심 기뻐하시게.
어린 아들은 陶사또 오심을 기다릴 것이며,
卓文君이라 어진 아내는 長卿의 가난함 싫어 않으리.

剡中의 청풍명월 오랫동안 그리시더니,
분명 연못에서 전처럼 노닐 수 있으리라.
술 익으면 향기 높은 杜若(두약) 핀 봄 어찌 저버리며,
시 지으면 청산의 景色 억울하게 안 하시리.
이런저런 생각하면 돌아감이 어찌 부럽지 않으리,
長楊賦 바쳐 사냥을 간하려던 일은 다 잘못된 것.
훗날 동쪽으로 흐르는 강물에 내 흥이 나면 가리니,
님께서 나 위해 사립문 앞 쓸 것 알고말고.

註

*苦調 : 마음 상하게 하는 처량한 곡조.

*向隅 : 漢나라 劉向의 ≪說苑・貴德≫에 "지금 방 가득히 사람들이 앉아 술 마시는데 한 사람이 방구석을 향해 쓸쓸히 훌쩍이며 울면 모든 사람들이 즐겁지 않다."라 하였다. 이후 向隅 즉 방구석을 향하다 하면 외롭게 失意한 것을 나타내게 되었다.

*頃 : 근래. 막.

*干(간) : 뵙다. ~을 구하다.

*五湖 : 太湖.

*側席 : 한 가운데 자리의 옆자리. 임금님이 한 가운데 자리에 앉으면 바로 옆자리에 앉는다는 것이니 즉 옆자리를 비워놓고서 극히 존중하는 마음으로 기다린다는 것.

*明揚 : 公開的으로 훤하게 뽑아서 쓰다. 선발하다. 揚은 뽑다. 들다의 뜻이다.

*林藪(임수) : 藪는 수풀. 늪. 습지. 林藪는 수풀인데 本詩에서는 在野, 草野로 풀면 된다.

*金馬門・玉堂署 : 漢代에 學士들이 임금의 詔命을 대기하던 곳. 이 때문에 後世에는 翰林院이나 翰林學士를 가리키게 되었다.

*墨客 : 詩人・文人을 가리키는 말.

*白蘋 : 흰 네가래. 잎이 네 부분으로 구성되어 네가래, 田字草라 하는데 그 모양을 간단히 설명하면 네잎클로버와 같다. 古人들은 흰 꽃이 피어 白蘋이라 한다고 했으나 이것은 꽃이 아니고 흰털이 감싼 胞子일 뿐이다. 옛날에는 제사나 잔치 때에 꼭 쓰이는 아주 고급의 물풀이었다. 詩에서는 江南이나 물의 고장을 나타낼 때 의례 쓰는 말이다.

*稚子只思陶令至 : 陶淵明이 彭澤令을 지냈으므로 陶令 즉 陶사또・陶원님이라 한다. 그의 <歸去來辭>를 보면 그가 彭澤令을 그만두고 집으로 돌아가는데 "僮僕歡迎, 稚子候門. 종들은 환영하고 어린 자식은 문에서 기다린다."이라 하였다.

*文君不厭馬卿貧 : 뛰어난 文人인 司馬相如는 字가 長卿이므로 그래서 바짝 줄여 馬卿이라 한 것이다. 몹시 가난하였다. 蜀의 대부호인 卓王孫의 딸 卓文君이 홀로 되어 친정에 와 있었는데 음악에 조예가 있었다 한다.

이에 相如는 "琴心挑之. 거문고에 자기의 마음을 실어 꼬드기다." 하였고 文君은 이에 마음이 동해 夜半逃走하였다 한다.

*剡中(섬중) : 즉 剡縣이니 會稽郡에 속한다. 지금의 浙江省에 있다. 風景이 아름답기로 유명하여 詩에 자주 등장한다.

*孤 : 외롭다는 뜻이 아니고 저버리다. 배신하다. 헛되게 하다의 뜻으로 쓰였다. 孤負, 辜負라고 흔히 쓰인다.

*芳杜 : 꽃다운 杜若.

*長楊諫獵 : 漢나라 揚雄이 <長楊賦>를 지어 임금님의 狩獵 즉 사냥에 빠진 것을 諫하였다. 科擧의 응시를 나타냄.

*乘興 : ① ≪世說新語·任誕≫을 보면 王子猶 즉 王徽之가 山陰에 살 때 밤에 큰 눈이 왔다. 잠이 깨 창을 열고 술을 마시다 갑자기 戴安道 즉 戴逵가 보고 싶었다. 그때 戴逵는 剡中에 있었건만 즉시 작은 배 타고 밤새워 노를 저어 문 앞에 이르렀다. 그러나 더 이상 가지 않고 배를 돌렸다. 이유인즉 "乘興而行, 興盡而返. 흥이 나서 갔다가 흥이 다해 돌아섰다."이라는 것이다.

② ≪晉書·嵇康傳≫을 보면 東平땅의 呂安은 嵇康의 高尚함에 감탄하여 한번 그리웠다 하면 千里 먼 길이건만 곧 수레를 몰아 찾아갔다는 것이다.

<送郭秀才制擧下第南遊> 錢起

失志思浪跡, 知君晦近名.
出關塵漸遠, 過郢興彌淸.
山盡溪初廣, 人閒舟自行.
探幽無旅思, 莫畏楚猿鳴.

<郭秀才가 制擧에 落第하고 南國으로 유람 떠나는 것을 전송하다> 전기

뜻을 잃었어도 물결처럼 떠돌기 생각하니,
그대 명성을 얻는 일에 어두운 것 알겠네.
서울 關門 나서면 속세의 먼지 차츰 멀어지겠고,
南國 郢땅 지나면 감흥은 더욱 맑아지겠지.
산 다하면 냇물은 비로소 넓어지겠고,
사람 한가하니 배 또한 절로 가겠지.
그윽한 곳 찾느라 나그네의 시름없으리니,
楚나라 잔나비 울음소리 두려워 않겠지.

註

* 秀才 : 俊秀한 人才라는 뜻으로 흔히 쓰이나 唐·宋時代에는 科擧의 應試者를 秀才라 하였다. 사실과 동시에 희망사항일 것이다.
* 制擧 : 皇帝가 직접 宮廷에서 시험을 主管하는 것을 制科擧, 줄여서 制科·制擧라 한다. 本詩에서는 그냥 科擧의 뜻으로 쓰인 듯하다.
* 浪跡 : 浪迹. 여기저기 마음대로 漫遊하며 行蹟이 정해진 바 없음이 마치 물결의 자취 같다고 浪跡이라 함.
* 晦 : 본시 그믐의 뜻이다. 그믐은 달이 없이 깜깜하며 어둡다. 여기에서 잘 모른다, 숨다, 숨기다, 또한 無知하다, 바보의 뜻으로 확대되었다.
* 近名 : 名譽를 가까이 하다. 명예를 좋아하다. 명성을 추구하다. ≪莊子·養生主≫에서 "爲善無近名, 爲惡無近刑. 세상에서 인정하는 善을 행하되 명성을 추구하지 말며, 세상에서 용납되는 惡을 저지르되 刑罰에 가까이 가지는 말아라." 하였다.
* 塵 : 먼지. 티끌.
  本詩에서는 世俗의 더러움. 世俗의 추잡함을 말한다.
* 郢(영) : 지명. 春秋戰國時代 楚나라의 都邑. 지금의 湖北省에 있다.
* 彌(미) : 한층 더. 더욱.
* 莫 : ~하지 말라. ~이 없다.

參考

<送陸珽侍御使新羅> 錢起

衣冠周柱史, 才學我鄕人.
受命辭雲陛, 傾城送使臣.
去程滄海月, 歸思上林春.
始覺儒風遠, 殊方禮樂新.

<陸珽 侍御史가 新羅에 使臣으로 가는 것을 전송한다>

전기

官服과 官職은 周나라의 柱下史인 侍御史요,
才能과 學識은 분명 우리와 同類이시네.
나라의 命을 받고 구름 속 섬돌이라 朝廷을 떠나시니,
都城 모두가 使臣을 전송하네.
路程은 밝은 달 아래 아득한 창해인데,
鄕愁는 봄날의 아름다운 上林苑이리.
비로소 깨닫겠네! 儒家의 風尙이 멀리 퍼져,
먼 異域에도 禮樂이 새로워질 것을.

註

*陸珽 : 누구인지 알 수 없다.

*衣冠 : ① 衣服. 禮服. ② 士大夫. 벼슬아치의 代稱.

*柱下史 : 周・秦의 官名이니 즉 漢 以後의 御史다. 언제나 殿閣의 기둥 아래 자리 잡았으므로 이렇게 불렀다.

*鄉 : 輩의 뜻이니 같은 무리・또래를 말한다. ≪世說新語・文學≫에 의하면 孫綽의 <天台賦>를 완성한 뒤 范棨에게 보이며 뽐내기를 "한번 땅에 던져보시게, 金石의 소리가 쟁쟁할 것 일세." 하였다. 范啓가 인정하지 않고 "그대의 金石 소리는 宮・商・角・徵・羽 에 맞는 것은 아닐 걸세" 하였으나 훌륭한 文句만 만나면 곧 말했다. "분명 우리 무리의 말투고말고. 應是我輩語." 本詩에서 我鄉人은 이것을 염두에 두고 쓴 듯하다.

*雲陛(운폐) : 陛는 계단, 섬돌이다. 雲陛는 구름 있는 곳의 계단이니 아득히 높은 대궐을 말하며 또한 朝廷, 天子도 뜻한다.

*傾城 : 본래는 城을 망하게 하다, 나라를 망하게 하다의 뜻이나 唐代의 杜甫・王維 등 여러 시인들은 온 城, 城 모두의 뜻으로 썼다.

*上林 : 임금님의 놀이동산.

*殊方 : 異域.

*禮樂 : 禮節과 音樂. 옛날에는 이 두 가지로 尊卑有序(즉 높은 사람과 낮은 사람은 질서를 지켜야 한다)와 遠近和合(즉 먼 지역과 가까운 곳이 다툼 없이 화합하다)을 이룩하려 하였다.

<落第後東遊留別> 皇甫冉

功成方自得, 何事學干求.
果以浮名誤, 深貽達士羞.
九江連漲海, 萬里任虛舟.
歲晚同懷客, 相思波上鷗.

<落第後 동쪽으로 놀러가며 헤어지는 사람에게 남기는 시>

皇甫冉

남아 대장부 功 세워야 비로소 흡족하거늘,
어쩌다가 감투·祿 얻는 일이나 배웠단 말인가.
결국 헛된 명성에 몸을 그르쳐,
達士들에게 수치만 끼치고 말았네.
九江은 가득 찬 바다에 잇닿아 있다니,
萬里 멀리 정처 없는 빈 배에 몸 맡기려네.
한해가 저물 때 나와 뜻이 같은 분,
물결 위 갈매기와 노는 나를 그리워하시리.

註

* 皇甫冉 : 字는 茂政. 玄宗 開元 2年(714)에 태어나 代宗 大曆 2年(767)에 卒하였다. 10歲에 글을 지으니 張九齡이 보고 淸才라 감탄하였다 한다. 玄宗 天寶 15年(756)에 進士及第하였다. 王縉이 河南節度使였을 때 書記로 불렀으며 뒤에 中央에 가서 左金吾衛兵曹參軍·拾遺·左補闕을 지냈다. 江南으로 使命을 받들고 나갔다가 죽었다.
* 功成 : ≪左傳·襄公24年≫에 "제일 위가 立德, 그 다음이 立功, 또 그 다음이 立言이니 오래 되어도 없어지지 않으므로 不朽라 한다. 大上有立德, 其次有立功, 其次有立言, 雖久不廢, 此之謂不朽."
* 方 : 비로소. 장차.
* 自得 : 마음먹은 대로 되어 의기양양하고 마음이 흡족함.
* 干求 : 干(간)은 요구하다. 구하다. 干求는 干祿 즉 벼슬자리를 구하다, 국가의 녹을 먹기를 구하다는 뜻이다. 요즈음 말로 하면 공무원 되기를 바란다는 것이다.
* 浮名 : 浮譽. 虛名. 虛聞. 실속 없는 헛된 명성.
* 貽(이) : 선사하다. 남기다. 끼치다.
* 達士 : ① 識見이 뛰어나 世俗의 凡人과는 다른 사람. ② 豁達하고 豪放한 사람. ③ 世上事, 人間事의 理致에 通達한 사람.
* 九江 : ① 長江이 潯陽에 이르러 아홉의 강물로 나뉜 것. ② 郡名. ③ 縣名.
* 漲(창) : 물이 불어남. 瀰漫. 充滿. 가득 참.
* 虛舟 : 노를 젓거나 다루는 사람 없는 빈 배. ≪莊子·山水≫에 "두 척의 배를 묶어 황하를 건너는데 虛舟가 와서 부딪치면 성질 급하고 속 좁은 사람이라도 성내지 않는다."라 하였다. 따라서 虛舟로 利害得失의 타산을 버린 胸懷가 담담하고 속이 툭 트인 것을 비유하게 되었다.
* 波上鷗 : ≪列子·黃帝≫에 "바닷가에 갈매기를 좋아하는 이가 있어 매일 아침 바다에 가서 갈매기와 놀았다. 그 아비가 내 가지고 놀게 잡아오라 하였다. 그 다음날 바다에 가니 갈매기가 날 뿐 내려오지 않았다." 한다. 전에는 덫을 놓는 마음 즉 機心이 없었으며 세속의 속고 속이는 간교한 마음이 없었으므로 갈매기가 함께 놀았다는 것이다.

<早發上東門> 薛據

十五能文西入秦, 三十無家作路人.
時命不將明主合, 布衣空惹洛陽塵.

<아침 일찍 上東門을 나서며> 설거

열다섯에 글 잘해 서쪽 秦中이라 長安에 들어갔건만,
서른 되도록 집도 없이 거리의 방랑자 되다니……
내 팔자 밝으신 主上과 맞지 않으니,
베옷은 부질없이 洛陽의 먼지만 일으켰다네.

註

* 本詩는 綦毋潛의 作이라고도 한다. 題目 또한 <落第後口號>로 된 곳도 있다. 口號는 口占이라고도 하는데 입에서 나오는대로 읊고 쓴 시를 말한다.
* 薛據 : 生卒年은 未詳. 대략 玄宗의 開元・天寶年間에 활동하던 사람이다. 開元 19(731)年에 進士及第하였고 天寶 6(747)年에는 "風雅古調"科에서 일등을 하였다. 대단한 强骨로 氣魄이 있었으며 그의 글 또한 그러하였다. 王維・杜甫와 아주 친하였다. 微官末職을 지내 스스로 마음 상해하다가 만년에 終南山의 별장에 은거하여 生을 마쳤다.
* 上東門 : 洛陽城 동쪽에 문이 셋 있는데 가장 북쪽의 문이라 한다. 詩에 자주 나와 아주 유명해졌다. <古詩十九首>의 其十三에서 "驅車上東門, 遙望郭北墓. 白楊何蕭蕭, 松柏夾廣路. 下有陳死人, 杳杳卽長暮. ……수레 몰아 上東門 나서니, 아득히 城郭 북쪽의 무덤들 보이네. 백양나무는 어찌 그리 쏴아쏴아 울어대는가, 소나무 측백나무는 넓은 길을 끼고 있는데, 그 밑에 오래 전에 죽은 이 있어, 어둑어둑 영원한 밤의 세계로 갔다네. ……" 라 하였고 阮籍의 <詠懷> 八十二首의 其九에서 "步出上東門, 北望首陽岑. 下有采薇士, 上有嘉樹林.……上東門을 걸어 나와, 북쪽의 首陽山을 바라보니, 아래에는 고비 뜯던 사람 있고, 위에는 상서로운 나무의 숲이 있다네. ……"이라 하였다.
* 十五・三十 : ≪論語≫의 <爲政>篇에 孔子가 말하기를 "나는 열다섯에 배움에 뜻을 두었고, 서른에 이루었다." 하였다.
* 秦 : 秦中. 關中. 옛 秦의 地域. 여기서는 長安을 말함.
* 時命 : 運命. 팔자.
* 將 : 與. ~와. ~과 함께.
* 布衣 : ① 베로 지은 옷. ② 平民. 옛날에 평민은 비단 옷을 입을 수 없었다. 그래서 출세를 하여 고향으로 돌아감을 "錦衣還鄕" 즉 비단 옷 입고 고향으로 돌아간다고 하였다.
* 惹(야) : 이끌다. 불러일으키다. 얽어매다.

<下第留辭顧侍郞> 戎昱

綺陌彤彤花照塵, 王門侯邸盡朱輪.
城南舊有山村路, 欲向雲霞覓主人.

<落第한 뒤 顧侍郞에 남기는 글> 융욱

고운 비단 같이 번화한 서울 길 진홍빛 꽃은 먼지마저 물들이는데,
王侯將相의 대문과 저택에는 붉은 바퀴의 수레가 가득.
城南에는 山村 가는 길이 예로부터 있었으니,
아름다운 노을 속에서나 새 주인 찾으리라.

註

* 戎昱 : 荊南사람. 生卒年은 未詳. 代宗 때에도 活動하였다. 外貌가 대단히 아름다웠고 言辯도 뛰어났다. 여러 번 응시하였으나 낙방하자 방랑생활을 하였고 湖南의 山水를 좋아하여 그곳에 머물게 되었다. 李夔가 桂林廉察使로 있을 때 그의 詩 읊는 소리를 듣고 맞이하여 幕賓을 삼고 우대하였다. 崔瓘이 湖南에 있을 때 사위를 삼으려 하였는데 다만 그의 姓을 고치기를 바라자 거절하였다 한다. 처음에 顔眞卿이 남쪽을 征伐할 때 幕僚가 되었고 衛伯玉이 荊南을 鎭守할 때에는 從事가 되었다. 後에 虔州刺史·辰州刺史를 지냈으며 劍南땅에 나그네살이 하다 隴西로 옮겨갔다.
* 留辭 : 留言. 사람을 방문하여 못 만났거나 또는 하직하고 떠날 때 하고 싶은 말을 남기는 것.
* 侍郎 : 各部의 長官 즉 尙書 다음가는 벼슬. 科擧는 尙書省의 禮部에서 主管하였다. 따라서 本詩의 顧侍郎은 禮部侍郎일 것이니 즉 시험을 담당하던 사람에게 섭섭함을 토로한 듯하다.
* 綺陌(기맥) : 綺는 무늬가 고운 비단이다. 따라서 綺陌은 번화한 거리 풍경이 아름다운 길을 말하는데 여기에서는 서울의 거리를 나타낸다.
* 彤彤(동동) : 彤은 붉은 색·붉은 칠을 하다는 뜻이다. 彤彤은 진홍빛·새빨갛다는 말이다.
* 朱輪 : 바퀴에 붉은 칠한 수레. 옛날 王侯將相 같이 크게 출세한 사람들이 타던 수레를 말한다.
* 雲霞 : 彩霞와 같으니 아름다운 노을이다. 또한 俗世와 멀리 떨어진 곳을 나타냈다.
* 主人 : 科擧를 主管하는 사람을 座主라 하였는데 及第하면 座主에게 拜謝하여야 했으며 이것을 謝恩이라 하였다. 本詩의 主人은 단순한 主人의 뜻이 아니고 座主를 염두에 두고 한 말이리라.

<長安秋夕> 戎昱

八月更漏長, 愁人起常早.
閉門寂無事, 滿院生秋草.
昨宵西窗夢, 夢入荊南道.
遠客歸去來, 在家貧亦好.

<長安 가을 밤> 융욱

팔월이라 밤이 길기도 길건만,
시름 찬 사람은 늘 일찍 일어나네.
문은 닫혀 고요하게 아무 일 없고,
뜰 가득히 가을 풀만 있구나.
어제 밤 서쪽 창가에서 꿈을 꾸니,
꿈속에 고향 荊南의 길을 갔다네.
멀리 떠나온 나그네여 돌아가자,
집에 있으면 가난해도 편하리니.

註

*八月 : 가을은 음력으로 7·8·9 석달이다. 八月은 仲秋다.

*更 : 夜間에 시각을 재는 단위. 하루 밤을 다섯으로 나누니 初更·二更·三更·四更·五更이다. 밤이 짧은 여름과 밤이 긴 겨울의 更은 당연히 다를 것이나 대략 一更은 2시간쯤 된다.

*更漏 : ① 물시계. 물방울이 떨어지는 것으로 시간을 쟀다. 漏壺 안에 세운 漏箭에 새긴 漏刻 즉 눈금으로 몇 更인지를 알리므로 "更을 알리는 漏壺"를 줄여 更漏라 한 것이다. ② 밤중의 시간. 즉 初更부터 五更의 漏刻이라는 뜻이다. 本詩에서는 이 뜻으로 쓰였다.

*荊南 : 戎昱의 고향. 荊州 남쪽지역을 말하는데 또한 南方의 泛稱이기도 하다.

<桂城早秋> 戎昱

遠客驚早秋, 江天夜露新.
滿庭惟有月, 空館更何人.
卜命知身賤, 傷寒舞劍頻.
猿啼曾下淚, 可是爲憂貧.

<桂城의 초가을> 융욱

멀리 온 나그네라 초가을에 놀라니,
강과 하늘에는 밤이슬이 맑고 깨끗하네.
뜰 가득히 오직 달빛 뿐,
빈 館舍에 또 누가 있으리.
팔자를 점치니 몸이 천할 것 알았고,
한기에 떠니 자주 칼 휘두르네.
잔나비 울 때 나도 따라 울었으니,
어찌 가난을 근심해서랴.

註

*早秋 : 初秋. 초가을. 음력 7월.

*江天 : 강과 하늘. 강가의 광활한 허공을 가리킨다.

*新 : 깨끗하다. 淸新하다. 新鮮하다.

*卜命 : 運命을 점치다.

*賤 : 地位가 낮은 것. 地位가 낮은 사람. 貴와 상대되는 말이다. 여기에서는 及第 못함을 뜻한다.

*舞 : 휘두르다.

*可 : 豈. 어찌의 뜻으로 쓰였다.

<桂州臘夜> 戎昱

坐到三更盡, 歸仍萬里賒.
雪聲偏傍竹, 寒夢不離家.
曉角分殘漏, 孤燈落碎花.
二年隨驃騎, 辛苦向天涯.

<桂州 섣달 밤> 융욱

三更이 다 하도록 앉아 있자니……,
내 돌아가려해도 여전히 머나먼 만리 길.
눈은 유독 대나무에서 소리 내고,
추운 밤 꿈속 집 떠난 적 없었는데……,
새벽을 알리는 나팔소리 분명히 물시계도 다 되어가리,
외로운 등불 불똥이 부서져 떨어지네 좋은 일 생기려나……
표기장군(驃騎將軍) 따른 지 두 해,
아득한 하늘가에 맵고 쓴 맛 보았다네.

註

*三更 : 하룻밤을 五更으로 나눈 셋째 부분. 대략 밤 열한시에서 새벽 한시 사이이다. 夜三更. 한밤중.

*仍 : ① 여전히. ② 또. 다시.

*賒(사) : ① 멀다. ② 더디다.

*傍 : ① 곁. 주변. ② 다가가다.

*偏 : ① 가장. 몹시. 특별히. ② 그저. 다만. ③ 마침. 공교롭게.

*寒夢 : 寒夜의 꿈.

*曉角 : 새벽을 알리는 號角(신호를 알리는 나팔)소리.

*分 : ① 구분하다. 구별하다. 식별하다. ② 분명하다.

*殘漏 : 다 돼가는 밤의 漏刻.

*燈花 : 불똥. 즉 심지의 끝이 다 타서 엉기어 붙은 찌끼. 중국에서는 그 찌끼가 꽃모양 같다고 燈花라 하였다. 또한 그 불똥이 터지거나 튀면 좋은 일이 있을 징조라 하였다. ≪西京雜記≫에서 "눈꺼풀이 떨리면 술과 음식이 생기고, 불똥이 튀면 돈이나 재물이 생기고, 까치가 울면 길 떠난 사람이 돌아오고, 거미가 모여들면 온갖 일이 잘되고, 치마끈이 저절로 풀리면 좋은 일이 생기고……"라 하였다.

*驃騎 : 漢나라 때 霍去兵이 驃騎將軍이 되었다. 以後 將軍의 代稱이 되었다. 本詩에서는 桂林廉察使인 李夔를 말하는 것이리라.

<桂州歲暮> 戎昱

歲暮天涯客, 寒窗欲曉時.
君恩空自感, 鄕思夢先知.
重誼人愁別, 驚棲鵲戀枝.
不堪樓上角, 南向海風吹.

<桂州 세밑> 융욱

한 해가 다하는데 하늘가의 나그네,
싸늘한 창가 새벽이 되려는 때.
부질없이 느끼는 임금님의 은혜,
그리운 고향 먼저 알고 가는 꿈.
정의(情誼)가 중하니 걱정되는 이별,
둥지에서 놀라 나는 까치가 그리는 옛 가지.
못 견디겠네! 城樓의 나팔,
남쪽 해풍 향해 부는 것.

註

* 歲暮 : 세밑. 한 해가 끝날 무렵. 설을 앞둔 섣달 그믐께를 이른다.
* 天涯 : 天邊. 하늘가. 아주 먼 곳을 이르는 말.
* 寒窗 : 싸늘한 창. 보통 적막하고 고된 선비의 생활을 형용할 때 쓴다. 여기에서는 적막하고 외로운 객지생황을 말한다.
* 君恩 : 임금님의 은혜. 이렇게 살아갈 수 있는 것도 임금님의 은혜라는 말인데 말 중에 뼈가 있다. 옛부터 ≪詩≫를 배우면 능히 怨望할 줄 알게 된다 하였다.
* 誼 : 情誼. 友情. 친분. 정분.
* 不堪 : 감당할 수 없다. 견딜 수 없다.
* 角 : 號角. 즉 시간을 알리는 나팔.

<上桂州李大夫> 戎昱

今日辭門館, 情將衆別殊.
感深翻有淚, 仁過曲憐愚.
曉鏡傷秋鬢, 晴寒切病軀.
煙霞萬里闊, 宇宙一身孤.
倚馬才寧有, 登龍意豈無.
唯於方寸內, 暗貯報恩珠.

<桂州의 李大夫에게 올리다> 융욱

오늘 門館을 떠나지만,
마음은 다르지요 못 사람들과는.
정이 깊어 도리어 눈물이 나는데,
사랑이 지나쳐 몸 숙여 어리석은 이놈 아껴주셨네.
새벽 거울 속 가을 풀 같은 머리카락이 슬픈데,
갠 날의 한기는 병든 몸에 파고든다.
만리 길은 안개와 노을 속에 아득한데,
천지간에 이 한 몸 외톨이.
말에 기대 글 쓰는 재주가 있으리오마는,
용문에 오르려는 뜻이야 어찌 없으리오.
오직 方寸이라 마음 속에는,
남몰래 간직했네 보은의 구슬을.

註

*門館 : ① 옛날 권세 있고 지위 높은 사람들이 賓客이나 門客을 대접하고 묵게 하던 건물. ② 門客을 나타낸다.

*將 : 與. ~과. ~와 함께.

*別殊 : 別은 區別됨. 다름. 殊는 다름. 결국 같은 말이 중복된 것이다.

*翻 : 반대로. 도리어.

*曲 : 존경의 뜻을 나타내는 말이니 상대가 몸을 구부려 자기를 대하였다는 것이다.

*秋鬢(추빈) : 가을의 시든 풀처럼 희끗희끗하게 된 머리카락.

*晴寒 : 눈·비가 갠 뒤의 오싹하는 한기.

*切 : ① 절박하다. 절실하다. ② 가혹하다. 지독하다. ③ 접근하다.

*倚馬才 : ≪世說新語·文學篇≫에 의하면 桓溫이 北方을 征伐할 때 袁虎도 從軍하였다. 그때 급히 발표할 檄文이 필요하여 袁虎에게 짓게 하였다. 창졸간이라 책상이고 걸상이고 따질 것 없이 말에 기대어 쓰는데 쉬지 않고 붓을 달려 득달 같이 일곱 장을 완성하였다. 이로부터 시간·장소에 구애받지 않고 민첩하고 훌륭하게 글 짓는 재주를 倚馬才라 하게 되었다.

*登龍意 : 龍門에 오르려는 뜻. 龍門은 河津이라고도 한다. 黃河가 이곳에 이르면 양쪽 언덕이 절벽을 이루고 마주 대한 것이 문과 같아 龍門이라 하게 되었다. ≪三秦記≫에 의하면 큰 고기들이 이 밑에 이르러 오르려 하는데 번번이 실패 이마를 찍고 아가미를 볕에 쬐고는 도로 떨어지는데 만약 오르면 용이 된다 하였다. 後世에는 당시 名望있는 人士의 邸宅을 가리켰으니 後漢末의 李膺은 당대 최고의 명사로 아무나 만나주지를 않았다. 만약 그의 집 문에 들어가서 그의 인정을 받으면 세상에서는 龍門에 올랐다고 하였다. 또한 科擧試驗場의 正門을 龍門이라고도 하였으니 及第한 것을 龍門에 올랐다고 불렀다. 여기에서는 이 뜻으로 쓰였다.

*寧 : 아랫句의 豈와 같이 쓰였다. 어찌라는 뜻이다.

*方寸 : 한 치 사방의 넓이를 말하는데 옛날 사람들은 사람의 마음은 가슴 속 한 치 사방의 넓이에 깃들어 있다고 하였다. 따라서 方寸은 마음이라는 뜻으로 쓰였다.

*報恩珠 : ① ≪三秦記≫에 나오는 이야기. 昆明池에서 누가 낚시질을 하였는데 줄이 끊어지자 가 버렸다. 漢武帝가 밤에 낚시 바늘을 빼달라는 꿈을

꾸었다. 다음날 그곳에 노니는데 큰 고기가 줄을 물고 있는 것을 보고 줄과 바늘을 거두었다. 사흘 뒤 물가에서 진주 한 쌍을 주웠다. 임금은 물고기가 은혜 갚은 것인가 하였다. ② ≪淮南子·覽冥訓≫의 注에 나오는 이야기. 周나라의 諸侯인 隋나라의 임금이 大蛇가 창자가 끊어진 것을 보고 약을 발라 주었는데 뒤에 그 뱀이 강물에서 큰 진주를 물어다 보답하였다 한다. 이것을 隋侯珠라 하는데 바로 明月珠라는 것이다.

*"登龍意豈無"라 한 것으로 作者가 李大夫에게 科擧의 及第에 힘써주기를 간청함을 알 수 있다. 唐代의 科擧는 연줄이 없으면 及第가 아주 힘들었다. 이와 달리 宋代의 科擧는 아주 公平無私하다고 하겠다.

<歲暮客懷> 戎昱

異鄕三十口, 親老復家貧.
無事乾坤內, 虛爲翰墨人.
歲華南去後, 愁夢北來頻.
惆悵江邊柳, 依依又欲春.

<세밀 나그네의 회포> 융욱

타향에 식구는 서른인데,
어버이는 늙고 집은 가난하네.
넓은 천지간에 할 일이 없다니,
헛되이 붓·먹 다루는 글쟁이 되었구나.
꽃다운 시절에 남쪽으로 일 찾아 간 뒤로,
시름 찬 꿈은 자주 북쪽으로 왔다네.
슬프다! 강가의 버들이여,
하늘거리며 그리움 일으켜 또 봄이 되려 하니.

註

* 無事 : ① 아무 변고(變故)가 없다. 전쟁 · 재난이 없음을 말함. ② 아무 일도 하지 않다. 아무 일도 하는 것이 없다. 할 일이 하나도 없다.
* 翰墨 : 翰은 새의 깃인데 예전에는 이것으로 붓울 만들었으므로 붓의 뜻으로 쓰인다. 翰墨은 筆墨이며 이것으로 文章書畵를 가리키게 되었다.
* 歲華 : ① 시간. 세월. 광음. ② 계절. 철. ③ 草木. 해마다 한번 꽃피고 시들어 이렇게 부른다.
* 惆悵(추창) : 슬퍼하는 모양. 실망 · 낙담하는 모양.
* 依依 : ① 연약한 나뭇가지가 한들거리는 모양. ② 아쉬워하는 모양. 섭섭해 하는 모양. (依依惜別 : 아쉬워하며 이별하다.) ③ 사모하는 모양. 그리워하는 모양. 本詩에서는 이상을 섞어서 썼다고 볼 수 있다.

<落第後歸山下舊居留別劉起居昆季> 盧綸

寂寞過朝昏, 沈憂豈易論.
有時空卜命, 無事可酬恩.
寄食依鄰里, 成家望子孫.
風塵知世路, 衰賤到君門.
醉裏因多感, 愁中欲强言.
花林逢廢井, 戰地識荒園.
悵別臨晴野, 悲春上古原.
鳥歸山外樹, 人過水邊村.
潘岳方稱老, 嵇康本厭喧.
誰堪將落羽, 廻首仰飛翻.

<落第後 산밑 옛집으로 돌아가며 起居郞 劉氏 兄弟에게 남기는 글> 노륜

쓸쓸하게 아침 저녁 보내니,
깊은 시름 어찌 쉽게 말하리.
부귀공명은 때가 있는데 공연히 운명을 점쳤으며,
이룬 사업 없으니 어찌 임금의 은혜를 갚으리오.
이웃사람 의지해 의식 해결하는 주제에,
가정을 이루었다고 자식을 바라네.
이 세상은 온통 풍진임을 알았지만,
지치고 비천한 몸으로 임금님의 문에 갔었네.
취하면 그 때문에 느낌 많았으며,
시름 속에서도 억지로 할 말을 짜내네.
꽃이 가득한 곳에서 버려진 우물 만나고,

싸움터에서 황폐한 정원을 보다니.
갠 날 교외에 가서 이별을 슬퍼하며,
묵은 동산에 올라 봄날을 서러워하네.
새들은 산 너머 나무로 돌아가고,
사람들은 물가 마을을 지난다네.
潘岳처럼 늙은이 행세 시작하고,
嵇康인가 내 본시 시끄러움 싫어했네.
어찌 감히 상처입고 떨어진 새가,
머리 돌려 날고 떠오르는 분을 우러를 수 있으리.

註

＊盧綸 : 字는 允言. 河東사람. 生卒年은 未詳. 代宗의 大曆(776~779)年間에 활동함. 科擧에 계속하여 落第하였다. 평소 그의 글을 좋아하던 元載가 적극 추천 閿鄕(문향)의 縣尉가 되었고 그 후 監察御史에 이르렀다. 渾瑊(혼감)이 河東을 鎭守할 때 그의 집을 직접 방문 元帥判官으로 기용하였다. 貞元(785~804)年間에 韋牟渠가 그의 재주를 크게 선전하니 德宗이 대궐로 불러 御製詩에 和答하도록 하였다. 當時 吉中孚 韓翃 錢起 司空曙 苗發 崔峒 耿湋 夏侯審 李端이 모두 詩로 이름났는데 世上에서는 大曆十才子라 불렀다. (다른 곳에서는 郞士元 李益 李嘉祐 皇甫曾 等을 치기도 한다.)

＊山下 : 盧綸의 별장이 終南山에 있었다.

＊起居郞 : 官名. 從六品上에 속하며 임금의 起居 法度 즉 먹고 마시고 잠자고 일어나는 日常生活의 法度를 담당한다.

＊昆季 : 昆仲. 昆弟. 남의 형제를 높여 이르는 말.

＊朝昏 : ① 早晩. 즉 아침과 저녁. ② 이것으로 날짜, 생활을 나타낸다.

＊沈憂 : 深憂 즉 깊은 시름.

＊卜命 : 운명을 점치다.

＊無事 : 할 일이 없다. 이룬 것이 없다.

＊可 : 豈와 같으니 어찌의 뜻이다.

＊寄食 : 남에게 빌붙어 의식을 해결하다.

＊鄰里 : 같은 고을 사람. 同鄕人.

＊成家 : 成室. 아내를 얻어 가정을 이룸. ≪禮記 · 曲禮上≫에서 "三十曰壯, 有室. 서른이면 몸과 마음이 다 튼튼하니, 아내를 얻어 가정을 이룬다."이라 함.

＊風塵 : 바람과 먼지. 바람에 날리는 먼지. 이것으로 ① 戰亂을 비유함. ② 이 風塵世上. 현실생활을 나타냄. ③ 벼슬아치들의 세계. 그들 나름대로 순탄하지 못함을 탄식함. ④ 여행의 고달픔을 말함.

＊衰賤 : 衰落하고 卑賤함.

＊强言 : 애써 말하다. 억지로 말하다. 이 때 强은 上聲이다.

＊廢井 · 荒園 : 安祿山 史思明의 亂을 겪은 뒤의 실상이다.

＊晴野 : 갠 날의 郊外.

*悲春 : 科擧 合格者의 이름을 적은 榜(방)은 봄에 발표한다. 그래서 春榜이라고도 한다. 落第했으므로 아름다운 봄이건만 슬퍼하는 것이다.

*潘岳 : 그가 지은 <秋興賦>에서 서른둘의 젊은 나이건만 벌써 흰 머리가 보인다고 하였다.

*嵇康 : 그가 쓴 <與山巨源絶交書>에서 스스로 속이 좁아 못 견디는 것이 일곱 가지나 되는데 사람들이 가득 들어차 왁자지껄 시끄럽게 떠드는 것이 그 중 하나라 하였다.

*落羽 : 상처입고 떨어진 새. 落第를 비유함.

*飛翻 : 飛翔翻騰. 즉 자유롭게 날고 높이 떠오름. 현재 벼슬길이 순탄한 劉起居 兄弟를 가리킨다.

<落第後歸終南別業> 盧綸

久爲名所誤, 春盡始歸山.
落羽羞言命, 逢人强破顔.
交疎貧病裏, 身老是非間.
不及東溪月, 漁翁夜往還.

<落第한 뒤 終南山의 별장으로 돌아가다> 노륜

오랫동안 덧없는 명예에 몸을 그르치다,
봄이 다 간 지금에야 산으로 돌아간다네.
상처입고 떨어진 새가 운명이라고 변명하기에는 부끄럽고,
사람 만나면 억지로 활짝 웃는다네.
사귐은 가난과 병 속에서 멀어지고,
몸은 是非 成敗 가운데 늙어가네.
못하고말고! 동쪽 개울 달빛 아래,
밤마다 마음대로 오고가는 낚시꾼 영감보다.

註

* 別業 : 別墅. 별장을 말한다.
* 名所誤 : 명예 명성에 의해 그르쳐지다. 간단히 말해 명예 명성을 추구하다 신세를 망쳤다는 것이다. 杜甫도 "儒冠多誤身. 儒者의 冠을 쓴 사람들은 대부분 신세를 망쳤다."이라 하였다.
* 春盡始歸山 : 及第發表의 榜을 보느라 좋은 봄날을 실망과 슬픔 속에 보내고 이제 겨우 산으로 돌아간다는 것이다.
* 羞言命 : 運命이라고 말하기에는 부끄럽다. 재능 실력 부족이 아니고 운수라고 할 수 있겠는가 하는 말이다. ≪史記・淮陰侯列傳≫에서 "敗軍한 장수는 용맹을 말할 수 없다. 敗軍之將, 不可以言勇."이라 하였다.
* 强 : 억지로. 애써. 힘들여. 이 때의 强은 上聲이다.
* 破顔 : 解顔. 開顔. 활짝 웃다. 흔히 破顔大笑라 한다.
* 交疎貧病裏 : 孟浩然도 <歲暮歸南山>에서 "不才明主棄, 多病故人疏. 감이 못되니 밝은 임금도 버리셨고, 병이 많으니 벗님과도 소원해졌네."라 하였다.
* 是非 : 名士가 落第하면 聲價가 크게 떨어진다. 그래서 그에 대한 과거의 평가가 옳았네 아니네 하고 떠들게 마련이다.
* 往還 : 往來.

<下第獻座主張謂> 閻濟美

謇諤王臣直, 文明雅量全.
望爐金自躍, 應物鏡何偏.
南國幽沈盡, 東堂禮樂宣.
轉令遊藝士, 更惜至公年.
芳樹歡新景, 靑雲泣暮天.
唯愁鳳池拜, 孤賤更誰憐.

<落第한 뒤 座主 張謂어른께 바칩니다> 염제미

바른 말 하시는 곧은 신하이시며,
文德이 밝고 雅量도 오롯하시네.
분수없이 용광로를 보고 뛴 쇠와 같았으니,
만물을 비춤에 거울이 어찌 편파적이리.
먼 남쪽의 묻혀있던 인재를 다 발탁하시니,
東堂에서는 禮樂을 널리 펼치시리.
게다가 六藝에 노니는 선비들도,
지극히 공정하신 어른의 급제자를 아끼게 하네.
꽃 핀 나무의 신선한 풍경을 기뻐하는 사람 있지만,
또한 청운의 꿈 못 이뤄 저녁날 우는 이도 있다네.
단 하나 근심은 봉황새 노는 연못 宰相자리 배수하실 때,
외롭고 천한 이놈을 어른 아니면 그 누가 가엽다하리.

註

* 廉濟美 : 生卒年은 未詳. 代宗 大曆 10(775)年에 進士及第하였다. 德宗의 貞元(785~804)末에 福建觀察使를 지냈고 憲宗의 元和(806~820)初에 華州刺史를 하였으며 工部尙書를 끝으로 벼슬살이를 마쳤다. ≪全唐詩≫에 詩 2首가 있다.
* 座主 : 進士가 主試官 즉 考試委員長을 부르는 말이다. 主試官은 禮部의 侍郞(長官인 尙書 다음가는 次官임)이 맡았다.
* 張謂 : 字는 正言. 生卒年은 未詳. 어려서 嵩山에서 공부하였는데 拔群의 재주를 보였으며 스스로도 談笑中에 封侯하리라고 自負하였다. 24歲에 從軍하여 功을 세웠으나 죄를 짓고 유배되었다. 玄宗의 天寶 2(743)年에 進士及第하였다. 그 후 代宗의 大曆年間에 禮部侍郞이 되어 세 번이나 科擧를 主管하였으며 그 후 潭州刺史를 지냈다.
* 謇諤(건악) : 謇이나 諤 모두 곧은 말을 하다. 기탄없이 바른 말을 하다. 직언을 하다는 뜻이다.
* 文明 : ① 文采가 光名함. ② 文德(武功과 상대 되는 것)이 훤함.
* 雅量 : 너그럽고 속이 깊은 마음씨.
* 望爐金自躍 : ≪莊子 · 大宗師≫篇에 다음의 이야기가 나온다. “지금 대장장이 즉 야공(冶工)이 쇠를 녹여 물건을 만드는데 어떤 쇠가 팔짝뛰며 나는 꼭 천하의 보검인 간장(干將)이나 막야(莫邪)가 되어야 하겠다 하면 冶工은 반드시 상서롭지 못한 재수없는 쇠라고 여길 것이다. ……天地는 거대한 용광로요 造化는 冶工인 것이다.” 자기가 주제도 모르고 꼭 進士及第해야겠다고 별렀으니 座主의 처지로는 분수 모르는 인물이라고 여겼을 것이라는 이야기다. 자신을 극도로 낮추고 상대의 처사를 옳다고 인정하는 것이다.
* 鏡何偏 : 거울은 모든 사물을 있는 그대로 나타낼 뿐 사사로운 감정으로 치우쳐 나쁜 것을 좋게 하지는 않는다. 과거의 심사가 거울처럼 공정했다고 인정하고 칭찬하는 것이다.
* 幽沈 : ① 인몰(堙沒). 인멸(堙滅). 즉 자취도 없이 사라짐. ② 깊이 감추다. ③ 隱居하다.
* 東堂 : 晉 나라 대궐의 正殿인데 武帝때 그곳에서 치른 殿試에서 郤詵(극선)이 일등을 하였다. 武帝가 郤詵에게 스스로를 어떻게 여기느냐 묻자 대

답하기를 天下의 第一이라 하지만 계수나무 숲 중의 한 가지요, 崑崙山의 한 조각 옥일 따름입니다 하였다. 이후 科擧試驗 치르는 곳을 東堂이라 불렀고 及第한 것을 桂林一枝, 崑山片玉이라고 하였다.

* 禮樂 : 禮는 恭敬을 爲主로 하니 貴賤의 질서가 있게 되고, 樂은 調和를 爲主로 하니 遠近이 和合하게 된다 하였으니 王朝時代의 統治目的에 잘 맞아 떨어진다.
  本詩에서는 禮樂을 잘 담당할 人才를 뽑았다는 말이 되겠다.
* 轉 : 점점. 더욱.
* 遊藝 : ≪論語 · 述而≫篇에서 "志於道, 據於德, 依於仁, 遊於藝. 孔子께서 말씀하시기를 道를 목표로 하고, 德에 근거하며, 仁에 의지하되, 禮 · 樂 · 射 · 御 · 書 · 數의 六藝에 노닌다라 하였다."라 하였다.
* 惜 : 診惜 즉 진귀하게 여겨 아끼다. 소중히 여기다.
* 至公 : 지극히 公正하고 無私함. 科擧의 主試官 즉 考試委員長에 대한 敬稱이다 事實일 수도 있겠으나 希望 사항일 수도 있다.
* 年 : 同年(즉 같은 科擧시험을 치러 합격한 사람끼리 부르는 말)끼리는 年兄이라 불렀으며 主試官도 때에 따라서는 門生(즉 자기가 주관한 시험의 합격자)을 年兄이라고 하였다.
* 歡 : 급제자의 기쁨.
* 泣 : 낙제자의 울음.
* 鳳池 : 中書省 · 門下省 · 尙書省 가운데 中書省은 임금을 지척에서 모시며 모든 行政을 審議하였으므로 봉황새가 노니는 연못이라고 불렀다. 唐代에는 宰相의 職位도 이렇게 불렀다.
* 拜 : 官職을 줌. 拜官. 授官. 鳳凰池는 座主가 장차 재상자리를 拜受할 것이라고 德談을 하는 것이지만 아첨에 가깝다고 할 수도 있다.
* 孤賤更誰憐 : 외롭고 천한 이놈을 어르신이 아니면 그 누가 또 가엽게 여기리오. 앞으로 잘 봐 달라는 말씀이 되겠다.

<下第上薛侍郎> 李端

蓬蓽春風起, 開簾卻自悲.
如何飄梗處, 又到採蘭時.
明鏡方重照, 微誠寄一辭.
家貧求祿早, 身賤報恩遲.
幸得皮存矣, 須勞翼長之.
銘肌非厚答, 肉骨是前期.
縱覺新人好, 寧忘舊主疑.
終慚太丘道, 不爲小生私.

<낙제 뒤 설시랑에게 올리다> 이단

사립문에 봄바람 불어,
발을 걷었건만 슬프네.
어쩌다 떠도는 나무토막 신세에,
다시 蘭을 따는 때가 이르렀던가.
밝은 거울 바야흐로 엄격히 비추는데,
작은 정성 한편 글에 실었었네.
가난하여 일찍부터 녹(祿)을 구하였으나,
落第한 천한 몸 임금님 은혜 갚음 더뎌지네.
다행히 털이 붙을 가죽이 있으니,
모름지기 힘써 날개를 길러야하리.
명심하여 잊지 않음은 어른에 대한 큰 보답 아니니.
백골에 살이 돋게 함이 장래의 계획이네.
새 사람이 좋다고들 하지만,
어찌 옛 座主를 잊고 의심하리.

끝내 부끄러운 것은 陳太丘처럼 넓으신 교제에도,
小生 위해 사사로움 쓰지 않게 시시했었던 것이네.

註

* 李端 : 字는 正己. 生卒年은 未詳. 어렸을 때 廬山에서 皎然에게 글을 배웠는데 서울에 온 뒤 詩로 크게 이름을 떨쳤다. 그때 郭曖가 昇平公主를 모셨는데(公主는 높은 신분이라 장가드는 것을 이렇게 말했다), 公主가 文士를 좋아하였으므로 李端과 詩人들이 郭曖를 좇아 노닐었다. 郭駙馬가 승진하였을 때 公主가 李端에게 詩를 짓게 하였는데 경각에 완성하니 모든 사람이 놀랐다. 錢起가 승복하지 않고 미리 지어둔 것이 틀림없으니 自己의 姓인 錢을 韻으로 하여 다시 지으라 하였다. 李端이 순식간에 또 한 首를 완성하였는데 前作보다 더 잘되었다 한다. 大曆 5(770)年에 及第하였으며 校書郞이 되었으나 몸이 약하고 병이 많아 사직하고 終南山에 살았다. 다시 기용되었으나 또 사직하였고 衡山에 은거하며 衡山幽人이라 스스로 부르고 거문고 타고 ≪易≫을 읽으며 일생을 마쳤다. 大曆十才子의 한사람인데 열 명중 詩를 가장 민첩하게 지었는데도 제일 원숙하다고 한다.
* 薛侍郞 : 主試官 즉 考試委員長인 禮部侍郞 薛某일 것이다.
* 蓬蓽(봉필) : 蓬戶蓽門. 쑥으로 엮은 문과 싸리나 대로 얽어 만든 문. 우리의 사립문이라 보면 된다. 가난한 집을 가리킨다.
* 飄梗 : 飄萍斷梗. 즉 물결 따라 이리저리 정처 없이 떠다니는 浮萍草와 나무토막. 정처 없이 떠도는 신세를 비유한다. 汎梗이라고도 하는데 물에 떠도는 나무인형이라는 뜻이다.
* 採蘭 : 향기로운 蘭을 뜯는다는 것이니 人材를 뽑는다는 뜻으로 쓰인다. 간단히 말해 科擧다.
* 明鏡 : 科擧의 심사를 거울 같이 밝게 한다는 말이다.
* 重 : 愼重. 嚴重. 嚴肅.
* 微誠 : 아주 적은 성의. 겸양하여 이렇게 쓴다.
* 皮存 : ≪左傳・僖公14年≫에 "皮之不存, 毛之安傅. 가죽이 없으면 털이 무엇에 의지해 붙어있나."라 하였다. 여기에서는 자신이 지식・학식이 있으니 앞날을 기약할 수 있다는 뜻으로 쓰였다.
* 銘肌 : 銘肌鏤骨. 살에 새기고 뼈에 새기다. 銘心鏤骨이라고도 한다. 銘心하여 不忘하다. 즉 마음속 깊이 새겨 잊지 아니한다는 말이다.
* 肉骨 : ≪左傳・襄公22年≫에 "生死肉骨"이라는 말이 나온다. 즉 "죽은 이

를 다시 살아나게 하고, 白骨에 다시 살이 돋게 한다."라는 말이니 남에게 큰 은혜 받거나 주는 것을 비유하는 말이다.

* 前期 : 預期하다. 앞날을 계산·계획하다.

* 新人好 : ≪楚辭·九歌·少司命≫에서 "樂莫樂兮新相知. 즐거움은 새 사람 사귀었을 때보다 즐거운 것이 없다."라 하였다.

* 舊主 : 옛 座主. 옛 과거의 主試官인 薛侍郎을 가리킨다.

* 太丘道 : ≪後漢書·許劭傳≫에 보면 後漢의 陳寔은 潁川사람인데 일찍이 太丘의 원님이었을 때 名望이 있었고 交遊가 아주 넓었다. 許劭가 潁川에 갔을 때 陳寔을 예방하지 않았다. 사람들이 그 까닭을 물으니 許劭가 대답하였다. "陳太丘의 交際가 아주 광범위한데 광범위하면 주도면밀하기 어렵지요." 後世에 交遊가 광범위한 것을 太丘道라 하게 되었다.
 여기에서는 웬만하면 다 사귀고 알아주는 陳太丘 같은 薛侍郎에게 자신이 알려지지 않은 것 즉 落第한 것은 자기가 워낙 모자랐기 때문이니 부끄럽다는 말이다.

* 小生 : 선비가 겸손하게 자신을 이르는 말.

<歸山居寄錢起> 李端

悵望青山下, 回頭淚滿巾.
故鄉多古樹, 落日少行人.
髮鬢將回色, 簪纓未到身.
誰知武陵路, 亦有漢家臣.

<山房으로 돌아가며 錢起에게 부친다> 이단

青山 일대를 슬피 바라보며,
돌이켜 생각하니 눈물은 수건에 가득하네.
고향에는 고목나무만 많고,
지는 해에 다니는 사람은 적다네.
머리와 살쩍은 또한 검은 빛이 변하는데,
감투라 벼슬자리는 내 몸에 오지 않네.
그 누가 알리오 숨어사는 武陵桃源 가는 길에,
또한 나라에 쓰일 신하가 있는 것을.

註

* 山居 : 山房. 山舍. 山莊.
* 悵望(창망) : 슬피 바라보다. 원망스럽게 보다.
* 靑山 : 隱居하는 곳을 가리킨다. 紅塵 즉 俗世와 먼 곳이다.
* 下 : 名詞 뒤에 붙어 일정한 場所・범위・시간을 나타낸다.
* 回頭 : ① 머리를 돌리다. ② 回顧(회고)하다. 回想하다.
* 鬢(빈) : 살쩍. 귀밑털.
* 回色 : 검은 빛이 희게 변하다. 回는 바뀌다, 변하다의 뜻으로 쓰였다.
* 簪纓(잠영) : 簪은 비녀로 쪽・상투 또는 冠을 고정시키는 물건이며, 纓은 冠을 묶는 끈이니 갓끈이다. 이 둘은 옛날 관리들이 쓰던 것으로 벼슬함・출세함을 비유한다.
* 武陵 : 武陵桃源. 晉나라 陶淵明의 <桃花源記>에 나오는 곳으로 俗世를 피하여 은거하는 땅을 나타내게 되었다.
* 漢家 : 家는 나라의 뜻이다. 漢나라로 唐나라를 대신하였다. 漢家臣은 자기를 나타낸다.

<題山中別業> 李端

舊宅在山中, 閒門與寺通.
往來黃葉路, 交結白頭翁.
晚筍難成竹, 秋花不滿叢.
生涯祇麤糲, 吾豈諱言窮.

<산 속의 별장> 이단

옛집은 산 속에 있는데,
찾는 이 없는 문은 절집과 통한다네.
누른 잎 깔린 길을 오고가며,
머리 흰 영감들과 교제 틀 뿐.
더딘 죽순은 대가 되기 어렵고,
가을꽃은 떨기를 못 이뤄.
내 생애는 오직 궂은 쌀이니,
어찌 궁하다는 말을 감추리.

註

* 別業 : 別墅. 別莊. 別宅.
* 閒門 : 아무 일이 없는 문. 찾아오는 이 없는 문.
* 白頭翁 : ① 백발노인. ② 할미꽃. ③ 알락할미새.
* 結交 : 교제하다. 친구가 되다. 친교를 맺다.
* 祇(지) : ① 只와 통하니 다만·오직의 뜻. ② 마침. 공교롭게.
* 麤(추) : 거칠다. 대강. 대략. 현미.
* 糲(려) : 현미. 麤糲는 현미·궂은쌀인데 곤궁한 생활을 나타낸다. 궂은쌀은 잘 쓿지 아니하여 빛이 깨끗하지 아니하고 겨가 많이 섞인 쌀.
* 諱(휘) : 감추다. 꺼리다.
* 窮 : ① 貧窮 즉 가난. ② 達과 相對되는 말이니 포부를 펴지 못함, 벼슬하지 못함, 출세하지 못함의 뜻이 된다.

<送丘丹歸江東> 李端

故山霜落久, 才子憶荊扉.
旅舍尋人別, 秋風逐雁歸.
夢愁楓葉盡, 醉惜菊花稀.
肯學求名者, 經年未拂衣.

<丘丹이 강동으로 돌아가니 전송한다> 이단

옛 동산에 서리 내린지 오래라고,
그대 고향집 사립문을 그리워했다지.
旅舍로 나를 찾아 작별하니,
가을바람 기러기를 어서 가라 몰아대네.
꿈 속에서도 단풍잎 다할까 걱정했다며,
술 취해 국화꽃 성긴 것을 애석해 하네.
부귀공명 구하기를 배우려는 사람만이,
해와 달이 깊어도 옷을 털지 못한다네.

註

*江東 : 長江 下流지역.

*故山 : 舊山. 고향. 옛집의 뜻으로 쓰인다.

*才子 : 才人. 才士. 재능이 뛰어난 사람. 상대방을 대접하여 이렇게 부른다.

*旅舍 : 旅店. 旅館.

*求名 : 名聲을 追求함. 富貴功名을 모색함. 여기서는 及第하여 벼슬하는 것을 말한다. 求名者는 자기를 말한다.

*經年 : 보통 經年累月로 쓰이는데 오랜 세월이 지나다. 해와 달을 거듭하다는 뜻이다.

*拂衣 : 옷을 털고 감. 세상을 피하려 숨어버린다는 뜻이다.

參考

<贈郭駙馬> 其一 李端

青春都尉最風流, 二十功成便拜侯.
金距鬪鷄過上苑, 玉鞭騎馬出長楸.
熏香荀令偏憐少, 傅粉何郎不解愁.
日暮吹簫楊柳陌, 路人遙指鳳凰樓.

<郭駙馬께 드림> 其一 이단

青春의 駙馬都尉 가장 멋스럽고 풍치 있는데,
스무 살에 공을 세워 바로 公侯를 받으셨네.
쇠 발톱 단 닭싸움하러 나라동산 찾으시며,
옥 채찍 쥐고 말에 올라 가래나무 대로를 나서시네.
향을 배게 한 荀令같으시나 젊으셔서 더욱 근사하고,
분을 바른 何郎일반이나 근심 걱정 모르시네.
해 저물 때 버들 길에서 簫를 부시면,
길 가던 사람들도 멀리 鳳凰樓를 가리키네.

註

*이 시는 李端이 郭駙馬宅에서 단숨에 지어 유명해진 시이다.

*郭駙馬 : 安祿山·史思明의 亂을 平定하는데 가장 큰 공을 세운 郭子儀는 汾陽王에 封해졌다. 이십 년 동안 나라의 安危가 그 몸에 달려있었다 한다. 德宗 때에 尙父라 하였으며 太尉 中書令이 되었다. 세상에서 보통 郭汾陽 郭令公이라 하였으며 諡號는 忠武였다. 그의 여섯 째 아들인 郭曖는 代宗의 딸인 昇平公主와 결혼하였다. 그가 유명해진 것은 다음의 사건 때문이다. 언제인가 부부간의 언쟁 끝에 曖가 말하기를 "너는 네 아버지가 천자라고 자세하나 본데 우리 아버지는 천자가 시시해서 안했다." 공주가 성이 나 달려가 上奏하였다. 그러나 代宗은 잘 타일러 집으로 돌려보냈다. 子儀가 듣고 曖를 가두고 待罪하였다. 代宗은 "속담에도 벙어리 귀머거리 안 되면 공주의 시아버지 노릇 못한다 하였다. 아녀자의 규방이야기는 들을 것이 못된다." 하였다. 子儀는 귀가한 뒤 曖를 수십 대 때렸다. 후에 朱泚가 반란을 일으켜 曖에게 벼슬하라고 협박하였으나 몰래 奉天으로 德宗 임금을 찾아갔으며 임금이 가상히 여겼다. 벼슬은 太常卿에 이르렀고 代國公을 습작하였다.

*駙馬都尉 : 三國時代 魏나라의 何晏이 公主와 결혼한 뒤 駙馬都尉를 배수하였다. 이로부터 皇帝의 사위는 의례 이 稱號를 붙였으며 간략하게 駙馬라고도 하였다.

*金距 : 싸움닭의 며느리발톱에 장치하는 금속제의 날카로운 날.

*上苑 : 皇室의 園林. 나라의 놀이동산.

*長楸 : 높고 큰 가래나무. 옛날의 가로수인데 이것으로 大路를 나타냈다.

*鬪鷄·騎馬 : 曹植의 <名都篇>에 나오는 "鬪鷄東郊道, 走馬長楸間. 동쪽 교외의 길가에서 닭싸움하고, 큰 가래나무 늘어선 대로로 말 달린다."을 따온 것이다.

*熏香荀令 : 향을 태운 연기가 옷을 배게 한 荀令. 荀彧은 漢의 侍中 尙書令을 지내 荀令이라 한다. 사람들 말에 그가 앉았던 자리는 사흘이나 향냄새를 풍긴다 하였다. 옛사람들은 향을 태우며 그 위에 옷을 덮어씌워 그 냄새가 배게 하였다.

*傅粉何郎 : 분바른 何郞. ≪世說新語≫의 <容止>篇을 보면 다음의 이야기

가 나온다.
何晏은 외모가 아름다웠는데 특히 얼굴이 아주 희기로 유명했다. 魏나라 明帝는 그가 분칠을 하였나 의심하여 더운 여름에 뜨거운 국수를 내렸다 먹자니 땀이 몹시 나오는데 붉은 옷소매로 닦으니 더욱 하얗게 되었다 한다. 위의 이야기를 보면 분은 안 바른듯하나 魏晉時代에는 남자들이 외모 가꾸기에 아주 열중 분바르고 화장하였다 하니 사실인지 모른다.

*吹簫・鳳凰樓 : 春秋時代 秦나라 穆公에게 弄玉이라는 딸이 있었는데 음악을 좋아하여 簫를 잘 부는 蕭史와 짝을 지워주었다 한다. 蕭史는 매일 弄玉에게 簫를 불어 봉황새 울음소리 내는 법을 가르쳤는데 후에 정말 봉황이 지붕에 왔고 穆公이 鳳臺를 지어주고 그곳에 살게 하였는데 몇 년 뒤 봉황새를 따라 부부가 가버렸다 한다. 여기에서 吹簫는 蕭史 즉 임금의 사위를 말하니 이것으로 郭曖를 가리키며 鳳凰樓는 公主와 駙馬의 집을 말한다.

<贈郭駙馬> 其二 李端

方塘似鏡草芊芊, 初月如鉤未上弦.
新開金埒看調馬, 舊賜銅山許鑄錢.
楊柳入樓吹玉笛, 芙蓉出水妬花鈿.
今朝都尉如相顧, 願脫長裾學少年.

<郭駙馬께 드림> 其二 이단

모난 연못은 거울 같고 풀은 파릇파릇한데,
초승달은 갈고리 비슷 아직은 반달 아니네.
근자 문을 연 황금담장 훈련장에서 말 길들임 보시고,
전에는 구리광산 하사받아 銅錢 찍도록 허가 얻으셨네.
버들가지 날려 樓臺에 들면 공주님은 옥피리 부시고,
물에 솟은 연꽃도 화전(花鈿)붙인 용모를 시새운다네.
오늘 부마도위께서 만약 돌보아 주신다면,
기꺼이 긴 옷 벗고 젊은이 본받겠네.

註

*이 作品은 平聲 先韻으로 芊, 弦, 錢, 鈿, 年이다 여기에 속한다. 앞에서 李端을 소개할 때 錢起가 그가 지은 작품이 미리 지어둔 것이라 하여 자기의 姓인 錢을 韻으로 하여 다시 지으라 하였는데 韻을 보면 다시 지은 작품일 것이다.

*芊芊(천천) : 풀이 우거진 모양. 풀이 파릇파릇한 모양.

*初月 : 초승달.

*上弦 : 음력 매달 7~8일 경에 나타나는 달의 형태. 둥근 쪽이 아래로 향한다. 下弦은 22~23일 경에 나타나는 달의 형태 둥근 쪽이 위로 향한다.

*金埒(금날) : 황금의 담. 황금의 둑.

≪世說新語 · 汰侈≫篇에 다음의 이야기가 나온다. 駙馬인 王濟가 임금에게 책망을 받고 벼슬이 날아간 뒤 北邙山 밑으로 이사하였다. 그때 인구는 조밀하고 땅은 좁았다. 王濟는 말 탄 채 활쏘기를 즐겼는데 땅을 사 훈련장을 만들고 담을 쌓았는데 돈꿰미로 땅을 온통 두르고 담에까지 잔뜩 걸어놓았다. 당시 사람들이 金埒이라 불렀다.

*調馬 : 말을 길들임.

*銅山 · 鑄錢 : ≪史記 · 佞幸列傳≫에 다음 이야기가 나온다.

漢 文帝는 鄧通을 몹시 사랑했는데 관상 잘 보는 이에게 鄧通을 보게 하니 분명 가난하여 굶어 죽을 상이라 한다. 文帝는 鄧通을 부유하게 하는 힘이 나에게 있는데 무슨 가난하며 蜀에 있는 구리광산을 주고 銅錢을 만들 수 있게 하니 鄧氏錢이 天下를 덮었다. 그러나 景帝가 즉위한 뒤 家産을 沒收하였고 文帝의 딸이며 景帝의 누님인 長公主가 도와주려 하였으나 관리들이 번번이 압수 결국 돈 한 푼도 지닐 수 없었으며 남의 집에 몸을 의지하다 죽었다.

*第5 · 6句는 公主에 관한 것이다. 穆公의 딸 弄玉은 본래 피리가 전공(?)이었다. 그러다가 남편인 蕭史를 따라 전공을 바꿔 簫를 배운 것이다.

*芙蓉出水 : 아름다운 여인을 묘사할 때 쓰는 말인데 상당히 나이배기다. 三國 · 魏의 曹植이 <洛神賦>에서 神女의 외모를 그리는데 "灼若芙蕖出綠波. 환하기는 푸른 물결에 솟아난 연꽃 같다."라 하였고 그 후 南朝 · 梁의 何遜이 <看伏郎新婚>에서 "霧夕蓮出水, 霞朝日照梁. 何如花燭夜, 輕扇掩紅妝. 안개 낀 저녁 물위로 솟은 연꽃이 곱고, 노을진 아침 용마루 비

치는 태양이 환해도, 화촉 밝힌 밤 가벼운 부채로 가린 고운 색시에 비하면 어떠하냐?"이라 하여 아주 유명해졌다.

*花鈿 : 여인들의 얼굴에 붙이는 장식물인데 물고기비늘, 운모, 곤충의 날개 따위로 만들어 황금색, 초록색, 진홍색의 세 가지 색깔을 입히고 아교를 엷게 발라 입김으로 불어서 붙이게 되어있다. 모양은 꽃, 새, 물고기, 원형, 마름모 등이다.

*今朝 : 今日.

*長裾 : 긴 옷자락. 길고 치렁치렁한 옷이니 대개 儒者 선비들의 복장을 말한다. 이것을 벗고 少年을 배우겠다니 요즘의 말로 바꾸면 긴 코트, 양복 정장을 벗고 무릎에 구멍난 청바지 입겠다는 식이 되겠다.

<送歸中丞使新羅> 李端

東望扶桑日, 何年是到時?
片帆通雨露, 積水隔華夷.
浩淼風來遠, 虛冥鳥去遲.
長波靜雲月, 孤島宿旌旗.
別葉傳秋意, 廻潮動客思.
滄溟無舊路, 何處問前期.

<御史中丞 歸某가 新羅에 使臣으로 가니 전송하다> 이단

동쪽 扶桑에 뜨는 해 보며 가니,
어느 날이 이르는 때일까?
한 조각 돛에는 비·바람·서리·이슬 스미는데,
바다는 中華와 夷狄을 갈랐다네.
넓고 아득한 물 바람이 오자해도 멀고,
휑하고 어두운 하늘 새가 가자해도 더디리.
구름 속의 달 밝으면 끝없이 출렁이던 파도도 잠잠해지니,
깃발 안고 외딴 섬에서 잠들겠지.
가지와 헤어지는 나뭇잎 가을 정취 전하고,
밀물이 썰물 되면 나그네 시름 피어나리.
망망대해에는 옛길이 없으니,
어느 곳에 앞날의 기약을 물을까?

註

* 中丞 : 官名. 漢代에 御史大夫 밑에 두 명의 丞을 두었는데 하나는 御史丞, 또 하나는 御史中丞으로 中丞은 殿閣中에 자리 잡았으므로 그리 부르게 되었다 한다. 東漢以來 中丞은 御史臺의 長官이 되었다.
* 扶桑 : 扶桑은 전설상의 나무이름이다. 太陽이 그 나무 아래에서 솟아 그 나무 끝을 스치며 오르므로 太陽이 솟는 곳을 나타내게 되었으며 太陽 자체를 말하기도 한다.
* 片帆 : 하나의 돛. 이것으로 한척의 배, 孤舟를 나타낸다.
* 積水 : 모여 있는 물이니 연못, 호수, 강, 바다를 가리킨다.
* 華夷 : 中華와 夷狄이라는 말이니 自己들은 文明한 中華요 그 밖의 사방은 夷狄이 산다고 구별하였다. 지금은 中國과 外國, 漢族과 少數民族이라고 점잖게 풀이한다.
* 淼(호묘) : 水面이 넓고 아득히 먼 모양.
* 虛冥(허명) : 하늘이 휑하고 어둑어둑한 모양.
* 長波 : 連續不斷의 파도. 끝없이 이어지는 파도.
* 雲月 : 구름과 달. 구름 속의 달.
* 秋意 : 가을의 정취.
* 廻潮 : 滿潮가 되었다가 干潮가 되는 것. 즉 밀물이 가장 높은 해수면까지 꽉 차게 들어왔다 빠져나가 해수면이 가장 낮아지는 썰물이 되는 것을 말한다. 落潮, 歸潮라고도 한다.
* 動 : 피어나다. 싹트다. 감동하다.
* 客思 : 나그네의 情緖. 나그네의 기분.
* 滄溟 : 大海.
* 前期 : 앞으로 닥쳐올 일을 미리 생각하고 기다림. 預期.

<下第後蒙侍郎示意指於新先輩宣恩感謝> 楊凝

才薄命如此, 自嗟兼自疑.
遭逢好交日, 黜落至公時.
倚玉甘無路, 穿楊卻未期.
更慚君侍坐, 問許可言詩.

<落第한 뒤 새로운 進士들이
聖恩을 宣揚하고 감사하는 자리에 同席하라는
禮部侍郎의 意旨를 받고 지은 詩> 양응

재주는 시시하고 운명 또한 이와 같으니,
스스로 탄식하고 스스로도 두렵다네.
훌륭한 交遊 맺는 날 만났는데,
公正하신 분에게 낙제 당한 때라네.
갈대가 玉樹에 기댔으니 갈 길 없음 甘受하며,
버들잎 맞추는 기약은 없다네.
더욱 부끄럽네! 어른을 모신 자리에서,
시 지을 줄 아느냐는 물음을 받다니.

註

*이 작품의 作者가 李昌符라고 되어있는 곳도 있다.

*楊凝 : 字는 懋功. 弘農사람이다. 生卒年은 未詳이다. 代宗·德宗 때에 活動하였다. 형인 楊憑, 동생인 楊凌과 함께 모두 詩名이 있었으며 代宗 大曆(766~779)年間에 잇달아 進士及第하여 세상에서는 "三楊"이라 불렀다.
*意指 : 意旨. 대개 높은 어른의 意向을 말한다.
*新先輩 : 唐代에 進士及第者들은 서로 先輩라고 불렀다. 新先輩는 新進士에 대한 敬稱이다.
*宣恩 : 皇帝의 恩德을 宣揚함.
*自疑 : 疑에는 놀라고 두렵다, 무섭다는 뜻이 있다.
*黜(출) : 떨어뜨리다. 물리치다.
*至公 : 지극히 公正함. 科擧의 主試官(즉 考試委員長이니 禮部侍郎이다)에 대한 敬稱으로 公正無私함을 말한다.
*倚玉 : ≪世說新語·容止≫篇에 나오는 이야기.
魏의 明帝가 난폭하고 저속한 皇后의 동생 毛曾을 고상하고 잘생긴 夏侯玄과 함께 앉도록 했다. 당시 사람들이 "갈대·억새가 玉樹에 기댔군." 하고 말했다.
玉樹는 新進士들이고 갈대·억새는 자신을 가리킨다.
*穿楊 : ≪戰國策≫의 <西周策>과 ≪列子·湯問≫을 보면 다음의 이야기가 나온다.
養由基는 활을 잘 쏘았는데 百步 떨어진 곳에서 버들잎을 쏘아 맞추는데 百發百中이었으며 紀昌은 이(虱) 한 가운데를 맞추었다 한다.
*許 : 그처럼. 이와 같이. 如此.

<下第日書情寄上叔父> 司空曙

微才空覺滯京師, 末學曾爲叔父知.
雪裏題詩偏見賞, 林間飮酒獨令隨.
遊客盡傷春色老, 貧居還惜暮陰移.
欲歸江湖尋山去, 願報何人得桂枝.

<落第한 날 내 마음을 써서 叔父께 부치다> 사공서

헛되이 깨달았네 서울에 머물기에는 시시한 놈이라고,
그래도 천박한 학문을 숙부께서는 알아주셨지.
눈 오는 날 시 지으면 가장 칭찬 받았고,
숲 속에서 술 드시면 유독 나만 따르라 하셨지.
노는 사람들이야 봄빛이 시든다고 서러워하지만,
가난한 내 집은 저녁 햇빛 가버림이 아쉽지.
江湖로 돌아가 산 찾아 가려해도,
桂樹나무 가지를 그 누가 얻었는지 알리고저.

註

* 司空曙 : 字는 文初. 生卒年은 未詳. 進士及第하였으며 代宗 때에 活動하였다. 시원시원한 성격으로 재주가 뛰어났으나 지조가 굳어 權門勢家에 굽히지 않았으며 집안에 쌀 한 섬 없어도 천하태평이었다. 韋皐가 劍南節度使가 되었을 때 幕府에 불렀다. 詩는 맑고 화사하였으며 大曆十才子의 한사람이다.
* 微才 : 微少한 재주와 지혜. 스스로를 겸손하게 표현할 때 쓴다.
* 京師 : 國都를 말함.
* 末學 : 얕고 뿌리 없는 학식. 스스로를 겸손하게 표현할 때 쓴다.
* 偏 : 치우치다. 쏠리다. 가장. 특별히. 그저. 다만. 마침. 공교롭게.
* 遊客 : 유람객. 관광객.
* 暮陰 : 저녁의 해 그림자. 陰은 日影을 말한다.
* 江湖 : ① 四方各地 또는 民間을 가리킴. 흔히 江湖諸賢이라 쓴다. ② 隱士들이 사는 곳을 가리킴. 비록 山에 은거하여도 江湖에 있다고 표현함. ③ 四方을 떠돌며 사는 광대, 사당, 약장수, 점쟁이를 말한다.
* 桂枝 : 앞에서 나왔다. 桂林一枝, 折桂 등으로 及第를 비유하였다.

<長安曉望寄程補闕> 司空曙

迢遞山河擁帝京, 參差宮殿接雲平.
風吹曉漏經長樂, 柳帶晴煙出禁城.
天淨笙歌臨路發, 日高車馬隔塵行.
獨有淺才甘未達, 多慚名在魯諸生.

<長安에서 새벽에 바라보다 程補闕에게 부침> 사공서

아득히 이어진 山河는 임금님의 서울을 안고 있는데,
높고 낮은 궁궐의 전각은 구름과 닿아 고르다네.
바람 불면 새벽 물시계 소리 長樂宮을 지나오고,
버들 띠처럼 흔들리면 갠 날 香煙은 禁城을 나오네.
하늘은 깨끗한데 생황소리 노래 소리 길가에서 울려 퍼지고,
해가 높으면 수레와 말은 먼지 너머 간다네.
다만 무식한 이 놈 출세 못함 달게 여기며,
이름이 지식인에 끼인 것 부끄럽다네.

註

* 補闕(보궐) : 벼슬 이름.
* 迢遞(초체) : 아득히 먼 모양. 까마득하게 높은 모양. 끝없이 이어진 모양. 시간이 긴 것을 말함.
* 參差(참치) : 가지런하지 않은 모양. 흩어진 모양.
* 曉漏 : 새벽의 漏刻(물시계)소리.
* 長樂 : 漢代의 宮이름. 宮殿의 泛稱으로 쓰인다.
* 禁城 : 宮城. 禁은 御用의, 帝王에 속하는의 뜻이다.
* 笙歌 : 笙篁에 맞춰 부르는 노래. 생황 소리와 노래 소리.
* 淺才 : 얕은 재주. 자기를 겸손하게 말하는 것.
* 達 : 顯達. 벼슬, 명성, 덕망이 높아서 이름이 세상에 드러남. 여기에서는 科擧及第를 말한다.
* 魯諸生 : 魯나라의 뭇 儒生이라는 말이니 魯는 孔子의 故國으로 儒學의 본고장이므로 그곳의 뭇 선비로 일반 지식인을 가리켰다.

<秋思呈尹植·裴說> 司空曙

靜向懶相偶, 年將衰共催.
前途懽不集, 往事恨空來.
晝景委紅葉, 月華銷綠苔.
沈思竟何有, 坐結玉琴哀.

<가을의 적막하고 처량한 기분을 적어
尹植과 裴說에게 보인다> 사공서

고요함은 게으름과 짝이 되었는데,
세월과 늙음은 함께 재촉하누나.
앞길이여 기쁨은 이르지 않을 것이며,
지난일이여 한스러움 부질없이 오누나.
대낮의 맑은 햇볕 붉은 잎에 맺혀있고,
휘영청 밝은 달빛 파란 이끼에 녹아있구나.
깊은 생각 끝에 무슨 일이 있을까,
그저 거문고에 서러움을 맺어보누나.

註

*秋思 : 가을날의 적막하고 처량한 기분.

*靜 : 靜止. 움직이지 않는 것. 寂靜. 소리 없는 것. 安靜. 平靜.

*懶(나) : 게으름. 懶怠. 느림.

*偶 : 짝. 配偶. 짝지음. 무리. 同類.

*年 : 세월. 나이.

*將 : ~와. ~과 함께.

*衰 : 老衰.

*懽 : 歡과 같음.

*集 : 至. 到. 이르다. 도달하다.

*晝景 : 대낮의 햇볕.

*委 : 따르다. 맡기다. 방치하다. 버리다.

*月華 : ① 月光. 月色. ② 달.

*銷 : 녹다. 녹이다. 消散. 없애다.

*沈思 : 深思.

*坐 : ① 공연히. 헛되이. ② 깊이. 심하게. ③ 잠시. 또. ④ 바야흐로. 한창.

*玉琴 : 玉으로 장식한 琴. 琴의 美稱.

<早春遊望> 司空曙

東風春未足, 試望秦城曲.
青草狀寒蕪, 黃花似秋菊.
壯將歡共去, 老與悲相逐,
獨作遊社人, 暮過威輦宿.

<초봄에 멀리 한껏 바라보다> 사공서

초봄이라 동풍이 미흡한대로,
秦城의 한쪽을 바라보니,
푸른 풀 스산한 가을 잡초 같고,
노란 꽃 썰렁한 가을 국화 한 가지.
젊음과 기쁨은 함께 가버리고,
늙음과 슬픔이 어울려 따르네.
홀로 白社에 노니는 사람 되니,
저녁 董威輦을 찾아 잠들리.

註

*早春 : 初春. 초봄. 이른 봄. 음력 정월.

*遊望 : 시선을 멀리 두고 바라봄. 시야를 넓게 하여 봄.

*秦城 : 秦의 咸陽이나 漢의 長安. 隋의 大興. 唐의 長安은 다 같은 地域이다. 唐의 長安을 예스럽게 쓴 것이다.

*曲 : 구석. 모퉁이. 굽이.

*狀 : 유사하다. 비슷하다. 아래 구의 似와 互文이다.

*寒蕪 : 찬 가을날의 잡초.

*社 : 白社를 말한다. 白社는 地名으로 洛陽의 동쪽에 있다. ≪抱朴子≫에 의하면 洛陽의 道士 董威輦이 그곳에 隱居하며 修道하였는데 전혀 먹지를 않았다 한다. 後世에는 이것으로 隱士의 거처를 나타냈다.

<題落葉≫ 司空曙

霜景催危葉, 今朝半樹空.
蕭條故國異, 零落旅人同.
颯岸浮寒水, 依階擁夜蟲.
隨風偏可羨, 得到洛陽宮.

<낙엽에 대하여> 사공서

서리가 아슬아슬 매달린 마른잎 재촉하더니,
오늘 아침 온 나무가 텅 비었네.
스산함이여 내 고향 잎과 다른데,
영락함이여 나그네와 똑같아.
언덕을 스치더니 찬물에 뜨고,
섬돌에 모이더니 밤벌레를 끌어안네.
제일 부러운 건 바람을 따라,
洛陽의 대궐 안에 이를 수 있음이네.

註

*霜景 : 서리 내리는 철. 서리의 모습.

*危葉 : 장차 떨어질 마른 잎.

*半 : 전부. 모두.

*蕭條 : 적막하다. 스산하다. 쓸쓸하다.

*零落 : ① 초목의 잎이 시들어 떨어짐. ② 세력이나 살림이 줄어들어 보잘 것 없이 됨.

*颯 : 스치고 지나감.

<徐十八晦落第> 歐陽詹

嘉穀不夏熟, 大器當晩成.
徐生異凡鳥, 安得非時鳴.
汲汲有所爲, 驅驅無本情.
懿哉蒼梧鳳, 終見排雲征.

<兄弟 중 열여덟 번째인 徐晦의 落第> 구양첨

아름다운 곡식은 여름에 익지 않고,
大器는 晩成이고 말고.
徐生은 凡常한 새와는 다르니,
어찌 아무 때나 울리오.
과거에 온 마음 쏟았다 하지만,
속생각은 애써 구한 것 아니었지.
훌륭하다 蒼梧의 鳳凰이여,
결국 구름 차고 감을 보여주리.

註

* 歐陽詹(구양첨) : 字는 行周로 泉州 晉江 사람이다. 德宗의 貞元(785~804) 初에 태어나 文宗의 太和(827~835)初에 卒하였으니 享年이 四十餘였다. 韓愈·崔群·李觀 等과 함께 及第하여 당시 사람들이 그 合格者榜을 龍虎榜이라 불렀다 한다. 閩(福建省 一帶)땅의 科擧及第는 歐陽詹이 처음이었다 한다. 國子監四門助敎로 있었으며 韓愈를 博士로 추천하였다.
* 嘉穀 : 본래 좁쌀을 嘉穀이라 하였으며 나중에는 五穀을 뜻하게 되었다. 本詩에서는 글자 그대로 풀어 훌륭한 아름다운 곡식이라 보면 된다.
* 大器晩成 : ≪老子≫ 40章에 나오는 말이다.
* 凡鳥 : 平凡한, 凡常한 새. 시시한 인물을 뜻한다.

≪世說新語·簡傲≫를 보면 嵇康과 呂安은 아주 친하였다. 呂安이 방문하였을 때 嵇康은 不在中이라 형인 嵇喜가 맞이하니 呂安은 들어가지 않고 문에다 鳳字를 써놓고 갔다. 嵇喜는 본뜻을 깨닫지 못하고 呂安이 자기에게 감탄하여 썼다고 여겼다. 실인즉 鳳字를 풀어놓으면 凡鳥인 것이다. 즉 시시한 별 볼일 없는 인물이라는 것이다.

* 非時鳴 : ≪史記·滑稽列傳≫을 보면 齊나라 淳于髡의 이야기가 나온다. 齊나라 威王이 술 마시고 놀며 政事를 돌보지 않아 나라는 어지럽고 諸侯들이 侵入하는데 감히 諫하는 자가 없었다. 이에 淳于髡이 比喩를 들어 말하였다. "나라 안에 큰 새가 있어 임금님의 뜰에 머무는데 삼년동안 날지도 않고 울지도 않는데 임금님께서는 이 새가 무엇인지를 아시는지요?" 임금이 대답하였다. "이 새가 안 날면 그뿐이나 날았다 하면 하늘로 솟구칠 것이고 안 울면 그뿐이나 울었다 하면 사람들을 놀라게 하리라. 此鳥不飛則已, 一飛沖天; 不鳴則已, 一鳴驚人."
* 汲汲 : 한 가지 일에만 정신을 쏟아 다른 일을 할 마음의 여유가 없다.
* 驅驅 : 고생스럽게 뛰어다니다. 애써 추구하다.
* 蒼梧 : 湖南省에 있는 山. 九疑라고도 한다. 舜임금이 이곳에서 죽어 묻혔음.

<送袁秀才下第歸毘陵> 歐陽詹

羸馬出都門, 修途指江東.
關河昨夜雨, 草木非春風.
矢捨雖未中, 璞全終待攻.
層雲秋可翔, 豈不隨高鴻.

<袁秀才가 落第하고 毘陵으로 돌아가니 전송한다> 구양첨

여윈 말 타고 서울 성문 나서며,
아득한 길 江東을 가리킨다.
江山에는 어젯밤 비 왔고,
草木에는 봄 망치는 바람 불었다.
시위에서 놓은 화살 비록 명중 안됐으나,
原石이 온전하니 다듬는 일 결국 기대하겠다.
아득한 하늘 가을이면 飛翔할 만하니,
높이 나는 기러기를 왜 못 따르리.

註

* 毘陵(비릉) : 지명. 지금의 江蘇省에 있다.
* 羸(리) : 파리하다. 수척하다. 여위다. 병 앓다.
* 都門 : 京都의 城門. 또한 서울을 나타내기도 한다.
* 修途 : 長途. 먼 길.
* 江東 : 長江의 下流地域.
* 關河 : ① 長安 附近의 函谷關·潼關 等과 黃河. ② 關隘·山嶺과 江河·川流를 말하니 간단히 말하면 江山이다.
* 非春風 : 非는 ① 맞지 않는다. ② 훼손하다. 망치다. ③ 바꾸다. 바뀌다의 뜻으로 쓰였다. 榜의 결과를 알 때는 暮春이다 따라서 봄을 망치는, 봄을 바꾸는 바람이니 南風 즉 夏風이다.
* 璞(박) : 아직 다듬지 않은 옥 덩어리. 즉 玉의 원석.
* 攻 : 다듬다. 加工하다.
* 層雲 : 高空.

<送高士安下第歸岷南寧覲> 歐陽詹

偕隱有賢親, 岷南四十春.
棲雲自匪石, 觀國暫同塵.
就養思兒戲, 延年愛鳥伸.
還看謝時去, 有類潁陽人.

<高士인 歐陽安이 落第하고
岷南으로 省親하기 위해 돌아가니 전송한다> 구양첨

모두가 다 은거하는 어진 일가가 있어,
岷南에서 마흔 번 봄을 보냈다네.
구름에 사는 뜻 돌이 아니라 굴려버릴 수 없었는데,
나라의 광채 보려고 잠시 세상 먼지를 썼다네.
부모님 봉양함에 어린아이 놀듯 하려 하며,
수명을 늘이려 새가 죽지 펴듯 하였다네.
이제 세상 버리고 감을 또 보니,
潁陽의 巢父·許由와 흡사하다네.

註

*高士安 : 詩中에서 賢親이라 한 것을 보면 同姓인 듯하다. 따라서 高士인 歐陽安이 되겠다. 高士는 뜻과 행동이 高潔한 사람 또는 隱居하며 벼슬하지 않는 사람을 말한다.

*岷南 : 岷山의 남쪽. 岷山은 四川省의 北部에 있다. 岷江은 四川省의 中部에 있으며 長江의 북쪽 支流다.

*寧覲 : 부모를 뵙기 위해 귀향함.

*偕隱 : 함께 隱居하다. 父·母·兄·弟·妻·子가 함께 은거하였다는 말이 되겠다. 作者와 高士는 閩과 蜀이 故鄕이며 作者의 享年을 보면 四十年을 은거할 수 없다. 따라서 高士가 집안 식구들과 같이 은거하였다고 보여진다.

*賢親 : 어진 친척이니 친척에 대한 尊稱이다. 그러나 친척이 아니라도 형뻘 되면 賢兄, 동생뻘이면 賢弟라 하였다.

*棲雲 : 雲霧속에 사는 것이니 高山에 산다는 뜻 또는 隱遁한다는 의미가 된다. 흔히 연하고질(煙霞痼疾), 천석고황(泉石膏肓)이라 하는데 自然을 대표하는 것으로 구름·노을·샘·돌을 들었다.

*匪石 : ≪詩·邶風·柏舟≫에서 "我心匪石, 不可轉也; 我心匪席, 不可卷也. 내 마음은 돌이 아니니 굴릴 수 없고, 내 마음은 자리가 아니니 말 수 없다."라 하였다.
本詩에서는 구름 속에 은거하는 마음을 돌이 아니니 굴려버리지 않고 굳게 지켰다는 칭찬이다.

*觀國 : ≪易·觀≫卦에서 "觀國之光, 利用賓于王. 나라의 빛남을 본다. 임금의 손님 노릇하는데 이로울 것이다."이라 하였다. 과거 보러 서울에 간 것을 "나라의 빛남을 본다."라 하고 과거의 應試生이 된 것을 "임금님 손님 노릇"한다고 한 것이다.

*同塵 : ≪老子≫의 4章과 56章에서 "和其光, 同其塵. 자신의 훌륭한 광채를 감추고, 세상의 俗塵과 어울린다."이라함.
本詩에서는 高士가 科擧에 應試한 것을 감싸주고 좋게 해석하여 준 것이다.

*就養 : ≪禮記·檀弓上≫에 나오는 말이다. 父母를 奉養함, 임금을 섬김, 스승을 모심의 뜻으로 쓰인다.

本詩에서는 父母를 봉양함의 뜻으로 쓰였다.

*兒戱 : 나이 먹어서도 부모님을 위하여 어린아이처럼 논다는 말이다. 《藝文類聚》에서 <列女傳>을 引用하였는데 아래와 같다.

老萊子는 부모님을 효도로 봉양하여 나이 칠십이 되었는데도 어린아이처럼 놀고 오색의 색동옷을 입었다. 마실 것을 들고 대청에 오르다 넘어진 적이 있었는데 땅에 누워 어린아이처럼 울었다. 또한 부모 곁에서 새 새끼를 가지고 놀기도 하였다.

*延年 : 壽命을 延長함. 보통 延年益壽라 한다.

*鳥伸 : 옛날의 身體단련법이니 四肢를 새가 날개·다리를 뻗듯 움직이고 다듬는 것.

《莊子·刻意》에서 "吹呴呼吸, 吐故納新, 熊經鳥申, 爲壽而已矣. 숨을 내쉬고 호흡하며, 묵은 것을 내뿜고 새것을 들이 마시며, 곰이 나무에 매달리듯 새가 날개와 다리를 뻗듯 하는 것은, 다 長壽하기 위함이다."라 하였다.

*謝時 : 時世를 떠남. 避世.

*潁陽 : 潁水의 북쪽. 山의 南, 水의 北이 陽이다. 潁水는 河南省에 있는 江이다. 潁陽에 堯임금때의 高士인 巢父·許由가 隱居하였다. 따라서 潁陽으로 巢父·許由를 나타내기도 한다.

<除夜長安客舍> 歐陽詹

十上書仍寢, 如流歲又遷.
望家思獻壽, 算甲恨長年.
虛牖傳寒柝, 孤燈照絶編.
誰應問窮轍, 泣盡更潸然.

<섣달 그믐날 밤 長安의 客舍에서> 구양첨

열 번 글 올려도 여전히 버려둔 채 답 없고,
흐르는 물처럼 세월은 또 간다.
집을 그리며 부모님 장수 기원하는 술 올리기를 생각하고,
甲子를 따지니 늙은 나이가 한스럽다.
썰렁한 창에는 겨울의 딱따기 소리 전해지고,
외로운 등불은 떨어진 책을 비춘다.
그 누가 바퀴 자국에 갇힌 붕어를 살펴주리,
울음소리 다해도 또 눈물은 흐르는데.

註

* 除夜 : 除夕. 歲除. 섣달 그믐날 밤.
* 上書 : 임금에게 書面으로 意見을 進呈함. 獻書.
* 仍 : 여전히. 또 다시.
* 寢 : 寢不報라 흔히 쓴다. 寢은 방치함, 내던져둠. 즉 上書나 獻書하여도 그것을 내버려두고 答을 안함. 王維의 <不遇詠>에서 "北闕獻書寢不報. 北闕에서 글을 올려도 버려둔 채 답이 없다."라 하였다. 上書·獻書의 書는 本詩에서는 科擧의 詩文을 뜻한다.
* 如流 : ≪論語·子罕≫에서 "子在川上, 曰 : 逝者如斯夫, 不舍晝夜. 孔子가 냇가에서 말하였다. 가는 것은 이와 같구나. 밤낮으로 멈추지 않네."라 하였다.
* 獻壽 : 禮物이나 술을 올리며 長壽를 祝願함.
* 算甲 : 甲子를 따짐. 天干 즉 甲·乙·丙·丁·戊·己·庚·辛·壬·癸의 시작인 甲과 地支 즉 子·丑·寅·卯·辰·巳·午·未·申·酉·戌·亥의 처음인 子로 날짜·햇수를 말함. 나아가 歲月·光陰 또는 年齡을 가리킴.
* 長年 : 老年.
* 寒柝 : 柝(탁)은 밤에 야경을 돌 때 서로 마주쳐서 딱딱 소리를 내게 만든 두 짝의 나무토막이다.
  本詩에서는 야경에 쓰는 딱따기도 되지만 시각을 알리는 딱따기의 뜻도 된다.
* 絶編 : 殘編. 떨어져 나가고 남은 책.
* 窮轍 : ① 앞이 막힌 길. 곤경에 처함을 말함. ② 涸轍(학철) 즉 수레바퀴 자국에 괸 물에 있는 고기. 곤경에 처함.
* 潸(산) : 눈물이 줄줄 흐르는 것.

<別辛三十時自襄陽同舟而下予歸閩辛從此赴擧>

歐陽詹

弭棹已傷別, 不堪離緒催.
十年一心人, 千里同舟來.
鄕路我尙遙, 客程君未回.
將何慰兩端, 互勉臨岐杯.

<辛三十과 이별하다. 이때 襄陽에서 배를 같이 타고 내려왔는데 나는 閩땅으로 돌아가고 辛은 여기서부터 과거보러 간다> 구양첨

노를 멈출 때 이미 헤어짐이 서러웠는데,
못 견디겠네 끝없는 이별의 情思가 몰아댐을.
십년이었지 한 마음의 사람과 사귐이,
천리 길이었지 같은 배로 내려옴이.
고향 가는 길 내게는 아직 멀기만 한데,
나그네 日程 그대는 돌아가지 못하네.
무엇으로 양쪽의 마음을 달래나,
갈림길의 술잔으로 서로 격려해야지.

註

* 赴擧 : 應試함. 즉 鄕貢이 入京하여 禮部의 시험에 응하는 것.
* 弭(미) : 멈추다. 그치다. 그만두다. 弭棹는 젓던 배의 노를 멈추는 것이니 즉 배를 멈추는 것이다.
* 離緖 : 이별을 아쉬워하는 綿綿(면면)한 情思.
* 催 : ① 다그치다. 재촉하다. 독촉하다. ② 촉진시키다. 빠르게하다.
* 一心 : 同心. 한 마음.
* 客程 : 旅程. 여행의 과정 · 일정.
* 兩端 : ① 兩者. ② 兩種類.
* 岐(기) : 岐路. 갈림길.

<及第後酬故園親故> 歐陽詹

才非天授學非師, 以此成名曩豈期.
楊葉射頻因偶中, 桂枝材美敢當之.
稱文作藝方慚德, 相賀投篇料愧詞.
猶著葛衣何足羨, 如君卽是載鳴時.

<及第한 뒤 고향 친척 벗님들의 글에 답한다> 구양첨

하늘이 준 재능 있는 것 아니고 스승께 배운 학식 있는 것 아닌데,
이로써 급제의 명예 얻을 줄 이전에 어찌 기대했으리오.
버들잎 자주 쏘다보니 우연히 명중되었고,
계수나무 가지 훌륭한 재목을 내 어찌 감당하리오.
글을 들먹이며 문장 짓자니 내심에 부끄럽고,
축하하시며 주신 글들은 생각사로 송구스러운 말씀입니다.
아직도 베옷 입은 분들이여 부러워하실 것 없다오,
이제는 그대들이 비로소 크게 울어 이름날 때라오.

註

*酬 : 자기에게 준 詩文에 本作品으로 答하는 것.

*故園 : 家園. 즉 집의 뜰. 故鄕.

*親故 : 親戚과 故舊(즉 오래된 벗님).

*才와 學 : 才는 天賦의 才能. 學은 後天의 學識.

*成名 : ① 名聲을 이룸. ② 科擧의 及第를 말함.

*曩(낭) : 접때. 이전. 지난번.

*楊葉 : ≪戰國策 · 西周策≫을 보면 楚나라의 養由基는 활의 명수로 百步 밖에서 버들잎을 쏘는데 百發百中이었다 한다.

*桂枝 : ≪晉書 · 郤詵傳≫을 보면 武帝가 郤詵에게 스스로를 어떻게 여기냐고 물으니 郤詵이 대답하기를 臣이 賢良對策에 뽑혀 天下第一이라 하나 桂林中의 한 가지며 玉이 가득 쌓인 崑山의 한 조각 玉일 따름 입니다 하였다. 이로부터 과거급제자를 桂林一枝, 崑山片玉이라 부르게 되었다.

*慚德 : 말이나 행동에 결점이 있어 內心에 부끄러운 것.

*著衣(착의) : 옷을 입다.

*褐衣(갈의) : 거친 베옷으로 貧賤者가 입었다. 벼슬을 하면 이것을 벗고 비단옷을 입는다. 따라서 解褐 · 釋褐(즉 베옷을 벗다)은 벼슬함을 뜻하게 되었다.

*纔 : 비로소. 막.

*鳴 : 울다, 소리내다에서 이름이 나다, 유명해지다, 저명하게 되다의 뜻으로 발전하였다.

<落第> 孟郊

曉月難爲光, 愁人難爲腸.
誰言春物榮, 獨見花上霜.
鵰鶚失勢病, 鷦鷯假翼翔.
棄置復棄置, 情如刀劍傷.

<落第> 맹교

새벽달은 밝은 빛을 내기 어렵고,
근심 많은 사람은 속을 속이라 하기 어렵다.
누가 말했나 봄날에는 만물이 번영한다고,
나에게는 단지 꽃 위의 서리만 보이는데.
억센 수리는 기세를 잃고 병들었는데,
시시란 뱁새는 날개 얻어 비상하누나.
① 던져버리고 털어버려 생각말자!
내 심정은 칼날에 상한듯하다.
② 버림받고 또 버림받다니……,
내 심정은 칼날에 상한 듯하다.

註

* 孟郊 : 字는 東野며 湖州사람이다. 玄宗 天寶 10(751)年에 나서 憲宗 元和 9(814)年에 죽으니 享年 64歲였다. 젊어서 嵩山에 隱居하였는데 곧은 성격으로 남과 어울리지 못하였다. 그의 詩는 內容과 情致가 뛰어났으나 너무 苦澁(쓰고 떫음)하였다. 그러나 韓愈가 크게 칭찬하고 높이 샀으며 忘形之交(나이의 많고 적음, 신분의 귀하고 천함, 지위의 높고 낮음을 떠나 사귐)를 맺었다. 오십이 되어서야 겨우 進士及第하였다. 그가 세상을 뜨자 張籍은 貞耀先生이라고 謚號를 붙여주었다.
* 春物榮 · 花上霜 : 과거의 발표는 봄에 한다. 낙제하였으므로 서리만 보인다고 한 것이다.
* 鵰鶚(조악) : 수리와 물수리. 모두 사나운 새다. 뛰어난 인물을 비유한다. 本詩에서는 作者를 나타낸다.
* 鷦鷯(초료) : 뱁새. 작고 볼품이 없다. 시시한 사람을 상징한다. 本詩에서는 及第者를 나타낸다.
* 棄置 : ① 세상에 쓰이지 않고 버려짐. 간단히 말해 쓸모없다고 버림받음. 王維 <老將行> "自從棄置便衰朽, 世事蹉跎成白首. 버림받자 곧바로 늙고 시들어지니, 세상사에 뜻을 잃고 백발노인 되었다네."
② 근심 · 걱정을 털어버리고 내던짐. 더 이상 고민 안하는 것. 曹植 <贈白馬王彪> "心悲動我神, 棄置莫復陳. 마음이 슬프니 정신마저 어릿거려, 차라리 내던지고 더 말하지 말자."

<再下第> 孟郊

一夕九起嗟, 夢短不到家.
兩度長安陌, 空將淚見花.

<또 떨어지다> 맹교

하룻밤에도 열 두 번씩 탄식이 솟구치니,
꿈마저 잠깐 집에도 못 미친다.
두 번이네! 장안길에서,
헛되이 눈물 섞어 꽃을 봄이.

註

* 九起嗟 : 여러 번 탄식·한탄이 생김. 九는 여러 번을 말한다. 司馬遷의 <報任少卿書>에서도 "腸一日而九廻. 창자가 하루에도 수없이 뒤틀린다." 라고 하였다.
* 夢短 : 꿈꾸는 시간이 짧다. 오래 잠들지 못함. 꿈을 얕게 꾸다. 깊이 잠들지 못함.
* 兩度 : 두 번. 두 차례.
* 陌(맥) : 길. 道路.
* 空 : 허망하게. 쓸쓸하게. 헛되이. 다만.
* 將 : ~을 가지고. ~와 함께.

<下第東歸留別長安知己> 孟郊

共照日月影, 獨爲愁思人.
豈知鶗鴂鳴, 瑤草不得春.
一片兩片雲, 千里萬里身.
雲歸嵩之陽, 身寄江之濱.
棄置復何道, 楚情吟白蘋.

<落第하고 동쪽으로 돌아가며 長安의 知己에게 남긴다>

맹교

햇빛 달빛이 비추는 것은,
그저 근심 많은 사람을 위하여서지.
내 어찌 알았으랴! 방정맞은 소쩍새 울어,
琪花瑤草가 봄날을 더 이상 누리지 못할 줄을.
한 조각 두 조각의 구름,
천리 만리 가는 몸.
구름은 嵩山의 남쪽으로 돌아가고,
이 몸은 長江의 물가에 부치리.
버림받은 것 어찌 말하랴,
고향 땅 楚를 그리는 情 白蘋이나 읊으리.

註

*愁思 : 근심. 憂愁의 思緖.

*鶗鴂(제계) : 소쩍새. 두견이. 屈原의 <離騷>에 "恐鶗鴂之先鳴兮, 使夫百草爲之不芳. 두렵네 소쩍새가 먼저 울어, 온갖 화초가 아름다움을 잃는 것이네."라 하였다. 鶗鴂가 울면 立夏가 되며 아름다움을 자랑하던 봄날의 꽃들은 다 시들어 버리는 것이다.

*嵩之陽 : 嵩山의 남쪽. 孟郊는 젊었을 때 嵩山에 隱居하였었다.

*江之濱 : 長江의 물가. 孟郊는 湖州사람이다.

*楚情 : 楚땅을 그리는 마음. 즉 鄕愁다.

*白蘋 : 南朝·梁의 柳惲이 吳興太守로 있을 때 <江南曲>을 지었는데 "汀洲菜白蘋, 日落江南春. 물가에서 白蘋을 따니, 해지는 江南의 봄이네."라는 구절이 있다. 湖州의 東南에 白蘋洲가 있는데 柳惲의 詩로 말미암은 것이란다.

<失意歸吳因寄東臺劉復侍御> 孟郊

自念西上身, 忽隨東歸風.
長安日下影, 又落江湖中.
離婁豈不明, 子野豈不聰.
至寶非眼別, 至音非耳通.
因緘俗外詞, 仰寄高天鴻.

<뜻을 이루지 못하고 吳땅으로 돌아가며
門下省에 있는 侍御史 劉復에게 부친다> 맹교

스스로가 가련하다 서쪽에 왔던 몸이,
동쪽으로 가는 바람을 따라야 하다니.
長安은 太陽이 빛을 내려주는 곳인데,
또 江湖에 流落해야 하네.
離婁가 어찌 눈 밝지 않으며,
子野가 어찌 귀 밝지 않으리오.
지극한 보배도 離婁 아닌 시시한 눈으로는 식별할 수 없으며,
지극한 음악도 子野 아닌 엉성한 귀로는 精通할 수 없는 법.
이에 世俗을 떠난 言語를 봉함하여,
높은 하늘의 기러기에 우러러 부치노라.

註

*失意 : 뜻대로 되지 않다. 뜻을 이루지 못하다. 낙제도 뜻함. 급제를 得意라 한다.

*吳 : 江蘇省 · 浙江省一帶.

*東臺 : 唐 · 高宗때에 門下省을 東臺라 改稱하였었는데 이후 門下省을 東臺라 부르게 되었다.

*念 : 可憐. 哀憐.

*西 : 長安은 中國의 西北에 있다.

*上 : 上京함. 서쪽의 서울로 올라감. 上에는 또한 至, 到의 뜻도 있다.

*東 : 吳땅을 가리킴. 故鄕인 湖州가 있는 곳.

*日下影 : 太陽이 빛을 내려 보내다. 임금님이 은총을 내려줌을 말한다. 서울에 있어야 쉽게 임금님의 은덕을 입을 수 있다는 것이다.

*落 : 淪落. 流落.

*江湖 : ① 江과 湖水. 江과 湖水가 많은 江南 땅. 本詩에서는 吳땅을 나타낸다고 볼 수도 있다. ② 俗世. 民間. 閭閻. ③ 隱士들의 居處. 朝廷에 대하여 江湖라 하였다. ④ 四方 各地를 流浪하며 살아가는 광대, 사당패, 약장수, 점쟁이들의 世界를 말한다. 그들을 江湖人이라고 불렀다.

*離婁 : 黃帝때 눈 밝기로 이름난 사람. 百步 밖에서 가늘고 고운 秋毫 즉 가을 터럭의 끝을 볼 수 있었다 한다.

*子野 : 春秋時代 晉나라의 樂師 師曠의 字. 날 때부터 장님이었는데 음악에 정통하였다.

*明 · 聰 : 明은 눈이 밝은 것, 聰은 귀가 밝은 것.

*至寶 · 至音 : 자기의 학식과 재능을 빗댄 것.

*高天鴻 : 朝廷에서 侍御史 벼슬하는 劉復을 가리킴.

<下第東南行> 孟郊

越風東南淸, 楚日瀟湘明.
試逐伯鸞去, 還作靈均行.
江蘺伴我泣, 海月投人驚.
失意容貌改, 畏途性命輕.
時聞喪侶猿, 一叫千愁并.

<떨어지고 동남으로 간다> 맹교

越땅에 바람 부니 東南쪽이 맑고,
楚땅에 해 비치니 瀟湘江이 환하다.
梁鴻을 따라 가보기도 하고,
屈原이라 치고 거닐어 보자.
江蘺는 나를 벗해 흐느끼고,
海月은 사람을 놀라게 하리라.
뜻 못 이루니 용모가 바뀌고,
험난한 길 목숨이 가볍다.
때때로 짝 잃은 잔나비소리 들으리니,
한번 울부짖으면 천 가지 시름이 함께하리.

註

*越 : 浙江省 紹興 一帶.

*楚 : 湖南省·湖北省 等의 地域.

*瀟湘 : ① 瀟江과 湘江을 아울러 이름. 湖南地區를 가리킴. ② 瀟는 물이 맑고 깊다는 뜻이다. 따라서 瀟湘은 맑고 깊은 湘江이다.

*伯鸞(백란) : ≪後漢書·逸民傳≫에 나오는 梁鴻의 字. 그는 扶風사람으로 가난하였으나 好學하였으며 벼슬을 구하지 않았다. 아내인 孟光과 霸陵의 산속에 隱居하였다. 후에 吳땅으로 가서 皐伯通(고백통)의 행랑에 몸을 의지하고 방아 찧는 것을 생업으로 삼았다. 그곳에서 죽으니 처자가 장사지내고 고향으로 돌아갔다. 세간에는 그의 아내인 孟光의 지아비에 대한 지극한 정성이 더 유명하다.

*靈均 : 戰國時代 楚나라 屈原의 字.

*江蘺 : 芎藭(궁궁). 芸香. 香草의 이름이다. 屈原의 <離騷>에서 "扈江蘺與辟芷兮, 紉秋蘭以爲佩. 江蘺와 그윽한 白芷를 걸치고, 秋蘭을 엮어 띠 삼네."라 하였다. 위의 香草들은 자신의 깨끗하고 곧음을 나타낸다.

*海月 : 조개의 한 종류. 껍질이 얇고 투명, 창이나 천장에 붙여 볕이 들게 하는데 썼다. 窗貝라고도 한다. 謝靈運의 <流赤石 進帆海>에서 "揚帆采石華, 挂席拾海月. 돛을 올리고 굴을 따며, 자리 걸고 조개 줍네."이라 하였다. 海月은 東南쪽 즉 바닷가의 산물이니 孟郊가 가는 곳을 나타낸다.

*畏途 : 험난하여 두려워할 만한 길.

<長安旅情> 孟郊

盡說靑雲路, 有足皆可至.
我馬亦四蹄, 出門似無地.
玉京十二樓, 峩峩倚靑翠.
下有千朱門, 何門薦孤士.

<長安땅 나그네 설음> 맹교

모두 말한다. 靑雲의 길이란,
발 있으면 다 갈 수 있다고.
내가 탄 말도 네 발굽 있건만,
문을 나섰자 갈 곳이 없구나.
신선 사는 玉京에는 十二樓 있어,
까마득하게 푸른 산을 기댄 듯 한데,
그 아래 일천의 붉은 대문 있건만,
어느 문일까? 외로운 선비 推薦할 곳은.

註

* 旅情 : 나그네가 느끼는 외로움이나 시름 따위의 감정.
* 青雲 : ① 高官大爵을 比喩함. ② 遠大한 抱負와 志向을 말함. ③ 隱居함을 나타냄. 本詩에서는 ①을 말한다.
* 無地 : 갈 곳이 없다. 몸 맡길 곳이 없다.
* 玉京 : ① 道家에서 말하는 天帝의 居處. ② 帝都. 서울.
  本詩에서는 대궐을 가리킨다.
* 十二樓 : ① 神話·傳說中의 仙人들의 居處. ② 높은 樓閣의 泛稱.
* 峩峩(아아) : 높은 모양. 까마득함.
* 青翠 : ① 선명한 綠色. ② 靑山을 말함.
* 孤士 : ① 特立獨行(즉 世俗을 따르지 않고 스스로 믿는 바를 행함)하는 선비. ② 孤立無援의 선비. 孟郊 자신을 말함.

<長安羈旅> 孟郊

聽樂別館中, 聲聲入幽腸.
曉淚滴楚瑟, 夜魄遶吳鄉.
幾回羇旅情, 夢覺殘燭光.

<장안의 나그네> 맹교

고향 떠나서 고향 음악 듣자니,
소리 소리 속 깊이 스며든다.
새벽 楚땅의 瑟소리에 눈물이 방울지더니,
한 밤 고독하고 시름 찬 넋은 吳땅을 맴돈다.
몇 번이던가! 나그네의 서러움으로,
꺼져가는 촛불 속에 꿈 깬 적이.

註

*羇旅・羈旅(기려) : 객지에 머묾. 또는 그런 나그네.

*楚瑟 : 楚땅의 瑟. 楚땅 瑟의 소리. 孟郊 故鄕 근처의 음악.

*夜魄 : 夜魂. 한밤중의 고독하고 시름 찬 情思.

*吳鄕 : 孟郊의 故鄕인 湖州가 있는 곳.

*覺(교) : 잠에서 깨다. 꿈에서 깨다. 이 때에는 (교)로 읽는다.

*殘燭 : 다 되가는 촛불. 꺼져가는 촛불. 殘燈.

<登科後> 孟郊

昔日齷齪不足誇, 今朝放蕩思無涯.
春風得意馬蹄疾, 一日看盡長安花.

<登科한 뒤에> 맹교

옛날 끈덕지고 쩨쩨하던 것 떠벌릴 것 못되니,
오늘 신나고 얽매임 없는 생각 끝없이 뻗친다.
봄바람에 뜻을 이뤄 말발굽도 빠르니,
하루 동안 장안이라 대서울의 꽃을 다 보았네.

註

* 登科 : 科擧에 及第함. 登第. 擢第.
* 齷齪(악착) : ① 일을 추친함에 매우 모질고 끈덕짐. 또는 그런 사람. ② 도량이 몹시 좁음. 쩨쩨함. ③ 잔인하고 끔찍스러움.
* 不足 : ~할 것이 못된다. ~할 것 까지는 못된다.
* 誇 : ① 과장하다. 허풍치다. 떠벌리다. ② 칭찬하다.
* 放蕩(방탕) : 放縱. 얽매이지 않음.
* 得意 : ① 뜻을 이룸. 소원 성취함. ② 과거에 급제함.
* 看花 : 及第者들은 여기저기 싸지르며 꽃구경 다니는 풍속이 있었다.
* 第3句는 "東風得意馬蹄疾"로 人口에 膾炙되었다.

<下第後病中> 陸暢

獻玉頻年命未通, 窮秋成病悟眞空.
笑看朝市趨名者, 不病那知在病中.

<落第한 뒤 病中에> 육창

해를 이어 玉을 바쳐도 팔자는 피지 않고,
깊어가는 가을에 병을 얻자 眞空을 깨달았다.
조정과 저자의 名利 따르는 자들을 웃으며 보니,
병들지 않았으면 어찌 錯誤 속에 있던 줄 알았으리.

註

*陸暢(육창) : 字는 達夫로 吳郡사람이다. 生卒年은 확실하지 않은데 憲宗 때에 活動하였다. 元和 元年(806)에 進士及第하였다. 皇太子의 僚屬이 되었다가 鳳翔少尹을 하였다.

*獻玉 : 앞에서 이미 말하였다. 다시 소개하면 楚人인 和氏가 玉璞을 厲王에게 바쳤는데 돌이라 하여 왼발이 잘리고 다시 武王에게 바쳤는데 또 돌이라 하여 오른발이 잘렸다. 和氏는 玉璞을 품고 사흘을 통곡하니 눈물이 마르고 피가 흘렀다. ……文王이 玉工에게 이를 다듬게 하여 寶玉을 얻었으니 바로 和氏璧이다.

本詩에서는 여러 번 科擧를 보아 자기의 才能을 펼친 것을 말한다.

*頻年 : 連年. 多年. 頻은 누차, 자주, 여러 번이다.

*通 : 亨通. 顯達(입신출세함. 높은 지위에 오름).

*窮秋 : 晩秋. 深秋. 음력 9월을 가리킨다.

*成病 : 得病. 生病.

*眞空 : 佛敎語. 一切 萬物의 形象과 意識의 限界를 超越한 境界.

*朝市 : 朝廷과 市場.

*趨名 : 名과 利를 좇다.

*病中 : 缺陷中. 錯誤中. 흠 속.

<落第> 李廓

牓前潛制淚, 衆裏自嫌身.
氣味如中酒, 情懷似別人.
煖風張樂席, 晴日看花塵.
盡是添愁處, 深居乞過春.

<落第> 이확

방(牓)앞에서 남몰래 눈물을 참자니,
群衆 속에서 나 스스로가 싫어진다.
맛은 꼭 술에 깊이 취한 듯 하고,
심경은 똑 님과 헤어진 듯 하다.
따뜻한 바람에 음악을 연주하는 자리,
갠 날에 꽃구경 다니며 내는 먼지.
모두가 시름을 보태주는 때니,
깊이 틀어박혀 봄 지나기를 빌 뿐이다.

註

* 李廓(이확) : 宰相 李程의 아들. 憲宗 元和 13(818)年에 進士及第함. 賈島와 절친하였다. 과거에 여러 번 실패하여 상당히 어려웠으나 급제한 뒤 크게 出世하였다. 刑部侍郎 · 潁州刺史를 지냈고 武寧節度使에 除授되었다. 과거에 실패한 뒤 <落第> 詩를 지었는데 사람들의 心琴을 울렸고 허다한 落第詩 속에서 아주 유명한 作品이 되었다.
* 牓 : 榜. 합격자 · 급제자의 이름을 쓴 榜文. 봄날에 榜을 붙이므로 흔히 春榜이라 한다.
* 潛 : 슬며시. 남몰래.
* 制 : 制御함. 즉 감정 · 충동 · 생각 따위를 막거나 누름. 制止함.
* 氣味 : 맛과 냄새.
* 中酒 : 술에 취함. 이 때의 中은 平聲이 아니고 去聲이다.
* 情懷 : 心思. 心境. 감정. 감흥.
* 張樂 : 음악을 演奏함. 밴드(band)를 갖춤. 及第者들은 曲江宴, 杏園探花宴, 雁塔題名의 行事에 참여한다. 밴드가 연주하는 宴席은 당연히 曲江이나 杏園의 자리일 것이다.
* 看花 : 급제자들은 장안성을 싸지르며 꽃구경 다니는 법이다. 요즈음의 카퍼레이드와 유사한 점이 있다. 따라서 及第者들을 看花人이라고도 불렀다.
* 添愁處 : 근심을 보태주는 때. 處는 時의 뜻으로 쓰인다.
* 乞 : 빌다. 구걸하다.

<下第東歸作> 般堯藩

十載驅馳倦荷鋤, 三年生計鬢蕭疏.
辛勤幾逐英雄後, 乙榜猶然姓氏虛.
欲射狼星把弓箭, 休將螢火讀詩書.
身賤自慚貧骨相, 朗嘯東歸學釣魚.

<落第하고 동쪽으로 돌아가며 짓다> 은요번

십년을 애면글면 괭이 메기 지쳤고,
삼년간 살림 꾸려 머리카락 성겨졌다.
가쁘다! 잘난 인물들 뒤 몇 번이나 따랐던가.
乙榜에는 여전히 이름자가 없었으니…….
狼星을 쏘러 활과 화살 잡을까,
반딧불에 글 읽기는 그만둘까.
천한 몸 貧相이 스스로도 부끄러워,
목청껏 노래하며 동쪽으로 가 낚시꾼이나 본받자.

註

* 殷堯藩 : 蘇州 嘉興사람이다. 生卒年은 알 수 없으나 文宗 太和(827~835) 때에 활동하였다. 성품이 깔끔하고 조용하였으며 대단히 외모가 뛰어났다. 詩文을 잘하였으며 山水를 좋아하여 “하루라도 山水를 대하지 않으면 가슴에 먼지가 쌓이니 모름지기 얼른 술로 씻어야하리”라 하였다. 일찍이 韋應物의 門下에 노닐며 莫逆한 사이가 되었다. 憲宗 元和(806~820) 때에 進士及第하여 李翶(이고)의 長沙幕府에 불려갔으며 長樂令이 되어 상당한 治績을 올렸다. 馬戴·沈亞之와 벗하였으며 서로 주고받은 詩가 많았다.
* 驅馳 : ① 말에 채찍질하며 빨리 달림. ② 바쁘게 싸다니며 힘쓰고 애씀. ③ 辛苦. 勤勞.
* 蕭疏 : ① 稀少. 稀疏. 드물다. 성기다. ② 寂寞하다. 凄凉하다.
* 乙榜 : 進士에는 甲科와 乙科가 있었다. 乙科의 合格者를 알리는 榜.
* 狼星 : 별이름. 이 별의 빛이 변하면 도적이 들끓는다고 하였다.
* 螢火 : 晉나라 車胤은 가난하여 기름을 살 수 없자 여름날에 반딧불이 수십 마리를 비단 주머니에 담아 그것으로 책을 비추며 글을 읽었다 한다.
* 詩書 : ≪詩經≫과 ≪尙書≫. 書籍의 泛稱.
* 第 5·6句는 文을 버리고 武를 따를까 고민함이다. 예로부터 “投筆從戎”이라고 하였다.
* 貧骨相 : 흔히 貧相·窮相이라 한다. 궁색해 보이는 인상. 궁상맞고 가난한 모습이나 모양을 말한다. 그 반대는 富相이다.
* 朗嘯 : 목청을 돋우어 노래하고 읊다.

<上禮部侍郞陳情> 施肩吾

九重城裏無親識, 八百人中獨姓施.
弱羽飛時攢箭險, 蹇驢行處薄冰危.
晴天欲照盆難反, 貧女如花鏡不知.
却向從來受恩地, 再求靑律變寒枝.

<禮部侍郞께 올려 속마음을 아뢰니다> 시견오

九重宮闕 안에는 저를 알아주는 분 없으며,
팔백 명 응시생 중에도 施姓은 저 하나 입니다.
어린 새가 날 때 모여드는 화살에 어려웠고,
절뚝발이 나귀가 가는 곳은 살얼음이 아슬아슬합니다.
갠 날에 빛 받자해도 엎어진 그릇은 힘없어 뒤집지 못하며,
가난한 여인이 꽃 같아도 먼지 낀 거울은 닦는 이 없으니 모르지요.
다시 옛부터 은혜 받던 곳을 향하여,
거듭 당부 드립니다 봄날의 律管으로 겨울 가지 바꿔 주십사.

註

*施肩吾 : 字는 希聖. 洪州사람이다. 生卒年은 알 수 없는데 穆宗 長慶(821~824년) 때에 生存하였다. 元和 15年(820) 及第하였으나 官職의 除授를 기다리지 않고 즉시 洪州의 西山으로 隱居하였다. 그의 詩는 奇麗한 것으로 이름났다.

*陳情 : 실정이나 사정을 토로함.

*九重城 : 宮禁. 皇宮. 옛 制度에 天子의 居處는 門이 아홉 겹이나 된다고 하였다.

*親識 : ① 신임하고 알아주다. ② 친한 벗.

*八百人 : 科擧에 응시하는 사람들. 唐代의 과거에는 보통 천여 명 많을 때는 2~3천명이 응시하였는데 本詩를 보면 이때의 응시자는 팔백 명으로 비교적 적었다. 참고로 말하면 급제자는 삼십 명 내외였다고 하는데 施肩吾의 詩句로 알 수 있다. 宋・錢易의 ≪南部新書≫에 의하면 施肩吾와 趙嘏(조하)는 함께 급제하였건만 사이가 좋지 않았다 한다. 趙嘏는 눈 한쪽을 잃어 구슬로 대신하였는데 施肩吾가 조롱하기를 "二十九人同及第, 五十七隻眼看花. 스물아홉 명이 함께 급제했는데, 쉰일곱의 눈이 꽃구경 다닌다네."라 하였다. 施肩吾와 趙嘏가 급제할 때에는 스물아홉 명인 것을 이것으로 알 수 있다.

*弱羽 : 깃털이 다 자라지 못한 것. 나는 힘이 약한 어린 새를 말하는데 이것으로 재주 없고 힘없는 사람 즉 自身의 謙詞로 쓰였다.

*攢(찬) : 모이다. 모으다. 쌓다.

*蹇驢(건려) : 절뚝발이 당나귀. 쓸모없는 사람의 뜻으로 쓰였으니 이 또한 自身의 謙詞다.

*盆 : 覆盆의 생략이다. 즉 엎은 사발, 엎어진 동이를 말하는데 日月이 아무리 밝게 비추어도 엎어진 그릇 속은 비출 수 없다.

*反 : 돌이킴. 뒤집음. 즉 엎어진 그릇을 반듯하게 돌이킴.

*鏡 : 塵鏡의 생략이다. 먼지 낀 거울은 제대로 보여주지 못하는 법이다.

*靑律 : 靑은 동쪽, 봄날을 가리킨다. 靑律은 봄날을 나타내는 律管이다. 律管은 竹管이나 金屬으로 만든 音을 정하는 器具며 이것으로 또한 季節의 變化를 알아내기도 하였는데 다음과 같다. 갈대의 속청 즉 얇은 꺼플을 태워 재를 만든 뒤 律管속에 넣는다. 하나의 律管은 하나의 달을 대표하니

모두 열두 개의 律管이 있게 마련인데 十二律呂로 命名하였다. 그리하여 어떤 달에 이르면 그 달에 해당하는 律管속의 재가 날아오른다는 것이다. 十二律을 보자. 六律은 陽이며 六呂는 陰인데 이것을 十二律呂라 한다. 十一月이 黃鐘(황종), 十二月이 大呂(대려), 正月이 大簇(대주), 二月이 夾鐘(협종), 三月이 姑洗(고선), 四月이 仲呂(중려), 五月이 蕤賓(유빈), 六月이 林鐘(임종), 七月이 夷則(이칙), 八月이 南呂(남려), 九月이 無射(무역), 十月이 應鐘(응종). 以上이다.

*寒枝 : 잎 · 꽃이 없는 추운 겨울의 나뭇가지.

*青律變寒枝는 鄒衍의 吹律을 염두에 두고 쓴 것이다.

漢 · 劉向의 ≪七略別錄≫을 보면 鄒衍이 燕나라에 있을 때 山谷이 땅은 기름지나 추워서 五穀이 자라지 못하니 律管을 불자 溫氣가 이르고 기장이 자라게 되어 이 山谷을 기장골 즉 黍谷이라 부르게 되었다 한다. 黍谷은 寒谷이라고도 하는데 北京市 密雲縣이 그곳이라 한다.

우리생각에 鄒衍이 溫氣가 이르게 분 律管은 당연히 봄을 나타내는 律管 즉 青律이었을 것이다.

<下第春遊> 施肩吾

羈情含蘖復含辛, 淚眼看花只似塵.
天遣春風領春色, 不教分付與愁人.

<落第한 뒤의 봄나들이> 시견오

나그네의 심경은 쓴맛 머금고 매운맛 먹는 것,
눈물 젖은 눈으로 꽃 보아도 그저 티끌 같아.
하늘이여 봄바람 보내 봄풍경 맡게 하실 때,
시름 찬 사람에게는 보여주지 말도록 분부하시길.

註

*羈情 : 나그네의 情懷. 객지생활 중의 심경.

*蘗(벽) : 황경나무. 黃蘗. 이 나무의 껍질을 약에 쓰는데 열을 내리게 하고 해독작용을 한다. 맛이 대단히 쓰다. 따라서 詩文中에서는 困境, 苦痛을 나타낼 때 이 말을 써왔다. ≪全唐詩≫에는 櫱字로 나왔는데 이것은 (얼)로 읽으며 나무의 그루터기, 움의 뜻이니 本詩와는 맞지 않는다.

*辛 : 매운맛. 맵다. 괴로움, 고통을 나타낸다. 辛苦는 맵고 쓴 것으로 고생을 나타내며 辛酸은 맵고 신 것으로 고되고 슬픈 것을 표하였다. 辛辣(신랄)은 둘 다 맵다는 뜻으로 사물의 분석이나 비평 따위가 날카롭고 예리한 것을 뜻하게 되었다.

*領 : ① 통솔하다. 인도하다. 안내하다. ② 다스리다. 관할하다. 영유하다.

<及第後過揚子江> 施肩吾

憶昔將貢年, 抱愁此江邊.
魚龍互閃爍, 黑浪高於天.
今日步春草, 復來經此道.
江神也世情, 爲我風色好.

<及第한 뒤 揚子江을 지나며> 시견오

생각난다 이전에 鄕貢 되어 과거보러 가던 때,
이 강가에서 시름을 품었지.
고기와 용은 뒤얽혀 비늘이 번쩍거렸고,
검은 파도는 하늘보다 높았지.
오늘 봄풀을 밟고,
다시 와 이 길을 지난다.
강물의 신도 勢利를 따르나,
나 위해 바람방향을 좋게 해주니.

註

*揚子江 : 楊子江이라고도 쓴다. 長江의 儀徵·揚州一帶를 揚子江으로 불렀는데 揚子津 때문에 생긴 이름이다. 外國에서는 長江을 揚子江이라고 부르기도 한다.

*貢 : 鄕貢. 서울의 學館考試를 통해지 않고 地方인 州縣의 推薦으로 科擧에 應試하는 선비.

*互 : ① 서로. 피차. ② 교대로. 번갈아 가며. ③ 뒤얽히다. 교차하다. ④ 같이. 함께.

*閃爍(섬삭) : 번쩍번쩍하다. 반짝거리다.

*世情 : ① 世態人情. ② 勢利. 즉 權勢나 利益을 따름.
本詩에서는 ②의 뜻으로 썼다.

*風色 : ① 風向. ② 動靜. 情勢.

<下第> 姚合

枉爲鄕里擧, 射鵠藝渾疏.
歸路羞人問, 春城賃舍居.
閉門辭雜客, 開篋讀生書.
以此投知己, 還因勝自餘.

<落第> 요합

헛되구나 고을의 추천받음이여,
과녁 한 가운데 쏘았으나 기술이 온통 서툴렀으니.
부끄럽지 고향 돌아가면 물어볼 것이,
에라 봄날 장안성에 집 빌려 묵자.
문 잠그고 뭇 손님 면회사절,
상자 열어 안 보던 책이나 읽자.
이상의 일을 知己에게 부치노니,
그래도 그 밖의 일은 괜찮기 때문이라네.

註

* 姚合 : 陝州사람으로 宰相 姚崇의 曾孫이다. 生卒年은 알 수 없으나 文宗 太和(826~835)年間에 活動하였다. 元和 11年(816)에 진사급제 하였으며 武功主簿가 되었는데 이 때문에 姚武功이라고 부르게 되었다. 富平·萬年의 縣尉가 되었다가 監察御史 戶部員外郎을 지냈으며 荊州와 杭州의 刺史로 外職을 맡았다. 다시 給事中과 陝·虢(괵)의 觀察使가 되었다. 馬戴·殷堯藩·張籍과 사귀었으며 詩는 賈島와 함께 이름나 세상에서는 "姚·賈"라고 하였다.
* 枉 : ① 굽다. 비뚤다. ② 구부리다. 왜곡하다. ③ 억울하다. 원통하다. ④ 헛되이. 쓸데없이. 보람 없이.
* 鵠(곡) : 正鵠. 과녁의 한 가운데를 말한다.
* 渾 : ① 온통. 전부. 전혀. ② 거의.
* 賃 : 빌리다. 세를 내다. 고용하다.
* 雜客 : 여러 손님들. 뭇 손님들. 雜은 衆의 뜻으로 쓰인다.
* 篋(협) : 상자.
* 生書 : 아직 읽지 않았던 책.
* 第6句는 戰國時代 蘇秦의 일을 빌려 쓴 것이다. ≪戰國策≫ ≪史記≫에 자세히 나오는데 蘇秦이 여러 해 遊說다니다 失敗, 歸家한 뒤 정신을 가다듬고 상자속의 ≪太公陰符≫를 熟讀한다. 결국 成功하여 六國宰相이 되는 것이다.
* 投 : (편지·원고 따위를) 부치다. 보내다.
* 自餘 : 以外. 此外. 그 밖. 그 나머지.

<送盧二弟茂才罷擧遊洛謁新相> 姚合

踏碎作賦筆, 驅車出上京.
離筵俯岐路, 四坐半公卿.
守命貧難擲, 憂身夢數警.
今朝赴知己, 休詠苦辛行.

<秀才인 盧二 아우가 科擧 끝난 뒤 洛陽에 노닐며 新任 宰相을 찾아뵈려 한다기에 전송하다> 요합

글 짓던 붓을 짓밟아 뭉개고,
수레 몰아 서울을 나선다네.
이별의 자리는 갈림길을 굽어보는데,
사방의 태반이 고관들이네.
운명을 따르자니 가난 벗기 어렵고,
신세를 걱정하니 꿈마저 자주 놀라 깨.
오늘 知己에게 가신다니,
고생의 노래는 부르지 마시게.

註

*茂才 : 秀才. 後漢 光武帝의 이름이 劉秀이므로 秀才를 茂才로 부르게 되었다.

*罷擧 : 科擧를 그만두다. 科擧가 끝나다. 落第를 婉曲하게 말한 듯하다.

*上京 : 京都. 京師. 즉 서울을 말한다.

*公卿 : 三公九卿의 준말이니 즉 高官大爵을 가리킨다.

*守命 : 운명에 순종함. 팔자를 따름.

*數(삭) : 자주.

*苦辛行 : 苦辛은 辛苦 즉 고생, 고됨, 수고다. 行은 古詩의 한 體裁다. 쉽게 말하면 ~歌, ~曲이 되겠다.

<送杜觀罷擧東遊> 姚合

秋風離九陌, 心事豈云安.
曾是求名苦, 當知此去難.
辛勤程自遠, 寂寞夜多寒.
詩句無人識, 應須把劍看.

<杜觀이 科擧 뒤 동쪽으로 노닐러 간다기에 전송한다>

요합

가을바람 속에 서울거리를 떠나니,
심정이 어찌 편안하리오.
일찍이 공명을 얻으려 애 썼으니,
알고말고 이번 출발이 힘든 것을.
고되리 路程은 본래 아득한데,
쓸쓸하리 한밤의 된 추위에.
詩句를 알아주는 이 없으니,
한번 칼을 잡아봄이 어떻소.

註

* 九陌 : 漢나라 長安城에는 아홉 가닥의 큰길이 있었다 한다. 後에는 서울의 큰길, 번화한 도시를 뜻하게 되었다.
* 心事 : ① 心中에 생각하거나 기대하는 일. ② 心情. 情懷.
* 云 : 뜻 없는 어조사.
* 求名 : 名譽를 追求함.
* 辛勤 : ① 힘들다. 고되다. ② 부지런하다. 근면하다. ③ 은근하다.
* 應須 : 應當 ~해야 한다. 應當 ~할 것이다. ~ 하는 것이 마땅하다. ~ 하는 것이 당연하다.
* 看 : 本詩의 韻은 平聲韻인 寒韻이다. 따라서 看은 平聲으로 看守하다, 守護하다 뜻으로 풀어야 한다. 그러나 前人들의 作品을 보면 韻은 맞추되 內容은 去聲인 翰韻을 따라 ~해 보다, 시험 삼아 ~하다로 취할 때도 많다.

<送狄兼謩下第歸故山> 姚合

慈恩塔上名, 昨日敗垂成.
賃舍應無直, 居山豈釣聲.
半年猶小隱, 數日得閒行.
映竹窺猿劇, 尋雲探鶴情.
愛花高酒戶, 煮藥汙茶鐺.
莫便多時住, 煙霄路在城.

<狄兼謩(적겸모)가 落第한 뒤
故山으로 돌아가므로 전송한다> 요합

慈恩寺의 塔에 題名함이여,
어제 거의 다 된 것을 그르쳤구나.
집 빌리자니 분명 셋돈 없었을 터,
산에 산다는 것이 어찌 명성 낚는 것이리.
반년을 산과 호수에 은거하는 은자처럼 숨어있더니,
사나흘을 한가롭게 거닐며 떠난다 하네.
대나무에 몸 숨기고 잔나비 유희 엿보며,
구름 찾아 두루미의 마음을 알아내리.
꽃 아낌이 주량보다 셀 것이며,
약 달이느라 차 끓이는 솥 더럽히리.
아예 오랫동안 머물지는 마시라,
구름 있는 하늘로 높이 가는 길은 城 안에 있으니.

註

*䜣 : 謨字와 같다. 꾀. 꾀하다.
*故山 : 舊山. 故鄕을 말한다.
本詩에서는 글자 그대로 옛날에 살던 산이다.
*慈恩塔上名 : 進士及第者들은 慈恩寺의 大雁塔에 題名하는 것이 慣例였다.
*垂成 : 거의 성공하다. 垂는 거의 ~하다의 뜻이다.
*直 : (치)로 읽으며 (zhi)의 去聲이다. ① 값. 가격. ② 삯. 임금. 품삯. ③ 세. 임대료의 뜻으로 쓰인다.
*釣聲 : 옳지 않은 꾀나 수단으로 名聲, 利益을 낚다.
*小隱 : 晉나라 王康琚의 <反招隱詩>에서 "小隱隱陵藪, 大隱隱朝市. 시시한 은자는 산언덕·호숫가에 숨지만, 근사한 은자는 조정과 저자에 숨는다."라 하였다.
本詩에서는 陵藪에 숨은 은자의 뜻으로 쓰였다.
*閒行 : 漫步. 한가롭게 거닐다. 발길 닿는 대로 걷다.
*映 : ① 가리다. 덮다. ② 숨다. 숨기다. 감추다.
*劇 : 놀다. 유희하다.
*探 : ① 探知하다. 알아내다. ② 찾다. 뒤지다. ③ 찾아가자. 방문하다.
*鶴情 : 본래 修道者의 情懷를 말한다.
本詩에서는 글자 그대로 鶴의 마음, 생각이다.
*酒戶 : 酒量. 酒數. 마시고 견딜 정도의 술의 분량. 酒量이 세면 大戶, 上戶라 하고, 약하면 小戶, 下戶라 한다.
*汙 : 同汚字. 더럽히다. 더럽게 하다.
*鐺(쟁) : 솥.
*便 : 語詞.
*多時 : 長期間. 오랫동안.
*雲霄 : ① 雲霄 즉 高空 또는 高位를 比喩. ② 권세 있는 높은 지위.

<送馬戴下第客遊> 姚合

昨夜送君處, 亦是九衢中.
此日慇懃別, 前時寂寞同.
鳥啼寒食雨, 花落暮春風.
向晚離人起, 筵收罇未空.

<馬戴가 落第한 뒤 나그네 되어 떠돈다기에 전송하다>

요합

예전에 그대를 보내던 곳,
또한 이 서울의 번화한 거리였다.
오늘 은근한 마음으로 작별하니,
그때처럼 똑같이 적막하다.
寒食의 빗속에 새는 울고,
暮春의 바람에 꽃은 진다.
해질 무렵 떠나는 사람이 출발하니,
자리는 거두었으나 술잔은 비지 않았다.

註

*客遊 : 나그네 되어 떠 돎.

*昨夜 : 近來. 近者. 本詩에서는 예전에, 昔時에로 쓰였다.

*九衢(구구) : 종횡으로 교차하는 큰 길. 이것으로 번화한 거리를 나타내며 서울의 거리도 뜻한다.

*慇懃 : 정성스럽다. 따스하고 빈틈이 없다. 겉으로 나타내지 않지만 속으로 생각하는 정도가 깊고 간절하다.

*寒食 : 명절의 하나. 冬至에서 105일째 되는 날로 淸明의 하루나 이틀 전이다. 이날 불을 금하고 찬 음식을 먹는다.

*暮春 : 晩春. 음력 3월의 늦은 봄.

*向晩 : 저녁 무렵. 해질 무렵.

*起 : 출발하다. 몸을 일으켜 떠나다.

*罇(준) : 술그릇.

<及第後夜中書事> 姚合

夜睡常驚起, 春光屬野夫.
新銜添一字, 舊友遜前途.
喜過還疑夢, 狂來不似儒.
愛花持燭看, 憶酒犯街沽.
天上名應定, 人間盛更無.
報恩丞相閤, 何啻殺微軀.

<及第한 뒤 밤중에 일들을 적다> 요합

밤에 잠들었다 놀라 일어나곤 하니,
봄날의 영광이 이 무지렁이에 이르렀기 때문이네.
새로 수여하는 官銜에 내 이름자가 보태질 것이고,
옛 친구들도 내 洋洋한 前途에 겸손해 하누나.
기쁨이 지나치니 도리어 꿈인 듯 하고,
미친 것 같으니 선비답지 않구나.
갑자기 꽃이 예뻐 촛불 들고 보다가,
별안간 술 생각나 통행금지 어기고 사러가네.
하늘나라에도 이름이 정해졌을 것이고,
인간 세상의 빛남이 이보다 더함 없으리라.
승상 합하께 은혜 갚으리니,
미천한 몸 어찌 죽는 것 뿐이리오.

註

＊常 : ① 恒常. ② 嘗과 통함.

＊春光 : ① 봄날의 風光·景致. ② 歲月. 靑春.
그러나 本詩에서는 봄날의 榮光 즉 科擧及第를 말한다.

＊屬 : ① (촉)으로 읽는다. 當하다. 마침 만나다. ② (속)으로 읽는다. 歸屬되다.

＊野夫 : ① 草野의 사람으로 農夫를 가리킨다. ② 野人이니 庶人·平民을 말한다. ③ 士人의 自謙하는 말이니 이 촌놈, 이 무지렁이가 되겠다.

＊新銜 : 새로 수여하는 官銜. 官銜은 官員의 職銜이다.

＊舊友 : 옛 친구. 사귄지 오래된 친구.

＊前途 : 앞길. 미래의 처지. 미래의 전망.

＊還 : ① 도리어. 반대로. ② 더욱 더. 한층.

＊疑 : 아랫句의 似와 互文으로 似의 뜻이다.

＊愛花持燭看 : 李商隱의 <花下醉>에서 "客散酒醒深夜後, 更持紅燭賞殘花. 손들은 흩어지고 술 깬 깊은 밤 뒤에, 다시 붉은 촛불 들고 시든 꽃들을 감상한다."라 하였고 司空圖는 <落花>에서 "自取殘燈照落花. 손수 꺼져가는 등불 들고 낙화를 비춘다."라 하였으며 白居易는 ≪惜牡丹花≫ 二首의 其一에서 "明朝風起應吹盡, 夜惜衰紅把火看. 내일 아침 바람 일면 분명 다 떨어질 것이니, 밤에도 시든 붉은 꽃 아까워 불 들고 보나니."이라 하였다.
그러나 本詩에서는 及第의 기쁨에 잠은 오지 않고 홍분되어 꽃구경하는 것이니 意境은 같지 않다.

＊犯街 : 犯夜. 야간의 통행금지를 위반함.

＊天上名應定 : ≪後漢書·明帝紀≫를 보면 郞의 地位를 짐작할 수 있다. 일찍이 館陶公主가 아들에게 郞을 시켜 주십사 하였으나 임금은 不許하였다. 대신 돈을 千萬 하사하면서 群臣들에게 말하였다. 郞官은 위로 天上의 列宿와 응하며 外職을 나가면 百里四方을 맡는 원님이 되니 제대로 된 인물이 아니면 백성들이 화를 당한다. 그래서 어렵게 여기는 것이다.
本詩에서 及第者는 물론 郞은 아니나 장차 郞이 되는 지름길에 들어선 것이니 위의 일을 염두에 두고 쓴 것이리라.

＊盛 : ① 旺盛함. 茂盛함. ② 華美함.

*閤(합) : 옛날 官署의 門. 이것으로 官署도 나타낸다. 특히 尊貴한 사람에게 썼으니 閤下는 존귀한 사람에 대한 敬稱이며 正一品의 벼슬아치를 높이는 말이기도 하였다.

*啻(시) : 不啻, 何啻, 奚啻 等으로 連用하여 그뿐이 아니라는 뜻으로 쓰임.

*殺 : 死의 뜻으로 쓰임.

*微軀 : 微賤함 몸. 자기를 낮추는 謙詞로 쓰인다.

<成名後留別從兄> 姚合

一辭山舍廢躬耕, 無事悠悠住帝城.
爲客衣裳多不穩, 和人詩句固難精.
幾年秋賦唯知病, 昨日春闈偶有名.
却出關東悲復喜, 歸尋弟妹別仁兄.

<及第한 뒤 떠나며 從兄에게 남깁니다> 요합

산속의 집을 한번 떠나니 농사는 작파했고,
하는 일 없이 임금님 계신 서울에서 빈둥거렸습니다.
나그네 노릇에 입성은 대체로 어울리지 않았고,
화답하느라 詩句는 본시 훌륭하기 어려웠습니다.
몇 해 이런가 가을의 貢士됨 오직 치욕뿐이었던 것이,
어제지요 봄날의 科擧에 우연히 이름 오름이.
다시 關의 동쪽으로 나가며 희비가 교차하니,
아우·누이 찾는 기쁨과 형님 이별하는 슬픔입니다.

註

*成名 : 名聲을 樹立함. 이름을 세상에 떨침. 科擧에 及第하면 자연 이름을 떨치니 이것으로 及第를 나타냈다.

*山舍 : 산속의 집. 山房. 山居. 山府.

*躬耕 : 직접 농사일을 함. 躬은 몸, 자신, 직접, 몸소의 뜻으로 쓰였다.

*無事 : ① 變故가 없음. 즉 戰爭, 災害가 없는 것. ② 아무 일도 하지 않음. 아무 일도 하는 것이 없음. 간단히 말해 백수생활이다.

*悠悠 : ① 길다. 멀다. 아득하다. ② 근심하는 모양. 걱정하는 모양. ③ 放蕩(빈둥거리다). 나태하고 산만하게 세월을 보냄.

*穩 : 알맞다. 적당하다.

*和 : 詩歌로 應酬和答함. 他人의 詩詞의 題材·體裁에 맞춰 詩詞를 짓는 것. 이 때 和는 平聲이 아니고 去聲이다.

*精 : 훌륭하다. 우수하다. 뛰어나다.

*秋賦 : 秋貢. 唐·宋때에 地方인 州·府에서 中央政府가 실시하는 科擧에 參加할 사람을 薦擧하기 위하여 치르는 選拔考試를 말하는데 가을에 거행하므로 이렇게 부른다.

*病 : 弊端. 不利함. 恥辱. 不滿.

*春闈 : 闈는 옛날 宮闕이나 宗廟의 곁문을 가리켰다. 그러다가 南北朝와 唐代에는 尙書省의 문을 나타냈는데 唐 以後에는 科擧를 치르는 禮部의 門을 지칭하였다. 이 때문에 闈는 科擧도 뜻하게 되었는데 禮部의 考試는 봄에 치르므로 春闈가 되었고 鄕試는 가을에 거행하므로 秋闈라 부르게 되었다.

*關東 : 函谷關·潼關의 동쪽. 즉 長安의 동쪽.

*仁兄 : ① 벗에 대한 尊稱. ② 동생이 형을 높여 부르는 말. 우리나라에서는 ①의 뜻으로 쓰는데 本詩에서는 ②의 뜻으로 쓰였다.

參考

<送源中丞赴新羅> 姚合

赤墀召對使殊方, 官重霜臺紫綬光.
玉節在船淸海怪, 金函開詔拜夷王.
雲晴漸覺山川異, 風便那知道路長.
誰得似君將雨露, 海東萬里灑扶桑.

<御史中丞 源某가 新羅에 가니 전송한다> 요합

붉은 지대 뜰에서 불러보시고 異域의 사신 맡기시니,
관직은 霜臺의 莫重함이며 보랏빛 인끈 빛나도다.
玉符節 배에 있으니 바다 妖怪 사라지고,
금상자 속 조서 펼쳐 東夷의 왕을 冊封하도다.
구름 활짝 개니 山川이 달라짐 깨닫겠고,
바람 배가는 곳으로 부니 길 먼 것을 어찌 아시리.
뉘라서 그대와 비슷하리오! 비와 이슬의 은택을,
海東 萬里 밖 扶桑에 뿌릴 수 있음이.

註

* 中丞 : 御史中丞. 御史大夫(丞相에 버금가며 丞相·太尉와 함께 三公이다)가 없을 때에는 御史臺의 長이 되는 상당히 중한 자리임.
* 赤墀 : 墀(지)는 지대뜰이다. 赤墀·丹墀는 宮中 안의 붉은 섬돌이나 그 위의 地面을 말하는데 붉은 칠을 하였으므로 그렇게 부른다. 이것으로 朝廷을 나타내기도 한다.
* 召對 : 임금이 신하를 불러 보심을 말한다.
* 殊方 : 異域. 遠方.
* 霜臺 : 御史臺의 別稱. 御史들은 彈劾을 맡아 바람과 서리 같으므로 이렇게 불렀다.
* 紫綬 : 官印을 매다는 보랏빛 끈. 高級官員들을 말할 때 金印紫綬라 한다.
* 玉節 : 玉으로 만든 符節. 天子나 王侯의 使者가 이것으로 證憑을 삼았다.
* 淸 : 깨끗이 씻다. 깨끗이 없애다.
* 符節 : 예전에 돌이나 옥, 대나무 따위로 만들어 신표를 삼던 물건. 주로 사신들이 가지고 다녔으며 둘로 갈라서 하나는 조정에 보관하고 하나는 본인이 가지고 다니면서 신분의 증거로 삼았다.
* 詔 : 皇帝가 내리는 명령.
* 拜 : 官職을 줌. 封爵함.
* 便風 : 順風.
* 雨露 : 임금 등 높은 사람의 恩澤을 비유한다.
* 灑(쇄) : 뿌리다. 끼얹다.
* 扶桑 : 동쪽바다의 해 돋는 곳에 있다는 神木. 또는 그 神木이 있는 곳. 보통 日本을 가리킬 때 쓰는데 本詩에서는 新羅를 말한다.

<下第後曉坐> 顧非熊

遠客滯都邑, 老驚時節催.
海邊身夢覺, 枕上鼓聲來.
起見銀河沒, 坐知閶闔開.
何爲此生內, 終夜泣塵埃.

<落第한 뒤 새벽에 앉아서> 고비웅

먼 곳에서 온 나그네 서울에 머무니,
늙어가며 놀란다 세월의 재촉에.
바닷가에 가 있던 몸 꿈 깨니,
베개 위에 들려온다 시각 알리는 북소리.
일어나 은하수가 잠긴 것 보고,
성문이 열림을 이내 알겠다.
어째서 이 한평생을,
밤이 다 하도록 먼지 낀 下流에서 흐느끼는가.

註

*顧非熊 : 姑蘇사람으로 顧況의 아들이다. 生卒年은 확실하지 않으나 文宗·武宗·宣宗(827~859) 때에 활동하였다. 어려서부터 총명하였으며 한 번 본 것은 곧 암송하였다. 滑稽에 능하였으나 남을 윽박지르고 깔아뭉개기를 좋아하였다. 科場에서 삼십 년을 보내며 落第하였다. 武宗은 오랫동안 그의 詩名을 들었는데 會昌 5年(845)의 榜에 그의 이름이 없자 이상히 여기고 담당관에게 科擧의 詩文을 바치게 하고 추가로 榜을 붙여 합격시켰다. 宣宗의 大中(847~859)年間에 盱目台縣의 縣尉가 되었으나 윗사람들을 맞이하느라 분주하고 죄인들을 매질하는 것에 염증을 내 그 아버지처럼 茅山에 은거하였는데 마지막은 알 수 없었다.

*都邑 : ① 京城. 京都. ② 城市.

*海邊身 : ① 故鄕인 姑蘇는 바다에 가까우므로 꿈속에 고향에 가 있던 몸. ② 現實을 逃避하여 꿈속에서 해변에 가 있던 몸. ≪論語·公冶長≫에서 "子曰 : 道不行, 乘桴浮于海. ……孔子가 말하기를 나의 主義·主張이 받아들여지지 않으니 뗏목 타고 바다에 뜰까. ……"라 하였다. 杜甫도 萬事가 不如意하자 <奉贈韋左丞丈二十二韻>에서 "今欲東入海, 卽將西去秦. 장차 동쪽의 바다에 가려하니, 서쪽의 장안을 떠나려 합니다."이라 하였다.

*鼓 : 更鼓. 初更부터 五更까지의 밤 시각을 알리는 북.

*坐 : ① 正. 適. 마침. ② 頓. 遽. 홀연히. ③ 聊. 且. 또한. ④ 從. 空. 헛되이. ⑤ 因. 爲. 때문에. 말미암아.

*閶闔 : ① 傳說上의 하늘 문. ② 대궐이나 서울의 문. ③ 궁전.

*此生 : 이 일생. 이 한평생. 이 생애.

*塵埃 : 俗世를 나타내며 또한 出世하지 못한 사람들이 머무는 下流社會를 말한다.

<下第後送友人不及> 顧非熊

失意經寒食, 情偏感別離.
來逢人已去, 坐見柳空垂.
細雨飛黃鳥, 新蒲長綠池.
自傾相送酒, 終不展愁眉.

<落第後에 벗을 전송하려다 미치지 못하다> 고비웅

失意 속에 寒食을 보내자니,
마음은 이별을 제일 느끼게 하네.
만나려 왔으나 사람은 이미 떠났고,
마침 보이느니 버들이 늘어진 것 뿐이네.
자욱한 이슬비는 노란 꾀꼬리 따라 날리고,
새로 난 菖蒲는 푸른 못에서 자라네.
전송하려던 술잔을 혼자 기울이자니,
끝내 찡그린 눈썹 펼 수 없다네.

註

＊失意 : 뜻대로 되지 않다. 뜻을 이루지 못하다. 科擧에 失敗한 것을 말하는데 鄭谷도 <贈下第擧公>에서 "見君失意我惆悵, 記得當年落第情. 그대가 失意하니 나 또한 슬퍼져, 그 옛날 落第했을 때 심정이 생각난다."이라 하였다.

＊偏 : ① 가장. 제일. 특별히. ② 외곬으로. 오로지 그것만. ③ 마침. 공교롭게.

＊坐見 : ① 空見. 徒見. ② 聊見. 且見. ③ 正見. 適見.

＊細雨 : 가랑비. 이슬비. 안개비. (毛雨 : 보슬비. 안개비.)

＊展眉 : 기뻐서 눈살을 펴다. 빙그레 웃다.

＊愁眉 : ① 근심으로 찡그러진 눈썹. 근심스러운 안색. ② 눈썹을 찡그리다. 근심스러운 표정을 짓다.

＊愁眉不展 : 양 눈썹을 잔뜩 찡그리다. 근심걱정에 잠기다.

<落第後 贈同居友人> 顧非熊

有情天地內, 多感是詩人.
見月長憐夜, 看花又惜春.
愁爲終日客, 閒過少年身.
寂寞正相對, 笙歌滿四鄰.

<落第한 뒤 同居하는 벗에게 주다> 고비웅

天地間의 情이 있는 것 중에,
느낌이 풍부한 것은 시인이지.
달 보려고 노상 밤을 좋아하며,
꽃 보려고 또한 봄을 아끼지.
시름은 긴 긴 세월 타향살이 때문이니,
일없이 젊은 날이 지나가네.
적막하다! 둘이 마주하고 있자니, ……
생황소리 노랫소리 사방에 가득한데.

註

*長 : 常. 長常. 노상. 늘.

*終日 : ① 온종일. 하루의 전부. ② 오랫동안. 긴 긴 세월.

*閒 : 하는 일 없이. 바쁘지 않게.

*笙歌 : 笙篁에 맞춰 노래함. 笙篁소리와 노랫소리. 及第者의 祝賀宴에서 나는 소리를 말한다.

*四鄰 : ① 四方. 周圍. ② 주변의 이웃들.

<下第後寄高山人> 顧非熊

我家堂屋前, 仰視大茅巔.
潭靜鳥聲異, 地寒松色鮮.
人眠甕牖月, 鹿飮竹門泉.
多愧鄰高隱, 無成又一年.

<落第한 뒤 高山人에게 부친다> 고비웅

내 고향집 본채 앞에서,
茅山 꼭대기 우러러 보곤 하였네.
못이 고요하여 새소리는 기이 하였고,
땅은 싸늘하여 솔빛은 뚜렷하였네.
사람은 항아리 창의 달빛 아래 잠들고,
사슴은 대나무 문의 샘물을 마셨다네.
참으로 부끄럽네 이웃 은거하는 선비에게,
이룬 것 없이 또 한해 보내다니.

註

*山人 : ① 산 속에 은거하는 선비. ② 仙家 道士의 무리를 가리킴.
*堂屋 : 본채. 원채. (中國에서 正屋, 正房이라 한다.)
*茅山 : 江蘇省 句容縣 東南에 있는 산. 본래 句曲山이었는데 漢나라 茅盈과 그의 아우들인 茅衷·茅固가 약초 캐고 수도하여 茅山이라 바꿔 부르게 되었다 한다.
*巔(전) : 산꼭대기. 山頂.
*甕牖(옹유) : 깨진 항아리의 입을 창문으로 함. 빈한한 집을 나타낸다.
*高隱 : 隱居를 말한다. 隱居는 高尙하다고 할 만하므로 高尙·高貴의 高를 붙였다.

<贈友人> 顧非熊

吾友昔同道, 唯予今獨行.
靑雲期未遂, 白髮鑷還生.
舊隱連江色, 新春聞鳥聲.
休明獨不遇, 何計可歸耕.

<벗님에게 주다> 고비웅

벗님이여! 예전에는 같은 길을 갔는데,
이 몸이여! 지금에는 홀로 간다네.
靑雲의 기약은 이루지 못하였고,
白髮은 뽑아도 다시 돋아나.
옛 은거지는 강물 물빛과 잇닿고,
새봄이라 새소리 들을 수 있어.
밝고 태평한 시대에 여전히 불우하니,
무엇을 따지랴! 돌아가 밭 가는 것이 좋겠지.

註

*同道 : ① 同一한 思想. 同一한 原則. ② 行爲가 같음. ③ 志同道合. 의기가 투합하고 지향하는 바가 같음. 배짱이 맞다.
本詩에서는 科擧及第라는 목표가 같아 가는 길이 하나였다는 말이다.
*獨行 : 友人이 이미 及第하였거나 포기하여 홀로 간다는 말이다.
*遂 : 達成하다. 이룩하다.
*鑷(섭) : 족집게. 못뽑이. 뽑다.
*舊隱 : 옛날 은거하던 곳. 은거하듯 세상과 담쌓고 글공부하던 곳도 통할 수 있다.
*第5·6句의 "舊隱" "新春"은 項斯의 <送歸江州友人初下第>에서도 "新春城外路, 舊隱水邊村. 새봄은 성 밖 길에 왔는데, 옛 은거지는 물가의 마을이었네."라 하여 짝을 이루었다.
*江色 : 江의 물빛.
*休明 : 休에는 아름다움, 기쁨의 뜻이 있다. 休明은 美好淸明인데 밝은 임금이나 太平盛世를 나타낼 때 흔히 썼다.
*獨 : ① 도리어. ② 여전히. 아직도.
*不遇 : 재능이나 포부를 가지고 있으면서도 때를 만나지 못하여 불운함.
*計 : 셈하다. 따지다. 고려하다. 예정하다. 예상하다. 추측하다.

<成名後將歸茅山酬群公見送> 顧非熊

此名誰不得, 人賀至公難.
素業承家了, 離筵去國歡.
暮天行雁斷, 曉渡落潮寒.
舊隱茅峯下, 松根石上盤.

<及第한 뒤 茅山으로 돌아가려하자
여러분께서 전송해주시니 답한다> 고비웅

이 명예를 뉘라서 얻지 못 하리오마는,
공정한 시험 어려움을 이겨냈다 축하해 주시네.
집안에 내려오는 전통을 계승해냈으니,
서울 떠나는 이별의 자리도 기쁩니다.
저문 하늘 가는 기러기는 외톨인데,
새벽 나루 썰물은 찹니다.
옛터는 茅山 아래 있는데,
솔뿌리 돌 위에 휘감겼습니다.

註

*成名 : ① 명성을 수립함. 세상에 이름을 떨침. ② 훌륭한 이름. 명예. ③ 과거에 급제함.

*見送 : 송구스럽게·황송하게 전송해 주시다. 見을 動詞 앞에 쓰면 겸손·겸양의 뜻을 가지게 된다. 예를 들면 見訪은 황송하게 찾아주시다, 見賜는 송구스럽게 물건을 주시다.

*至公 : ① 至極히 公正함. ② 科擧의 主考官 즉 考試委員長에 대한 敬稱이니 當爲와 希望이 混在된 듯하다.
本詩에서는 至極히 公正한 科擧를 말한다.

*素業 : 先世의 물려준 業인데 대부분 儒業을 가리킨다.

*承家 : 家業을 계승함. 家業은 집안 대대로 전해오는 事業이나 學業.

*去國 : 서울이나 朝廷을 떠남.

*斷雁 : 무리 잃은 기러기. 외기러기. 떠나는 자신을 비유한다.

*落潮 : 썰물. 退潮. 歸潮. 밀물은 漲潮라 한다.

*盤 : 빙빙 돌다. 둘둘 휘감다. 구불구불 구부리다. 盤根은 휘감긴 나무뿌리. 자기의 굳은 節操를 상징한다.

<酬陳標評事喜及第與段何共貽> 顧非熊

至公平得意, 自喜不因媒.
榜入金門去, 名從玉案來.
歡情聽鳥語, 笑眼對花開.
若擬華筵賀, 當期醉百杯.

<陳標評事께서 내 及第를 기뻐하셔
段何와 함께 주신 글에 답 합니다> 고비웅

至極히 公平한 科擧에 뜻 이뤄 급제하니,
스스로도 대견한 것은 연줄 없이 됐기 때문입니다.
합격자 적을 榜은 黃金의 門으로 들어갔었고,
급제자 적은 명단은 玉구슬 책상에서 나왔습니다.
기쁜 마음 새소리 들을만하고,
웃는 눈길 꽃핀 것 대할만합니다.
만약 풍성한 잔치로 축하해 주신다면,
마땅히 백 잔의 술로 취해보겠습니다.

註

* 評事 : 벼슬이름. 大理寺(대리시)에 속하며 獄事를 맡는다.
* 至公平 : 至公至平이니 극히 公平함. 科擧를 말한다.
* 得意 : ① 뜻을 이루다. 바람이 실현되다. ② 마음에 들다. 만족하다. ③ 科擧에 及第함을 말한다.
* 媒 : 仲媒. 媒介.

  本詩에서는 後援者, 보호자, 빽을 말한다.

  宋과 달리 唐代에는 及第를 시킬 때 實力도 實力이지만 社會的 名聲이 있는 사람을 우선적으로 고려하였으며 高官이나 有名人士의 薦擧가 크게 작용하였다. 作者의 말은 자신은 절대 後援者나 언줄 없이 합격했다는 것이다.
* 金門 : 金馬門이니 漢代의 宮門이름으로 學士들이 待詔하던 곳이다.

  그러나 本詩에서는 관청의 문 즉 科擧及第를 결정하는 禮部를 말한다.
* 玉案 : 옥으로 장식한 책상.

  本詩에서는 禮部侍郎의 책상을 말한다.
* 擬 : ~하려고 하다. ~할 작정이다. 計劃. 企圖.
* 華筵 : 성대한 잔치. 풍성한 筵席.

<關詩後嘉會里聞蟬感懷呈主司> 顧非熊

昔聞驚節換, 常抱異鄉愁.
今聽當名遂, 方歡上國遊.
吟纔依樹午, 風已報庭秋.
併覺聲聲好, 懷恩忽淚流.

<關試 치른 뒤 嘉會里에서
매미소리 듣고 느낀 것을 主司에게 올리다> 고비웅

옛날 이 소리 들으면 계절이 바뀐 것에 놀랐으며,
언제나 타향의 시름을 안았습니다.
지금 이름에 어울리는 지위 얻고 듣자니,
비로소 서울에서 노님을 기뻐하게 되었습니다.
울음소리 한낮 나무 위에서 나자마자,
바람은 이미 뜰이 가을임을 알립니다.
느낍니다 소리 소리가 좋은 것을,
그리고 아울러 은혜를 생각하며 느닷없이 눈물 흘립니다.

註

*關試 : 禮部에서 치르는 科擧에 及第한 進士를 대상으로 吏部에서 보는 시험. 身·言·書·判을 살피며 여기에 合格하여야 비로소 官吏가 될 수 있었다. 시험관의 主觀이 많이 作用한 듯하며 많은 進士들이 몇 년씩 고배를 마셨다. 韓愈도 세 번이나 떨어졌다 한다.

*呈 : 나타내다. 드러내다. 드리다. 즉 윗사람에게 바치다.

*主司 : 科擧의 主試官. 즉 考試委員長.

*當名 : 名義에 相當함. 名義에 어울리는 地位니 즉 及第를 말함.

*遂 : 성공하다. 이루다. 성취하다. 마음먹은 대로 되다. 생각대로 되다.

*方 : 비로소. 이제. 막. 방금. 바야흐로. 한창.

*蟬吟 : 매미가 우는 것을 읊는다고 하는 것은 그 소리가 길게 끌며 정취 있기 때문이다.

*纔 : ~하자마자.

*午 : 한낮. 11時에서 13時까지를 午時라 하며 12時가 正午다.

*併 : 아울러. 함께. 이 併은 懷恩에 걸린다.

*懷恩 : 은혜를 생각하다. 唐·宋의 進士들은 主試官 즉 考試委員長을 座主라 하였으며 또한 恩門 恩府라 부르고 평생 스승으로 모셨다. 정작 글을 가르쳐준 스승은 여기에 해당되지 않았으니 상당히 타산적이라 할 수 있다.

<杏園> 杜牧

夜來微雨洗芳塵, 公子驊騮步貼勻.
莫怪杏園顦顇去, 滿城多少插花人.

<杏園> 두목

어젯밤 보슬비 고운 먼지 씻어내니,
公子들의 화류준마(驊騮駿馬) 걸음도 그럴듯해.
杏園 옆 초췌하게 지남 괴이하다 마시라,
온 長安城에 꽃 꽂은 이 몇이나 된다고.

註

*杜牧 : 字는 牧之며 京兆 萬年사람이다. 宰相을 지내고 ≪通典≫을 지은 杜佑의 손자가 된다. 德宗 貞元 19年(803)에 태어나 宣宗 大中 6年(852)에 卒하였으니 享年 50세였다. 풍채가 좋은 것으로 이름났으며 詩文에 능하였다. 文宗 太和 2年(828)에 進士及第하였으며 賢良方正科에 合格하였다. 牛僧孺가 淮南節度使로 있을 때 書記로 있으면서 마음대로 酒色에 몰두한 것으로 이름이 났다. 黃州·池州·睦州의 刺史를 歷任하였고 다시 考功郞中이 되어 知制誥하였으며 中書舍人이 되었다. 그의 詩는 情致가 豪邁하며 "小杜"라 불리어졌으며 李商隱과 함께 이름나 "李杜"라 竝稱되었다. 병법에도 능하다.

*杏園 : 長安의 曲江 서쪽 大雁塔 남쪽에 있었다. 唐代에 新進士들에게 잔치를 베풀어 주던 곳으로 흔히 杏園探花宴으로 불러졌다. 이 때문에 進士를 杏園客이라 불렀고 進士及第하는 歷程을 杏園路라 하게 되었다.

*夜來 : 夜間. 夜中. 어젯밤.

*微雨 : 보슬 보슬 내리는 비.(≪표준국어대사전≫)

*芳塵 : 본래 落花를 나타내던 말이다.

本詩에서는 비에 먼지가 씻겨나가 께끗해진 것을 말하는 듯 하니 고운먼지라 함이 좋겠다.

*公子 : 權勢地位있는 사람의 尊稱인데 富貴한 집의 子弟도 나타낸다.

本詩에서는 及第者를 뜻한다.

*驊騮(화류) : 周나라 穆王의 여덟 駿馬의 하나인데 후세에는 駿馬의 泛稱으로 쓰였다.

*貼勻(첩균) : 貼은 편안함, 안정됨. 勻은 고름, 가지런함, 말의 걸음걸이가 일정하고 편안함을 말한다.

*顦顇(초췌) : 憔悴. 병·근심·고생 따위로 얼굴이나 몸이 여위고 파리함.

*滿城 : 온 長安城. 滿은 全·遍의 뜻이다.

*揷花 : 新 進士들이 머리에 꽃을 꽂음.

<寓言> 杜牧

暖風遲日柳初含, 顧影看身又自慚.
何事明朝獨惆悵, 杏花時節在江南.

<寓言> 두목

따뜻한 바람 긴 해 버들은 막 싹을 품었는데,
그림자 돌아보고 육신을 살피니 또 부끄럽네.
왜 太平한 盛代에 도리어 슬퍼하며,
살구꽃 피는 시절 강남에 있단 말인가.

註

*寓言 : 뜻을 寄託함이 있는 말.

*遲日 : ≪詩 · 豳風 · 七月≫에서 "春日遲遲. 봄날은 길고 길어."라 하였다. 후세에는 이 때문에 遲日은 봄날을 나타내게 되었다. 즉 낮이 길어 해가 늦게 지는 봄날이라는 말이 되겠다.

*顧影 : 자신의 몸 그림자를 돌아봄. 顧影自憐은 자신의 그림자를 돌아보고 스스로를 불쌍히 여김이니 落魄, 失意를 나타낸다. 顧影慚形은 자신의 그림자를 돌아보며 자신에게 부끄러움을 느낌이니 어떤 榮譽나 地位를 누리지 못함을 부끄러워한다는 것이다.

*明朝 : 밝고 太平한 時代. 자신이 살고 있는 시대를 이렇게 대접삼아 부르게 마련이다. 王朝時代에는 당연한 일이리라.

*獨 : ① 도리어. ② 여전히.

*杏花時節 : 살구꽃 피는 시절인데 杏園探花宴을 염두에 두고 쓴 말이다.

*江南 : 長江 以南의 지역. 대체로 江蘇省, 安徽省의 남부와 浙江省 一帶를 가리킨다.

<及第後寄長安故人> 杜牧

東都放榜未花開, 三十三人走馬廻.
秦地少年多辦酒, 已將春色入關來.

<及第한 뒤 長安의 오랜 친구에게 부친다> 두목

東都에서 榜을 걸었는데 꽃은 안 피어,
서른세 명이 그냥 말만 달린 뒤 돌아섰지요.
秦地의 젊은 분이 마침 술을 마련하셨다니,
봄빛을 이미 關 안으로 들여놓았군요.

註

* 《摭言》에 따르면 杜牧은 崔郾이 禮部侍郎 즉 主司로 있을 때 及第하였는데 당시 과거는 東都인 洛陽에서 치렀으며 榜 또한 洛陽에 내걸었으므로 考試委員長인 主司가 引率하고 西都인 長安에 가서 都堂의 宰相을 謁見 즉 過堂하였다 한다.
* 秦地 : 長安은 옛 秦땅이며 또한 秦의 都邑인 咸陽이 長安附近이므로 秦地로 長安을 가리키게 되었다.
* 少年 : 靑年. 젊은이.
本詩에서는 杜牧의 친구를 말한다.
* 多 : 適(이제 막. 방금). 正(마침. 바야흐로. 한창. 막).
* 辦(판) : 갖추다. 장만하다. 마련하다.
* 關 : 長安附近의 關. 函谷關. 潼關.

<贈終南蘭若僧> 杜牧

家在城南杜曲傍, 兩枝仙桂一時芳.
休公都不知名姓, 始覺空門意味長.

<終南山 寺院의 스님에게 드린다> 두목

제집은 長安城 南 杜曲의 가인데,
두 줄기 桂樹가 동시에 향기로웠습니다.
스님께서는 이름도 성도 전혀 모르시니,
비로소 空門의 意味가 深長한 줄 깨달았습니다.

註

＊終南 : 山名. 秦嶺 主峰의 하나임. 長安의 남쪽에 있다. 南山이라고도 하는데 狹意의 秦嶺이다.

＊蘭若(난야) : 梵語 阿蘭若(Āranyaka)의 省稱인데 寂靜하고 苦惱와 煩亂이 없는 곳이라는 뜻이다. 寺院을 가리키게 되었다.

＊杜曲 : 地名. 陝西省 長安 東南에 있으며 樊川과 御宿川이 그 사이로 흐른다. 唐나라의 大姓인 杜氏들이 대대로 이곳에 살았으므로 이렇게 부르게 되었다. 杜牧도 이 杜氏에 속하므로 그의 詩集을 ≪樊川詩集≫이라고 부르는 것이다.

＊兩枝仙桂 : 앞에서 말했는데 晉의 郤詵이 賢良對策에서 天下第一이 되었으나 스스로 겸양하여 울창한 桂林에서 겨우 한 가지의 桂樹나무요 옥이 가득한 崑山에서 불과 한 조각의 玉이나 다름없다 하였다. 이 때문에 後世에서는 科擧의 及第를 桂林一枝, 崑山片玉으로 부르게 되었다. 杜牧은 進士及第와 賢良方正科 合格을 함께 이루었으므로 桂樹의 두 줄기가 한꺼번에 향기롭다고 한 것이다.

＊休公 : 休上人이라고도 하는데 南朝·宋의 僧侶인 惠休를 가리킨다. 그는 글을 잘해 世祖가 還俗하도록 하였는데 本來의 姓은 湯이며 揚州從事를 지냈다 한다.

本詩에서는 終南蘭若의 僧侶를 말한다.

＊空門 : 佛門을 가리킨다. 大乘佛敎는 空을 觀하는 것으로 入門하므로 이렇게 부르게 되었다.

<下第後別友人楊至之> 許渾

花落水潺潺, 十年離舊山.
夜愁添白髮, 春淚減朱顔.
孤劍北游塞, 遠書東出關.
逢君話心曲, 一醉灞陵間.

<落第한 뒤 벗님 楊至之와 작별하며> 허혼

꽃은 지고 물은 졸졸 흐르겠지,
십년이네 옛 동산 떠난지.
밤마다 근심하니 白髮을 더하고,
봄마다 눈물지니 紅顔을 축내네.
한 자루 칼 차고 북쪽 邊塞로 떠돌까,
먼 곳에 글 보내고 동쪽 關門을 나설까.
그대 만나 깊은 마음속 이야기 하며,
灞陵땅에서 한번 취해보네.

註

*許渾 : 字는 用晦. 潤州 丹陽사람으로 宰相 許圉師의 후손이다. 生卒年은 未詳인데 武宗 會昌(841~846) 前後에 生存한 것은 확실하다. 詩를 잘했는데 格調는 豪邁하며 美麗하다. 文宗 太和 6年(832)에 進士及第하였으며 當塗縣·太平縣의 縣令을 하다가 병으로 사직하였다. 潤州刺史로 다시 起用되었고 宣宗 大中 3年(849)에 監察御史가 되었으며 睦州·郢州의 刺史를 지냈다. 潤州의 丁卯橋에 別墅가 있었는데 늘 병고에 시달리는 그는 아플 때마다 그곳에 머물렀다. 그의 詩集을 ≪丁卯集≫이라 하는데 그곳의 이름을 취한 것이다.

*潺潺(잔잔) : 물이 졸졸 흐르는 모양. 또는 그 소리.

*舊山 : 故鄕. 故居.

*春淚 : 봄날 落第한 뒤 흘리는 눈물.

*孤劍 : 한 자루의 칼. 홀몸의 武士를 가리키기도 한다.

*遠書 : 먼 곳으로 보내는 글. 먼 곳에서 온 편지.

*心曲 : 內心의 깊은 곳. 여러 가지로 생각하는 마음의 깊은 속. 衷曲과 같은 말이다.

*灞陵(파릉) : 地名. 長安의 동쪽에 있다. 漢 文帝를 이곳에 장사 지내 이렇게 부르게 되었다.

<下第寓居崇聖寺感事> 許渾

懷土泣京華, 舊山歸路賖.
靜依禪客院, 幽學野人家.
林晩鳥爭樹, 園春蝶護花.
東門有閒地, 誰種邵平瓜.

<落第하고 崇聖寺에 寓居하며
보고 들은 일에 느껴서 짓다> 허혼

고향땅 그리며 화려한 서울에서 흐느끼니,
옛 동산 가는 길은 멀기만 하구나.
禪客들의 고요한 禪院에 몸 의지하며,
野人들의 그윽한 村家를 본받네.
숲은 저녁이라 새들은 나무에서 다투고,
밭은 봄날이라 나비는 꽃을 에워싸네.
東門에 놀리고 있는 땅 있어도,
그 누가 邵平처럼 외 심을까?

註

*寓居 : ① 남의 집에 부쳐 삶. ② 타향에 임시로 삶.

*崇聖寺 : 未詳.

*感事 : ① 外部事物의 觸動을 받다. ② 事件·事物로 말미암아 느낌이 생김.

*懷土 : 故土 즉 고향을 그리워 함.

*京華 : 京城의 美稱. 京城은 文物·人才가 모여드는 곳이므로 이렇게 부른다.

*賖(사) : 멀다. 아득하다. 더디다.

*靜依禪客院, 幽學野人家 : 杜牧의 <將赴吳興登樂遊源>에서 "閒愛孤雲靜愛僧. 孤雲의 한가함 사랑하고 僧의 고요함 사랑하네."라 하였다. 本 3·4 句도 고요하게 의지하고 그윽하게 배운다가 아니고 禪院의 고요함에 의지하고 野人家의 그윽함을 배운다가 되겠다.

*禪客 : 참선하는 중.

*禪院 : ① 禪寺. 禪刹. 禪宗의 절을 말한다. ② 禪定을 닦는 도량.

*野人 : ① 순박한 사람. 시골사람. ② 平民. 庶民.

*閒地 : 空閑地. 遊休地. 놀리고 있는 땅.

*邵平瓜 : 秦나라의 東陵侯였던 邵平은 秦이 망하자 布衣가 되었다. 먹고 살기 위해 漢 長安城의 東門인 靑門 밖에 외를 심었는데 맛이 달아 세상 사람들은 東陵瓜·靑門瓜라 불렀다.

<崇聖寺別楊至之> 許渾

蕭寺暫相逢, 離憂滿病容.
寒齋秋少燕, 陰壁夜多蛩.
樹暗水千里, 山深雲萬重.
懷君在書信, 莫過雁回峯.

<崇聖寺에서 楊至之와 헤어지다> 허혼

寺刹에서 잠시 만났어도,
이별의 서러움만 병든 얼굴에 가득할 뿐.
추운 집채 가을이라 제비도 드문데,
어두운 벽 밤이면 귀뚜라미 흔하다.
나무가 짙으니 물은 천리를 가고,
산이 깊으니 구름은 일만 겹.
그리움이여! 오직 편지에 맡기니,
雁回峯을 넘어가지 마시라.

註

* 蕭寺 : 唐나라 李肇의 ≪唐國史補≫에 의하면 "梁 武帝 蕭衍이 寺刹을 建立한 뒤 蕭子雲에게 飛白體로 蕭字를 쓰게 하였다 한다. 그리하여 오늘날까지 蕭字가 남아있다 한다." 이 때문에 후세에 절을 蕭寺라 부르게 되었다.
* 離憂 : ① 憂愁. 근심. 걱정. 離는 憂의 뜻이다. ② 근심을 만나다. 離는 만나다는 뜻이다. ③ 離別의 근심・걱정.
* 病容 : 병든 얼굴. 병든 용모. 許渾은 어릴 때부터 힘써 공부하여 건강을 상해 평생 병을 안고 살았으며 그 때문에 관직에 있다가 병으로 사직함이 잦았다.
* 蛩(공) : 귀뚜라미.
* 暗 : 빛깔이 짙고 깊음.
* 在 : ① 살피다. 관찰하다. ② 안부를 묻다. ③ 맡기다. 따르다.
* 雁回峯 : 衡山 72峯의 하나로 湖南省 衡陽市의 남쪽에 있다. 전해오는 말에 기러기는 衡陽에 다다르면 멈추고 더 이상 남쪽으로 가지 않으며 봄이 되면 북으로 돌아간다고 한다. 回雁峯이라고 하기도 한다. 漢나라 蘇武 以後 기러기는 편지를 전해주는 것, 또는 편지자체(즉 雁書. 雁信)를 나타내게 되었다.

  本詩에서 말하는 것은 雁回峯을 지나 더 남쪽으로 가면 편지 전해줄 기러기가 없으니 편지 전해줄 기러기가 있는 雁回峯 以北으로 걸음을 한정하라는 것이다.

<下第送宋秀才游岐下楊秀才還江東> 許渾

年來不自得, 一望幾傷心.
風轉蕙蘭色, 月移松桂陰.
馬嘶邊草遠, 帆落海雲深.
明旦各分首, 更聽梁甫吟.

<落第한 뒤 宋秀才가 岐山 아래 노닐고 楊秀才는 江東으로 돌아간다 하기에 전송하며 쓴다> 허혼

요 몇 해 사이 뜻대로 되는 일 없어,
그저 바라만 보아도 마음이 상해.
바람은 蕙草·蘭草의 자태를 흔들어 놓고,
달빛은 솔·계수의 그늘을 옮기네.
말이 울면 邊塞의 풀은 아득한데,
돛을 내리면 바다의 구름은 가득하리.
내일 아침 제각기 갈 길 가면,
다시 나의 梁甫吟 들으리라.

註

* 岐(기) : 山이름. 陜西省 岐山縣에 있다.
* 年來 : 近年以來.
* 自得 : ① 마음먹은 대로 되다. 뜻대로 되다. ② 쾌적하다. 평안하다. 不自得은 科擧及第 못한 것을 가리킨다.
* 幾 : ① (平聲) 거의. 하마터면. ② (上聲) 몇. 얼마쯤.
* 轉 : 흔들다. 흔들어 움직이게 하다. 나부끼다. 펄럭이다.
* 色 : ① 외양. 모습. 자태. ② 빛깔. 광택.
* 嘶(시) : 말이 울다.
* 第5句는 岐下를 가리킨다.
* 落帆 : 돛을 내리다.
* 第6句는 江東을 가리킨다.
* 深 : ① 充分하다. 많다. ② 程度가 심하다.
* 分首 : 이별함.
* 梁甫吟 : 樂府인데 葬送曲이었다. 그러나 李白은 포부를 실현할 수 없는 비분을 토로하였다.
  本詩는 李白의 작품을 염두에 두고 쓴 것이리라.

<下第歸朱方寄劉三復> 許渾

素衣京洛塵, 歸棹過南津.
故里跡猶在, 舊交心更親.
月高蕭寺夜, 風暖庾樓春.
詩酒應無暇, 朝朝問旅人.

<落第하고 南方으로 돌아가며 劉三復에게 부친다> 허혼

흰 옷 서울 洛陽의 먼지만 묻히고,
돌아가는 배 남쪽 나루를 지난다.
옛 마을 자취는 그래도 남아있겠고,
오랜 사귐 마음은 더욱 가까워.
寺院에 밤이 들면 달은 높겠고,
庾樓에 봄이 오면 바람도 따뜻하리.
분명 詩酒 즐길 겨를 없을 터,
아침마다 나그네에게 그대 소식 물으리니.

註

* 朱方 : ① 南方. 옛날 五色으로 四方과 中央을 나타냈는데 朱色은 南에 속하였다. ② 春秋時代 吳의 지명. 江蘇省 丹徒縣 東南에 있다.
* 素衣 : 白色 衣服이니 平民의 옷이다. 科擧及第하고 官界에 나가면 錦衣를 입는데 그렇지 못하다는 것이다.
* 京洛 : 洛陽을 말함. 東周와 東漢 때 洛陽이 서울이었으므로 이렇게 부른다.
* 歸棹(귀도) : 歸櫂(귀도)라고도 한다. 배 젓는 막대기를 노라 하는데 짧은 노를 棹, 긴 노를 櫂라 한다. 이 棹·櫂로 배를 나타내니 歸棹는 즉 歸船 돌아가는 배이다.
* 故里 : 故鄕. 家鄕.
* 舊交 : 오래전부터 사귄 교분. 전부터 교분이 있는 사람.
* 蕭寺 : 앞에서 이미 말하였다. 梁 武帝 蕭衍이 절을 지은 뒤 蕭子雲에게 飛白體로 蕭字를 쓰게 하였는데 지금까지 그것이 남아있으며 이로부터 절을 蕭寺라 부르게 되었다 한다.
* 庾樓 : 庾公樓. 晉의 庾亮이 江州를 鎭守할 때 지은 樓閣으로 江西省 九江에 있다.
* 無暇 : ~할 시간이 없다. ~할 겨를이 없다. 손댈 틈이 없다.
* 旅人 : ① 他鄕에 나그네살이 하는 사람. ② 外地로 여행하는 사람.

<送李文明下第鄜州覲兄> 許渾

征夫天一涯, 醉贈別吾詩.
雁迥參差遠, 龍多次第遲.
寧歌還夜苦, 宋賦更秋悲.
的的遙相待, 淸風白露時.

<李文明이 落第한 뒤 鄜州로
 형님을 뵈러 간다기에 전송한다> 허혼

아득한 하늘가로 떠나는 사람이,
취하여 나 작별하는 시를 주네.
기러기는 아득하게 막히고 떨어져 먼데,
용은 많지만 차례가 더딘 것뿐이지.
寧戚은 노래에서 긴 밤이 괴롭다 하였고,
宋玉은 辭賦에서 또 가을을 슬퍼했지.
간절하게 멀리서 기다리실 터이니,
바람은 시원하고 이슬은 깨끗한 때라네.

註

* 鄜州(부주) : 지명. 陝西省 富縣에 있다.
* 征夫 : ① 먼 길 가는 사람. ② 出征하는 군인.
* 雁 : ≪禮記・王制≫에서 "兄之齒雁行. 형과 같은 나이면 나란히 가지만 약간 뒤로 처진다."이라 하였는데 이 때문에 後世에는 雁行으로 兄弟를 比喩하게 되었다. 우리의 경우 안항(雁行)이라 하여 남의 형제를 높여 이르는 말이 되었다. 예컨대 "안항이 몇 분입니까?" "안항이 어떻게 되시나요?"라고 썼다.
  本詩에서는 李文明의 兄을 가리킨다.
* 迥(형) : 멀다. 아득하다.
* 參差(참치) : ① 가지런하지 않은 모양. 흩어진 모양. ② 일치하지 않음. 모순. ③ 멀리 헤어짐. 가로막혀 떨어짐.
* 龍 : 黃河의 上流에 龍門이 있는데 물고기가 여기에 오르면 龍이 된다 하였다. 이 때문에 名望있는 집을 가리키게 되었고(예컨대 後漢의 李膺) 다시 科擧試驗場의 正門을 뜻하게도 되었다. 따라서 龍은 科擧及第者를 比喩하니 本詩에서는 未來의 李文明을 말한다.
* 多 : ① 많다. ② 適(이제 막. 방금). 正(마침. 바야흐로. 한창 막).
* 次第 : 순서. 차례.
* 寧歌 : 春秋時代에 寧戚이 齊 桓公에게 쓰이길 원해 부른 노래가 있으니 세상에서 <飯牛歌>라 하였다. 그 노래 가운데에 "긴긴 밤은 아득하니 언제 새벽 되려나"라는 대목이 있다.
* 宋賦 : 戰國時代 楚나라 宋玉이 <九辯>을 지어 가을을 曲盡하게 描破하였다.
* 的的 : ① 아주 간절함. ② 밝게 빛남. 선명함. ③ 分明한 모양.
* 白露 : ① 가을 이슬을 아름답게 이르는 말. ② 이십사절기의 하나. 處暑와 秋分사이에 든다.

<送友人罷擧歸東海> 許渾

滄波天塹外, 何島是新羅.
舶主辭番遠, 棋僧入漢多.
海風吹白鶴, 沙日曬紅螺.
此去知投筆, 須求利劍磨.

<친구가 과거를 그만두고 東海로 돌아간다기에 전송한다> 허혼

맑고 푸른 물결은 천연의 참호 밖인데,
어느 섬이 新羅인지.
船舶의 주인들은 番國을 멀리 떠나고,
바둑 두는 승려들은 중국으로 많이 온다.
바다 바람은 흰 두루미에 불고,
백사장의 태양에 붉은 소라는 쪼인다.
이번에 가면 붓을 내던질 것 내 아니,
모름지기 날카로운 칼 구해 잘 갈아보시게.

註

*東海 : ① 우리의 西海를 말한다. ② 중국 동쪽 해변지구를 가리킨다. ③ 郡名. 山東省과 江蘇省의 一部다.

*天塹 : 天然의 塹壕. 天然의 도랑. 대개 長江을 가리키는데 때에 따라서는 黃河도 가리킨다.

*番(번) : 예전에는 少數民族이나 外國을 番이라 하였으니 예컨대 樂浪을 樂浪番國이라 하였다.

*漢 : 中國을 말하는데 특히 唐人들은 唐 대신 漢을 즐겨 썼다.

*曬(쇄) : 볕에 쬠.

*紅螺 : 소라의 이름. 껍질은 얇고 붉은데 앵무조개와 유사하며 술잔을 만들었으니 紅螺盞이 그것이다. 이 때문에 술 또는 술잔의 代稱도 된다.

<下第歸蒲城墅居> 許渾

失意歸三徑, 傷春別九門.
薄煙楊柳路, 微雨杏花村.
牧豎還呼犢, 鄰翁亦抱孫.
不知余正苦, 迎馬問寒溫.

<落第하고 蒲城의 別墅로 돌아가다> 허혼

뜻을 잃고 三徑으로 돌아가니,
봄이 서러워 九門을 하직했네.
버들 늘어선 길에는 엷은 안개 끼고,
살구꽃 핀 마을에는 보슬비 내리는데.
牧童은 여전히 송아지 부르고,
이웃 영감도 또한 손자 안았네.
나 한창 괴로운 것 모르고는,
말을 마중하며 안부를 묻는다네.

註

*蒲城 : 地名. 陝西省에 있는데 동쪽에 洛水 서쪽에 荊山이 있다.

*墅(서) : ① 농막. ② 별장.

*三徑 : 晉나라 趙岐의 ≪三補決錄·逃名≫에 의하면 蔣詡(장후)가 고향으로 돌아가 가시로 문을 막고 집안에 오솔길 셋을 내고는 밖으로 나가지 않았는데 다만 求仲·羊仲만 그를 따를 수 있었다 한다. 후에는 은거하는 사람의 뜰을 가리키게 되었다. 陶淵明도 <歸去來辭>에서 "三徑就荒, 松菊猶存. 三徑은 거칠어졌어도, 松菊은 여전히 있네."이라 하였다.

*傷春 : 봄날 낙제한 것 때문이다.

*九門 : ① 옛날에 대궐에는 아홉 문을 설치하였다 한다. 따라서 대궐문을 가리키게 되었다. ② 대궐 또는 天子를 나타낸다. ③ 天門 즉 하늘나라의 門.

*微雨 : 보슬 보슬 내리는 비.

*杏花村 : ① 杜牧의 <淸明>에 "借問酒家何處有? 牧童遙指杏花村. 여보, 술집이 어디 있소? 목동이 멀리 살구꽃 핀 마을을 가리킨다."이라 하여 후세에는 술파는 곳을 가리키게 되었는데 杜牧과 許渾은 거의 同時代 사람이라 이 뜻으로 쓰이지는 않았을 것 같다. ② 地名. 安徽省·山東省 ·江蘇省에 實在하는 地名인데 모두 술로 유명하다.
本詩에서는 그냥 살구꽃 피어있는 마을이 分明하다.

*牧豎 : 牧童. 豎(수)는 아이를 말한다.

*寒溫 : 날의 춥고 덥고 함이니 日常生活을 묻는 인사말의 뜻이다.

<下第貽友人> 許渾

身在關西家洞庭, 夜寒歌苦燭熒熒.
人心高下月中桂, 客思往來波上萍.
馬氏識君眉最白, 阮公留我眼長青.
花前失意共寥落, 莫遣東風吹酒醒.

<落第하고 친구에게 주다> 허혼

몸은 關西에 있으나 집은 洞庭湖이니,
밤은 찬데 슬픈 노래는 괴로우며 촛불은 가물거린다.
사람 마음이란 달 속 계수나무 따라 변덕스럽고,
나그네 생각이란 물결 위 부평초처럼 오간다.
그대를 아니 馬氏 형제 중 흰 눈썹의 넷째처럼 뛰어나고,
언제나 나에게 주네 阮公의 푸른 따사로운 눈길을.
꽃 앞에 뜻을 잃어 함께 쓸쓸하니,
취한 술 깰라! 東風이 불지 못하게나 하자.

註

* 貽(이) : 주다. 증여하다. 끼치다.
* 關西 : 函谷關이나 潼關의 서쪽지역을 말한다.
  本詩에서는 당연히 서울인 長安을 가리킨다.
* 洞庭 : 湖水의 이름이다. 湖南省에 있는 湖水를 일반적으로 가리키나 江蘇省에 있는 太湖도 洞庭이라 부른다. 許渾은 潤州사람이다. 潤州는 江蘇省에 있으며 그 부근에 太湖가 있다.
  本詩의 洞庭은 太湖가 되겠다.
* 歌苦 : 苦에는 憂傷·愁苦의 뜻이 있다.
* 熒(형) : 등불. 비치다. 빛나다.
* 熒熒 : ① 조그만 불빛이 반짝반짝하는 모양. ② 환히 빛나는 모양. ③ 빛이 희미한(어슴푸레한) 모양. ④ 깜빡깜빡하는 모양. 가물 가물거리는 모양.
* 高下 : ① 반복하다. 되풀이 하다. ② 변덕스럽다. 이랬다저랬다 하다. ③ (병이)재발하다. 도지다.
* 月中桂 : 달 속에 있다는 계수나무를 꺾는 일 즉 及第를 말함. 앞에서 桂林一枝·崑山片玉으로 이미 소개하였다.
* 客思 : 객지 생활하는 나그네의 생각·사고·情緖·기분.
* 馬氏云云 : ≪三國志·蜀志·馬良傳≫에 의하면 馬良의 字는 季常인데(순서대로 따지면 넷째인 듯하다. 즉 伯·仲·叔·季·幼가 오형제를 나타내는데 泣斬馬謖으로 알려진 馬謖은 字가 幼常이기 때문이다) 兄弟 다섯이 다 뛰어났지만 그가 제일 뛰어나 "馬氏五常, 白眉最良. 馬氏의 다섯 常 즉 伯常·仲常·叔常·季常·幼常 중에 흰 눈썹이 가장 낫다."라 하였다. 馬良의 눈썹에는 흰 터럭이 있어서 그렇게 불려졌다 한다.
* 阮公云云 : 阮籍은 靑眼과 白眼을 할 수 있었다 한다. 禮俗을 벗어난 사람을 보면 푸른 눈 즉 따사로운 눈길 호의의 눈길로 보고, 禮俗에 얽매인 사람을 보면 하얗게 눈을 흘겨 보았다 한다.
* 花前失意 : 꽃 앞에서 뜻을 이루지 못함. 봄날의 과거발표에 낙제함을 말함.
* 寥落(요락) : ① 稀疏. 稀少. 드물다. 성기다. ② 衰落하다. 衰敗하다. 衰微해지다. ③ 쓸쓸하다. 적막하다. 적적하다. 썰렁하다.
* 遣 : 使와 같다. ~으로 하여금 ~하게 하다.
* 醒 : 술 깨다. 깨닫다. 깨우치다.

<晩登龍門驛樓> 許渾

魚龍多處鑿門開, 萬古人知夏禹材.
青嶂遠分從地斷, 洪流高瀉自天來.
風雲有路皆燒尾, 波浪無程盡曝腮.
心感膺門身過此, 晩山秋樹獨徘徊.

<저녁에 龍門驛樓에 오르다> 허혼

물고기와 용이 많은 곳에 뚫어 문을 여니,
만고에 사람들은 夏禹의 인재 됨을 아누나.
병풍산이 둘로 나뉘니 대지로부터 끊어졌고,
거대한 강 높은 곳에서 쏟아지니 하늘에서 오는가!
바람 구름이 좇 듯 뜻 맞으면 길이 있어 모두 꼬리 태우지만,
파도 물결만 험하면 노정은 없어 전부 아가미 쪼일 뿐.
이곳을 지나자니 李膺의 龍門 생각나,
저녁 산 가을나무에 여전히 배회하노라.

註

*龍門 : 黃河中流의 여울목. 山西省 河津縣 西北과 陝西省 韓城市 東北에 있다. 黃河가 이곳에 이르면 兩岸의 절벽이 對峙하여 마치 門과 같아서 이렇게 부르게 되었다. 또한 전해오는 말로는 禹임금이 뚫었다고 하며 그래서 禹門이라고도 부른다 한다. ≪三秦記≫에 이르기를 많은 大魚들이 龍門 아래에 모여드는데 여기를 올라가면 용이 된다 하고 그렇지 못하면 그저 點額曝腮(점액폭시) 즉 이마를 찍고 아가미를 볕에 쬐고 떨어진다 하였다. 그래서 세상에서는 科擧에 失敗한 것을 龍門點額·龍門曝腮라고 부르게 되었다.

*驛樓 : 驛站의 층집.

*夏禹 : 舜임금의 명을 받아 홍수를 다스려 江河를 소통시키고 도랑과 물결을 만들어 농업을 발전시켰다. 이 功으로 舜의 후계자가 되어 舜의 사후에 卽位하고 夏나라의 始祖가 되었다.

*青嶂 : 병풍을 세운 것처럼 높고 길게 연하여 있는 산봉우리. 嶂(장)은 산봉우리가 병풍처럼 높이 솟은 것을 말한다.

*洪流 : 浩大한 물줄기.

*風雲 : ① ≪周易≫의 <乾卦>에서 "雲從龍, 風從虎. 구름은 용을 따르고 바람은 호랑이를 좇는다."라 하였다. 즉 同類끼리는 서로 感應한다는 것이다. 이 때문에 風雲은 마음이 서로 맞는 사람이 만나는 것, 서로 意氣投合하는 것을 비유하게 되었다. ② 時勢. 時勢를 이용함. ③ 雄大한 韜略. 高遠한 情志. ④ 高位를 비유함. 용이 얕은 물에서 나와 風雲에 들어감.

*燒尾 : 唐以來 科擧及第하거나 승진하여 베푸는 宴席을 말한다. 唐나라 封演의 ≪封氏見聞記≫에 의하면 전해오는 말에 虎가 변하여 사람이 되었는데 꼬리만 바뀌지 않아 반드시 이것을 태워 없애야 사람이 된다 한다. 마찬가지로 처음 관직을 받으면 虎가 사람 된 것 같이 꼬리가 아직 있어 이것을 없애야 한다 하였다. 또 다른 이야기로는 물고기가 龍門에 올라 龍으로 바뀔 때 반드시 천둥 번개가 그 꼬리를 태워야 바뀐다 하였다. 이 때문에 燒尾는 크게 顯達하는 것을 나타내게 되었다.

*程 : 路程. 行程. 事情이 발전되어 나가는 단계.

*膺門 : 後漢의 李膺은 當時의 淸流요 名士로 함부로 사람을 만나지 않았다. 만약 그의 접대를 받고 알아줌을 얻으면 龍門에 올랐다고 하였다. 後

에는 이 黌門으로 名聲있고 人望 중한 사람의 門下를 가리키게도 되었다.
*獨 : ① 도리어. ② 여전히. 의연히.

<送王總下第歸丹陽> 許渾

秦樓心斷楚江湄, 繫馬春風酒一卮.
汴水月明東下疾, 練塘花發北來遲.
青蕪定沒安貧處, 黃葉應催獻賦詩.
憑寄家書爲回報, 舊鄕還有故人知.

<王總이 落第한 뒤 丹陽으로 돌아가니 전송한다> 허혼

秦의 樓閣에서 楚의 물가를 생각하면 마음은 바스러져,
말 매고 봄바람 속에 술 한 잔 나누네.
汴水는 달 아래 동쪽으로 빠르게 내려가건만,
練湖의 꽃소식 왜 북으로 더디게 오는가.
푸른 잡초밭에 安貧樂道할 곳 없을 것이며,
가을 잎 누른 시절은 어서 詩 바치라 재촉하리.
그대 편에 집안 편지 부쳐 소식을 알리노니,
고향에는 여전히 알아 줄 옛 친구 있다네.

註

*丹陽 : 許渾의 고향이다.

*秦樓 : 本來 秦 穆公의 딸 弄玉을 위해 지운 樓臺를 말한다. 그러나 本詩에서는 秦地 즉 長安의 樓閣을 가리킬 뿐이다.

*心斷 : 心碎. 心傷의 至極함을 형용한 것. 심장이 떨어져 나가고 심장이 바스라지듯 하다는 말이다.

*楚江 : 楚나라 境內의 江河. 本詩에서는 丹陽이 있는 江蘇省과 그 附近의 강을 가리킨다.

*湄(미) : 물가.

*卮(치) : 술잔.

*汴水(변수) : 운하의 이름. 즉 汴渠. 河南省 滎陽縣부터 남으로 開封을 지나 東南의 安徽省을 거쳐 江蘇省에 이른다.

*練塘(연당) : 練湖. 江蘇省 丹陽 西北에 있는 호수. 練은 피륙을 잿물에 삶아 다시 빨고 표백하는 것이니 나아가 희다, 깨끗하다는 뜻으로 확대되었다. 湖水가 맑고 깨끗하다는 뜻이리라.

*青蕪 : 雜草가 우거진 풀밭. 蕪는 잡초가 우거짐, 황폐함의 뜻이다.

*憑 : 의지하다. 의거하다.

*寄書 : 편지를 부치다, 보내다.

*家書 : 집안 사람들과 오고가는 편지. 즉 자기집에서 온 편지 또는 자기 집으로 보내는 편지를 말한다.

*回報 : ① 보고하다. ② 보답하다. ③ 보복·복수하다.

*舊鄉 : 故鄉.

*故人 : 오랜 친구. 옛 벗.

*知 : ① 친한 벗. 친한 친구. 예컨대 故知는 옛 친구다. 故人知는 친한 옛 친구가 되겠다. ② 知遇 즉 남이 자기의 학식·인격·재능을 알고 대접함. 賞識 즉 알아주다. 감탄하다. 故人의 知遇가 아직도 있다는 말이 되겠다.

<下第有懷親友> 許渾

余下第, 寓居杜陵, 親友間或登上第, 或遂燕居, 或抵湘沅, 或游鄜畤, 因抒長句.

萬山晴雪九衢塵, 何處風光寄夢頻.
花盛庾園攜酒客, 草深顔巷讀書人.
征帆又過湘南月, 旅館還悲渭水春.
無限別情多病後, 杜陵寥落在漳濱.

<落第한 뒤 親舊들을 그리워 함> 허혼

나는 낙제한 뒤 杜陵에 잠시 붙여 산다. 친구들은 간혹 높은 성적으로 급제하였거나 또는 한가하게 사는 것을 실천하였거나 또는 남쪽의 沅水·湘江에 이르렀거나 또는 북쪽의 鄜畤에 노닐고 있다. 그래서 七言律詩를 펼쳐낸다.

산마다 갠 날 白雪이요 번화한 長安에는 먼지가 이는데,
어느 곳 風光에 내 꿈이 자주 가는가?
庾信의 小園에 꽃이 가득하면 술 드는 이 있으며,
顔回의 陋巷에 풀이 무성하면 글 읽는 이 있으리.
돛은 또 湘江 남으로 달 아래 가며,
旅舍에서 아직도 渭水의 봄 슬퍼하는지.
잦은 병 뒤 무한한 이별의 정 있으니,
杜陵은 적막하여 漳水 물가에 있는 듯하네.

註

* 第3句는 登上第, 第4句는 遂燕居, 第5句는 抵湘沅, 第6句는 游鄜畤와 걸린다.
* 寓居 : 남의 집이나 타향에서 임시로 몸을 붙여 삶. 또는 그런 집.
* 杜陵 : 地名. 長安의 東南에 있다. 秦나라의 杜縣인데 漢 宣帝가 동쪽 언덕에 陵을 만들고 杜陵이라 하였으며 杜縣도 杜陵縣이라고 고쳐 불렀다.
* 登第 : 登科. 과거에 급제함.
* 上第 : ① 考試成績中 第一等. ② 及第.
* 遂 : 이루다. 완성하다. 실천하다.
* 燕居 : 閒居. 한가롭게 삶.
* 抵(저) : 다다르다. 이르다.
* 沅(원) : 湖南省의 강물이름. 戰國時代 屈原이 쫓겨난 뒤 沅水와 湘水 사이를 오랫동안 流浪하여 흔히 沅湘이라고 竝稱된다.
* 鄜畤(부치) : 地名. 長安의 북쪽에 있다. 옛날 秦 文公이 白帝를 제사지내던 곳이다. 畤는 제사지내는 터를 말한다.
* 長句 : 본래 七言古詩를 말하는데 후에는 七言律詩도 아울러 이르게 되었다.
* 晴雪 : 날이 갠 후의 쌓인 눈.
* 九衢(구구) : 종횡으로 교차하는 대로. 이것으로 번화한 도시를 나타냄.
* 風光 : 본래 바람이 초목에 불 때 반사되는 日光을 말하는데 나중에는 좋은 風景·景色. 繁華한 景象을 그려냈다.
* 庾園 : 南北朝時代의 庾信은 <小園賦>를 읊어 꿈에도 잊을 수 없는 故鄕 동산에서의 閒居를 그려냈다.
* 顔巷 : 顔回는 陋巷 즉 빈민굴에 살았어도 그 뜻을 바꾸지 않았다.
* 別情 : 離別의 情思.
* 多病 : 漢나라 司馬相如는 병으로 사직하고 茂陵에 은거하였다.
* 寥落(요락) : 쓸쓸하다. 적막하다. 적적하다. 썰렁하다.
* 漳濱(장빈) : 三國·魏의 劉楨은 <贈五官中郎詩> 四首의 其二에서 "余嬰沈痼疾, 竄身淸漳濱. 제가 고질병에 얽매어, 맑은 漳水 물가에 몸을 숨겼습니다."이라 하였다.

<下第懷友人> 許渾

獨掩衡門花盛時, 一封書信緩歸期.
南宗更有瀟湘客, 夜夜月明聞竹枝.

<落第하고 친구를 그리며> 허혼

도리어 사립문 닫네 꽃이 찬란한 시절에,
그리고 한 통의 편지 전하네 돌아갈 날 늦춘다고.
남쪽이 좋다는 瀟湘江의 한 사람 또 있으니,
밤마다 달 밝으면 竹枝詞 듣는다지.

註

*獨 : ① 도리어. ② 아직도. 여전히. ③ 또한.

*花盛時 : 과거의 합격을 발표하는 때와 겹친다.

*掩 : 가리다. 숨기다. (문을) 닫다.

*衡門 : ① 두 기둥에다 한 개의 가로막대를 질러 만든 허술한 문. ② 隱者가 사는 곳을 비유적으로 이르는 말.

*瀟湘 : ① 맑은 湘江. ② 瀟江과 湘江. 이것으로 湖南을 가리켰다.

*竹枝 : 竹枝曲. 竹枝詞. 竹枝歌. 본래 巴渝지역(四川의 東部)의 민요인데 劉禹錫이 改作하였다. 七言絶句의 連作으로 男女의 戀情, 그 地方의 景致·風俗·人情을 읊었다.

<及第後春情> 許渾

世間得意是春風, 散誕經過觸處通.
細搖柳臉牽長帶, 慢撼桃株舞碎紅.
也從吹幌驚殘夢, 何處飄香別故叢.
猶以西都名下客, 今年一月始相逢.

<급제한 뒤 봄날의 흥취> 허혼

세상에서 뜻을 이룬 것은 봄바람 뿐이니,
마음대로 지나가고 어디든지 통한다.
버들 뺨을 가볍게 움직이고 긴 띠 당기며,
복사 그루를 마구 흔들고 바스라진 붉은 꽃잎 춤추게 해.
멋대로 휘장에 불어 어수선한 꿈을 깨게 하며,
어느 때였나! 날리는 향기가 옛 떨기를 하직하게 한 것이.
그런대도 西都의 이름 있는 사람이,
금년 일월에야 비로소 만나다니.

註

* 春情 : ① 봄날의 情景. 봄날의 흥취. 봄날의 흥미. ② 남녀의 사랑하는 정. 情欲.
* 得意 : ① 뜻을 이루다. 마음 먹은대로 되다. ② 마음에 들다. 得意之作品은 회심의 작품이다. ③ 의기양양(意氣洋洋). ④ 과거에 합격하다.
* 散誕 : 얽매이지 않고 함부로 함. 마음대로 소요함.
* 經過 : ① 경과하다. 거치다. 통과하다. ② 교제하다.
* 觸處 : 어디든지. 도처에. 到處. 隨處.
* 柳臉(유검) : 柳頰(유협)과 같으니 柳葉이다. 臉이나 頰은 뺨을 가리킨다. 버들잎이 뺨과 같아서 이렇게 쓴 것이다.
* 長帶 : 버들의 긴 가지.
* 慢 : 漫. 謾과 같은 뜻이다. 함부로. 마구. 멋대로.
* 撼(감) : 흔들다. 요동시키다. 요동하다.
* 碎 : ① 부스러진 것. 깨진 것. ② 자잘구레한 것. 보잘 것 없는 것. 소량. ③ 繁雜.
* 從 : 縱과 같다. 마음대로. 제멋대로.
* 幌(황) : 위장. 장막. 덮개. 포장.
* 殘夢 : 어수선한 꿈.
* 何處 : 何時.
* 西都 : 洛陽을 東都라 하고 長安을 西都라 함.
* 名下客 : 훌륭한 名聲을 지닌 사람.
* 一月 : 음력 1월이니 初春·孟春이다.

<送友人罷擧歸蜀> 喩鳧

憔悴滿衣塵, 風光豈屬身.
賣琴紅粟貴, 看鏡白髭新.
棧畔誰高步, 巴邊自問津.
悽然莫滴血, 杜宇正哀春.

<친구가 과거를 그만두고
蜀으로 돌아가므로 전송한다> 유부

초췌하지 옷 가득 먼지만 쌓였으니,
번화한 경상(景象)이 어찌 그대에게 속하리.
거문고 팔아도 묵은 쌀은 비쌌고,
거울 보면 흰 수염이 새로웠지.
棧道가에 또 누구 있어 활보하며,
巴國 옆에 스스로 나루터 묻겠지.
처량하게 피나는 울음 본받지 마시게,
두견이가 한창 봄을 슬퍼하리니.

註

*喩鳧 : 毘陵사람. 生卒年은 未詳인데 武宗 會昌(841~846) 前後에 活動하였다. 詩를 잘하여 이름이 났으며 文宗 開成 5年(840)에 進士及第하였다. 烏程縣令을 지냈다.

*風光 : ① 繁華한 景象. (景象 : 현상. 상태. 양상.) ② 風景. 景色.

*紅粟 : 오래 저장하여 붉은색으로 변한 묵은 쌀. 때에 따라서는 풍족한 양식을 가리킨다.

*髭(자) : 코밑수염.

*棧(잔) : 棧道. 棧橋. 棧閣. 높은 벼랑에 선반처럼 달아서 낸 길. 蜀으로 가는 길에 있어 유명하다.

*高步 : ① 활보하다. 성큼성큼 걷다. ② 隱居. ③ 무리 속에서 뛰어남.

*巴 : 옛 나라 이름. 四川省의 一部에 해당한다.

*問津 : ① 나루터를 묻다. ≪論語・微子≫에 長沮와 桀溺이 밭을 가는데 孔子가 子路를 시켜 問津한다. ② 道를 찾음. 眞理를 探求함.

*滴血 : 원래 두견이의 울음을 말한다. 두견이는 목에 피가 나도록 슬프게 운다고 하였다.

本詩에서는 友人의 슬픔을 말한다.

*杜宇 : 杜鵑. 두견이.

<送友人下第歸寧> 喩鳧

紫閣雪未盡, 杏園花亦寒.
灞西辭舊友, 楚外憶新安.
細雨猿啼柹, 微陽鷺起灘.
旋應赴秋貢, 詎得久承歡.

<친구가 落第한 뒤 귀성하므로 전송한다> 유부

紫閣峯에는 눈이 다 녹지 않았고,
杏園의 꽃도 썰렁하구나.
灞陵 서쪽에서 오랜 친구 헤어짐은,
楚땅 밖 新安을 생각함이겠지.
가랑비에 잔나비는 감나무에서 울겠고,
흐릿한 햇빛에 해오라기는 여울에서 날아오르리.
고대 秋貢에 나가야 하리니,
어찌 오래 부모님 기쁘게 모시랴.

註

*歸寧 : 歸省. 부모를 뵙기 위하여 객지에서 고향으로 돌아감.

*紫閣 : 山峯의 이름. 陝西省 鄠縣(호현) 東南에 있는데 부근에 白閣峯 · 黃閣峯이 있다. 隱居하는 사람들이 많았는데 유명해진 것은 杜牧의 <懷紫閣山>의 尾聯 "人道靑山歸去好, 靑山曾有幾人歸. 사람들은 말한다 청산으로 돌아감이 좋다고, 그러나 청산에 일찍이 몇이나 돌아갔던가." 때문이다. 本詩에서는 落第한 뒤 隱居하려 해도 환경 · 조건이 맞지 않는다는 의미로 쓰였다.

*杏園 : 及第者들의 杏園探花宴도 남의 이야기니 꽃이 썰렁하다고 한 것이다.

*新安 : 地名. 友人의 고향일 것이다.

*細雨 : 가랑비. 이슬비. 안개비.

*柹(시) : 柿와 같다. 감. 감나무.

*微陽 : 희미한 햇볕. 흐릿한 햇빛.

*旋 : 오래지 않아. 아주 빨리. 금방.

*秋貢 : 唐代에 地方인 州와 府에서 朝廷의 會試에 참가할 인원을 천거하기 위한 선발고시. 가을에 치르므로 이렇게 부른다.

*詎(거) : 어찌.

*承歡 : 부모님 모시는 것을 말한다.

<呈薛博士> 喩鳧

辛勤長在學, 一室少曾開.
時憶暮山寺, 獨登衰草臺.
名期五字立, 迹愧九年來.
此意今聊寫, 還希君子哀.

<薛博士에게 드림> 유부

공부에 있어 애쓰고 부지런하였으니,
서재를 열고 나온 적도 드물었습니다.
때로 저녁 山寺가 그리워지면,
홀로 마른 풀 있는 臺에 올랐습니다.
名聲은 五字로 樹立되길 기대했으나,
行跡은 九年의 面壁에 부끄러웠습니다.
이 뜻을 지금 조금 써 올려,
또한 君子의 동정을 기대합니다.

註

* 博士 : 戰國時代부터 있넌 學官名. 唐代에는 太學博士, 太常博士, 太醫博士, 律學博士, 書學博士, 算學博士 等이 있었는데 모두 敎授官이었다.
* 辛勤 : 애쓰고 부지런히 일함.
* 長 : 常. 항상. 늘.
* 衰草 : 枯草. 시들어서 마른 풀.
* 臺 : 흙이나 돌 따위로 높이 쌓아 올려 사방을 바라볼 수 있게 만든 곳.
* 五字 : 晉나라 郭頒의 ≪魏晉世家≫에 나오는 이야기다.

司馬景王이 中書郞인 虞松에게 表文을 짓게 하였는데 두 번이나 올려도 안 된다고 하였다. 다시 고치라 했으나 시간이 흘러도 생각은 바닥이 나고 고칠 수 없었다. 근심 중에 鍾會가 草稿를 보더니 다섯 글자를 고쳤는데 虞松이 감복하고는 景王에게 올렸다. 景王이 그대 솜씨가 아닐 것이다 하니 虞松이 鍾會라 하였다. 景王이 이렇다면 크게 쓸 인물이니 정말 帝王의 輔佐감이다 하였다. 이로부터 五字는 表章 즉 上奏文을 뜻하게 되었다.
本詩에서는 임금에게 글을 올리는 諫官이 되고 싶다는 말이다.

* 九年 : 南朝·梁 普通(520~526)年間에 天竺國의 達磨가 바다를 건너 中國에 왔으니 禪宗의 始祖가 된다. 達磨는 長江을 건너 嵩山 少林寺에 머물렀다. 그리고 面壁(面은 向의 뜻이다) 坐禪 묵묵히 말이 없었는데 무릇 九年이나 되었다. 이 때문에 後世에서는 "九年面壁"으로 專心하여 學問이나 工作에 沒頭하는 것을 나타내게 되었다.
* 聊 : ① 잠시. 잠깐. 우선. ② 약간. 조금. 그럭저럭.

<上高侍御> 喩鳧

舊隱白雲峯, 生涯落葉同.
關河一棲旅, 楊柳十東風.
迹處龍鍾內, 聲居汨沒中.
酬恩若有地, 寧止殺微躬.

<高侍御에게 올립니다> 유부

옛날 흰 구름 산봉우리에 숨었는데,
생애는 낙엽과 같았습니다.
長安에 한번 타향살이 하니,
버들에 열 번 동풍이 불었습니다.
행적은 뜻을 잃어 초라한 가운데 두었고,
명성은 물에 잠긴 듯 출세 못한 속에 있습니다.
만약 발판 생겨 은혜에 보답한다면,
어찌 미천한 몸 죽는 것에 그치리이까?

註

* 侍御 : 唐代에는 殿中侍御史나 監察御史를 侍御라 하였다.
* 生涯 : ① 생명. 인생. 살아있는 한평생의 기간. ② 生活. ③ 生計.
* 關河 : 函谷關과 黃河. 長安 一帶를 가리킨다.
* 棲旅 : 他鄕에 몸을 맡겨 사는 것. 旅는 外地에 寄居함이다.
* 東風 : 春風.
* 龍鍾 : ① 몸이 늙어 행동이 자유롭지 못함. ② 노쇠한 모습. ③ 뜻을 잃고 초라하게 됨. 영락하여 가난하게 됨.
* 汨沒(골몰) : ① 물속에 잠김. 가라앉음. ② 세상에 나타나지 못함. 출세하지 못함. 顯達하지 못함. ③ 한 일에만 몰두함.
* 酬恩 : 恩德에 報答함.
* 地 : 地位. 발판. 처지.
* 微躬 : 자신을 낮춰 이르는 말. 미천한 몸.

<獻知己> 喻凫

亦忝受恩身, 當殊投刺新.
竟蒙分玉石, 終不離埃塵.
大谷非無暖, 幽枝自未春.
昏昏過朝夕, 應念苦吟人.

<知己에게 올립니다> 유부

또한 황송하게 은혜를 받았던 몸,
분명 막 명함 올리는 사람들과 달랐지요.
결국 구슬과 돌 가려주심 입었지만,
끝내 티끌과 먼지 벗어나지 못했지요.
큰 산골 따뜻한 기운 없지도 않지만,
으슥한 나뭇가지는 본시 봄 될 수 없지요.
흐리멍덩하게 아침 저녁 보내니,
부디 苦吟하는 사람 생각해 주십시오.

註

*知己 : 자기의 속마음을 참되게 알아주는 사람.

*忝(첨) : ① 더럽히다. 욕되게 하다. ② 황송하다. 받는 것이 분에 넘치는 일이라고 겸양하여 하는 말.

*投刺 : 명함을 올리다. 刺는 명함이다.

*蒙 : 받다. 덮다. 쓰다.

*玉石 : 옥과 돌. 좋은 것과 나쁜 것. 현명함과 우둔함을 비유함.

*埃塵(애진) : 티끌과 먼지. 俗世와 世上의 밑바닥을 비유함.

*大谷 : 산골이 크고 넓은 곳을 가리킴.

*幽枝 : 볕이 안 드는 으슥한 곳의 나뭇가지.

*昏昏 : ① 어두움. 음침함. ② 愚昧함. 어리석음. 멍청함. ③ 정신이 흐리멍덩함 · 몽롱함 · 昏迷함.

*苦吟 : 되풀이 하여 읊고 苦心하여 推敲함. 온갖 정성을 다 쏟아 시를 짓는 것을 말한다.

<晩夏> 劉得仁

日夕是西風, 流年半已空.
山光漸凝碧, 樹葉即翻紅.
學淺慚多士, 秋成羨老農.
誰憐信公道, 不泣路岐中.

<늦여름> 유득인

아침 저녁 서풍이 부니,
흐르는 세월 절반이 없어졌구나.
산의 景色은 차츰 짙은 푸른빛인데,
나무의 잎은 오히려 붉게 물든다.
학식이 엳으니 여러 선비에게 부끄럽고,
가을걷이 하는 때라 노련한 농사꾼 부럽다네.
그 누가 동정하랴! 公正한 길을 믿으며,
갈림길에서 주저하며 울지 않는 이 몸을.

註

* 劉得仁 : 故鄕과 生卒年 모두 未詳이다. 文宗 開成(836~840)年間에 生存한 것은 틀림없다. 전해오는 말로는 公主의 아들이었다 하며 穆宗 長慶(821~824)時代에 詩로 이름이 났다. 文宗·武宗·宣宗 三朝(827~859)에 걸쳐 그의 형제들은 모두 벼슬을 하였으나 得仁만은 科場을 삼십년 출입하고도 끝내 급제하지 못하였다.
* 日夕 : ① 저물녘. ② 아침과 저녁. 낮과 밤.
* 西風 : 秋風.
* 流年 : 물처럼 흘러가는 光陰·歲月.
* 半已空 : 여름은 음력 4·5·6월이다. 6월이 가면 일년의 절반이 사라진다.
* 山光 : 山의 景色.
* 凝碧 : 濃綠. 짙은 녹색.
* 卽 : 곧. 바로.
* 翻 : 反而. 오히려. 역으로.
* 多士 : 많은 賢士들.
* 秋成 : ① 秋季의 成熟. ② 收穫. 秋에는 作物의 成熟이라는 뜻. 收穫이라는 뜻이 있다.
* 老農 : 노련한 농사꾼.
* 公道 : ① 公正한 道理. ② 公平. 公正.
* 岐路 : 갈림길인데 ① 어느 한쪽을 선택해야 할 상황을 비유적으로 이르는 말이다. 옛날 楊朱는 갈림길에서 울었다 한다. 그것이 남으로도 북으로도 갈 수 있기 때문이었다. ② 官界의 險難·平坦 헤아리기 어려운 앞길을 비유하는 말로 쓰였다.

<夏日感懷寄所知> 劉得仁

了了見岐路, 欲行難負心.
趨時不圓轉, 自古易湮沈.
日正林方合, 蜩鳴夏已深.
中郎今遠在, 誰識爨桐音.

<여름날의 감회를 친한 사람에게 부친다> 유득인

어렵고 쉬운 갈림길 뚜렷이 보고도,
쉬운 곳으로 가려다 양심 어기기 어려웠다오.
時勢를 따르고 둥글둥글 돌지 않으면,
옛부터 쉬이 묻혀 사라졌지요.
해는 하늘 가운데라 빛은 이제 막 숲을 덮었고,
매미 우니 여름은 이미 깊어간다오.
蔡中郎이 지금은 아득한 곳에 계시니,
그 누가 훌륭한 오동 때는 소리 알리오.

註

*所知 : 아는 사람. 사이가 좋은 사람. 친한 사람.

*了了 : ① 총명함. 사리에 통달함. ② 분명하다. 명백하다. 뚜렷하다.

*負心 : 양심을 어기다. 은혜를 배반하다. 정리를 저버리다.

*趨時 : ① 潮流에 迎合함. 趨時附勢 : 當時의 풍조에 영합하고 權勢에 붙음. ② 當時의 形勢・環境・條件에 적응하기 위해 노력함.

*湮沈(인침) : 湮沒. 가라앉아 파묻힘. 파묻혀 소멸됨.

*日正 : 正은 正中. 太陽이 하늘의 중앙에 있을 때 즉 正午.

*合 : 덮다. 씌우다.

*蜩(조) : 쓰르라미. 그냥 매미의 뜻으로 쓰이는 경우가 많다.

*深 : 경과한 시간이 길다. 例 : 夜深. 日久月深.

*中郎 : 東漢末의 蔡邕. 大學者이며 書와 琴에도 능하였다. 獻帝 初平(190~193)初에 中郎將이 되었고 高陽鄉侯에 봉해졌다. 董卓이 誅殺되고 난 뒤 그의 黨으로 몰려 獄死하였다.

*爨桐(찬동) : 爨(찬)은 부뚜막, 불 때다, 밥 짓다의 뜻이다.
≪後漢書・蔡邕傳≫과 ≪搜神記≫에 나오는 이야기를 보면 吳人이 오동을 태워 밥을 짓는데 蔡邕이 그 타는 소리가 강한 것으로 훌륭한 나무인 것을 알고 달라 하여 琴을 만들었다. 과연 아름다운 소리가 났는데 琴의 꼬리 쪽에 불탄 자국이 있어서 사람들이 焦尾琴이라 불렀다 한다. 또한 爨桐으로 버림받은 훌륭한 材木・人材를 나타내게 되었다.

<陳情上知己> 劉得仁

性與才俱拙, 名場迹甚微.
久居顔亦厚, 獨立事多非.
刻骨搜新句, 無人憫白衣.
明時自堪戀, 不是不知機.

<陳情하여 知己에게 올리다> 유득인

天性이나 재주가 모두 어리석고 둔하며,
科場의 행적도 참으로 시시했나이다.
이렇게 오래가니 얼굴도 두꺼워지고,
도움 없이 홀로 서 있자니 일은 대개 어긋났지요.
뼈를 깎듯 애쓰고 짜내 새로운 詩句 찾아도,
흰 옷 입은 저를 동정하는 이 없습니다.
淸明한 시대라 내 가던 길 차마 못 버릴 뿐,
요령과 변통을 모르는 것은 아니지요.

註

*陳情 : 실정이나 사정을 진술함.
*知己 : 자기의 속마음을 참되게 알아주는 사람.
*性 : 本性. 성격. 성질. 기질.
*拙 : 서투르다. 어리석다. 우둔하다. 졸렬하다. 둔하다.
*名場 : 科場. 科擧 시험 치르는 곳. 선비들이 功名을 구하는 곳이므로 이렇게 부른다.
*厚顔 : ① 厚臉皮. 뻔뻔스럽다. 염치를 모르다. 얼굴에 철판을 깔다. 흔히 厚顔無恥(뻔뻔스럽고 수치를 모른다)로 쓰인다. ② 부끄럽다. 겸연쩍다. 난처하다. 거북하다. 딱하다.
*獨立 : ① 孤立無援. ② 凡俗을 벗어나 뭇사람과 다름. ③ 남을 의지하지 않고 自立함.
*非 : 어긋나다. 잘못됨. 邪惡함. 眞實하지 않음.
*刻骨 : ① 뼈에 사무치다. ② 깊이 아로새기다. 가슴에 새기다. ③ 苦心하여 애를 쓰며 생각을 짜내다.
*白衣 : 벼슬하지 못한 평민의 옷. 나아가 평민을 가리킴.
*明時 : 政治가 淸明한 時代. 자기가 살고 있는 당시를 대접하여 이렇게 부른다.
*戀 : 차마 떠나지 못하다. 떠나기 서운해 하다.
本詩에서는 自己가 가던 곧은길을 차마 포기 못한다는 것이다.
*機 : ① 機會. ② 機巧. ③ 機變(機智와 臨機應變). ④ 변통·융통성.

<送車濤罷擧歸山> 劉得仁

朝是暮還非, 人情冷暖移.
浮生只如此, 强進欲何爲.
要路知無援, 深山必遇師.
憐君明此理, 休去不遲疑.

<車濤가 과거를 그만두고 산으로 돌아가므로 전송한다> 유득인

아침에는 옳다 하고 저녁에는 그르다 하니,
인심이란 차고 더운 것이 바뀌는 것 같지요.
덧없는 인생 그저 이와 같으니,
애써 나아간들 무엇 하려 한단 말인가요.
要路에는 도와줄 이 없음 알았고,
深山에는 반드시 참 스승 만나시리.
가상하지요 그대가 이런 이치에 밝다니,
망설이고 주저하지 말고 끝내고 가십시오.

註

*歸山 : ① 은거함. ② 死亡을 완곡하게 표현한 것.

*冷暖 : 흔히 炎凉世態를 이것으로 나타낸다.

*移 : 바뀌다. 고치다.

*要路 : ① 중요한 길. ② 높은 지위. 중요한 지위.

*憐 : ① 憐憫. 哀憐. ② 호감을 가지다. 사랑하다.

*休 : 그만두다. 끝내다.

*遲疑 : 망설이며 결정짓지 못하다. 주저하다.

<送友人下第歸覲> 劉得仁

君此卜行日, 高堂應夢歸.
莫將和氏淚, 滴著老萊衣.
嶽雨連河細, 田禽出麥飛.
到家調膳後, 吟苦送斜暉.

<친구가 落第한 뒤 귀성하므로 전송한다> 유득인

그대 이렇게 떠날 날 고르니,
高堂 兩親 분명 그대 돌아오는 꿈 꾸셨으리.
和氏가 인정 못 받아 흘렸던 눈물일랑,
老萊의 효성스런 색동옷 적시지 마시게.
산에 오는 비 강과 잇닿아 부슬부슬하고,
밭에 노는 새 보리 위로 날아오르네.
집에 이르러 살림을 맡으시면,
저녁노을 보내며 애써 詩 읊으시리.

註

*歸覲 : 歸省. 부모를 뵙기 위해 객지에서 고향으로 돌아감.

*此 : ① 此日. 此時. ② 如此. 이와 같이.

*卜 : 점치다. 선택하다. 고르다.

*高堂 : 높고 큰 집을 가리킨다. 나아가 朝廷, 父母도 나타낸다.

*和氏 : 楚人 卞和가 楚山에서 玉의 原石인 玉璞을 얻었다. 厲王에게 바쳤는데 玉工이 돌이라 하니 속였다 하여 왼발을 잘랐다. 武王에게 바쳤으나 다시 오른발을 잘랐다. 文王이 즉위하였는데 卞和가 玉璞을 안고 우니 나중에는 피가 눈물대신 흘렀다. 文王이 그것을 잘 다듬게 하여 드디어 天下의 보물을 얻었다.
本詩에서는 자기의 才能을 科擧에서 인정받지 못한 지식인의 눈물로 쓰였다.

*老萊衣 : 老萊子는 지극한 효성으로 부모를 봉양하였다. 부모님이 늙었다고 느끼지 못하게 나이 칠십인데도 어린아이처럼 놀고 오색의 색동옷을 늘 입고 있었다 한다.

*調膳 : 부엌을 맡아 음식을 장만함. 나아가 家事를 담당한다는 뜻으로 쓰였다.

<送友人下第歸揚州覲省> 劉得仁

新柳間花垂, 東西京路岐.
園林知自到, 寢食計相思.
雨斷淮山出, 帆揚楚樹移.
晨昏心已泰, 蟬發是回時.

<친구가 낙제한 뒤 揚州로 부모님 뵈러 돌아가므로 전송한다> 유득인

새싹 돋은 버들 꽃과 섞여 드리웠는데,
서울길은 동으로 서로 갈라졌다.
내 알지! 고향 동산에 그대 이른 뒤에,
내 헤아리지! 자거나 먹거나 벗 그리워할 것을.
비 그치면 淮水 산들은 모습 드러내고,
돛 올리면 楚땅 나무들은 뒤로 움직이리.
아침 저녁 양친 부모 모시리라 마음 이미 편안하니,
매미 노래할 때가 돌아갈 때이리.

註

* 揚州 : 지명. 江蘇省에 있다. 廣陵·蕪城·江都 등으로 불렸다. 風光이 아름답고 財物이 모여들어 극히 繁盛하였으며 長江의 북에 있으나 여기서부터 江南으로 쳤다.
* 覲省 : 歸省. 歸覲.
* 柳 : 이별을 상징한다.
* 間 : 雜. 뒤섞이다.
* 園林 : ① 꽃·나무·亭子를 갖춰 노닐고 감상하며 휴식하도록 만든 곳. ② 故鄕을 가리킴.
* 寢食 : 자고 먹는 것. 日常生活을 말한다.
* 計 : 헤아리다. 따지다.
* 淮 : 강물이름. 河南省에서 發源하여 安徽省을 지나 江蘇省의 洪澤湖로 들어간다.
* 移 : 배가 앞으로 가면 나무들은 뒤로 물러나는 듯하다.
* 晨昏 : 晨昏定省. 昏定晨省.

≪禮記·曲禮上≫에서 "凡爲人子之禮, 冬溫而夏凊, 昏定而晨省. 대저 자식 된 사람의 예란, 겨울에는 따뜻하게 여름에는 시원하게 해드리고, 저녁에는 잠자리를 보살펴드리고 아침에는 문안하는 법이다."이라 하였다.

* 泰 : 편안함. 안정됨. 아름다움. 훌륭함.
* 發 : 노래하다. 演技하다.

<春日雨後作> 劉得仁

朝來微有雨, 天地爽無塵.
北闕明如畫, 南山碧動人.
車輿終日別, 草樹一城新.
枉是吾君戚, 何門謁紫宸.

<봄날 비온 뒤 짓다> 유득인

아침 보슬보슬 비 내리니,
천지 상쾌하며 티끌도 없구나.
북쪽 대궐 분명하기가 그림 같고,
남쪽 종남산 푸르러 사람을 감동시킨다.
하루 종일 수레 가마와는 멀어졌고,
온 성안의 풀과 나무는 산뜻하다.
헛되고말고! 우리 임금님과 인척 됨이,
천자를 뵙는 것 어느 길이 있단 말인가?

註

*朝來 : 朝中. (夜來 : 夜中)

*微雨 : 보슬보슬 내리는 비.

*爽 : 상쾌하다. 시원하다. 개운하다.

*北闕 : 본래 臣下들이 임금을 朝見하거나 上奏하기 위해 기다리던 宮殿 북쪽의 門樓를 가리켰다. 그러나 임금은 南面하여 북쪽에 있으므로 북쪽의 대궐이라는 의미도 된다.

*南山 : 終南山.

*車輿 : 수레와 가마. 수레의 泛稱이 된다.

*一 : 전부. 온통.

*枉 : ① 억울하다. 원통하다. ② 헛되이. 쓸데없이. 보람없이.

*君戚 : 임금님의 姻戚. 劉得仁의 어머니는 公主라 한다.

*門 : 門徑. 길. 방법.

*紫宸 : ① 天子가 거처하는 궁궐 이름. 신하와 외국사신을 접견하던 內朝의 正殿으로 大明宮 안에 있었다. ② 이것으로 帝王·帝位를 나타냈다. 紫色은 高貴함을 나타내고 宸(신)은 대궐·궁전을 나타내며 나아가 임금의 일에 관한 冠詞가 되었으니 宸居는 궁궐, 宸襟·宸念은 천자의 마음·생각이 된다.

<賦得聽松聲> 劉得仁

庭際微風動, 高松韻自生.
聽時無物亂, 盡日覺神淸.
強與幽泉竝, 翻嫌細雨幷.
拂空增鶴唳, 過牖合琴聲.
況復當秋暮, 偏宜在月明.
不知深澗底, 蕭瑟有誰聽.

<솔바람 소리 듣고 읊는다> 유득인

뜰가에 산들바람 불더니,
큰 소나무에 소리 절로 나네.
들을 때 어수선한 것들 없어,
종일 정신이 맑다고 느끼네.
그윽한 샘물과 나란히 하면 근사하나,
가랑비와 어울리면 도리어 못하지.
허공을 스치면 두루미 울음에 보태고,
들창을 지나면 거문고 소리와 하나 되네.
하물며 가을 저녁과 맞닥뜨리면,
달 밝은 때에 가장 그럴듯해.
모르겠다 깊은 계곡 밑바닥에서,
쏴쏴 소리 낼 때 누구 있어 들어줄지.

註

*際 : 가. 변두리. 끝.

*微風 : 細風. 약하게 부는 바람. 산들바람.

*韻 : ① 어우러지는 소리. 나는 소리. 내는 소리. ② 韻致. 情趣. ③ 氣韻. 神韻.

*强 : ① 훌륭하다. 뛰어나다. ② ~ 보다 낫다. ~ 보다 우수하다.

*竝 : 나란히 하다. 가지런히 하다.

*翻 : 반대로. 도리어.

*細雨 : 가랑비. 이슬비. 안개비.

*幷 : 어우르다. 합치다.

*唳(려) : 울다. 학·기러기의 울음소리.

*牖(유) : 들창.

*偏 : 가장. 제일. 특별히.

*澗底 : 계곡 밑. 골짜기 바닥. 晉·左思의 <咏史>詩 其二에서 "鬱鬱澗底松, 離離山上苗. 以彼徑寸莖, 蔭此百尺條. 世冑躡高位, 英俊沈下僚. 地勢使之然, 由來非一朝. 빽빽하게 우거져 답답한 계곡 바닥의 소나무여, 무성하여 시원스레 자란 산 위의 풀이여. 저 지름 한 치의 풀줄기가, 길이 백자의 소나무를 덮는구나. 귀공자는 높은 자리 차지하고, 영재는 아랫자리에 잠겨있네. 處地·形勢가 그렇게 만든 것이니, 유래가 하루 이틀이 아니지." 라 하였다.

本詩는 이 左思의 詩를 염두에 두고 쓴 것이니 自身의 不遇함을 빗댄 것이다.

<上姚諫議> 劉得仁

高文與盛德, 皆謂古無倫.
聖代生才子, 明庭有諫臣.
已瞻龍袞近, 漸向鳳池新.
卻憶波濤郡, 來時島嶼春.
名因詩句大, 家似布衣貧.
曾暗投新軸, 頻聞獎滯身.
照吟淸夕月, 送藥紫霞人.
終計依門館, 何疑不化鱗.

<姚諫議大夫에게 올린다> 유득인

高雅한 글과 高尙한 德은,
모두 말합니다 옛부터 비할 이 없다고.
태평성대라 才子가 나왔고,
聖明한 朝廷이라 忠諫하는 臣下가 있습니다.
이미 곤룡포를 가까이서 뵈었고,
차츰 鳳凰池로 새롭게 향하시리다.
돌이켜 생각하면 파도가 출렁이던 고을로,
오셨을 때 큰 섬 작은 섬이 봄날이 되었습니다.
명성은 詩句로 굉장하셨으나,
살림은 布衣처럼 가난하십니다.
일찍이 슬며시 새로운 卷軸을 올렸는데,
막히고 처진 이 몸 칭찬하심 자주 들렸습니다.
맑은 밤 달 아래 비춰보고 읊으시니,
보랏빛 꽃구름 탄 신선이 金丹 보내줌 같았습니다.

끝내 바라기는 門館에 의지할 수 있다면,
이 몸이 용으로 못 바뀔까 무어 의심하리까?

註

* 諫議 : 諫議大夫. 임금을 간하는 벼슬이름.
* 高文 : 優秀한 詩文. 相對方의 詩文을 높여 이르는 말이다.
* 盛德 : 高尙한 品德.
* 倫 : 同類. 同等.
* 才子 : 재주가 뛰어난 남자. 才媛 : 재주가 뛰어난 여자.
* 明庭 : 聖明한 朝廷.
* 諫臣 : 忠言으로 간하는 臣下.
* 龍袞 : 즉 袞龍袍이니 天子의 禮服인데 위에 용무늬를 수놓았다.
* 鳳池 : 즉 鳳凰池니 中書省을 가리킨다. 禁苑 안에 있고 국가의 機密을 掌握하고 있으며 皇帝와 가까이 있어서 이렇게 부른다.
* 島嶼 : 島는 큰 섬. 嶼는 작은 섬.
* 軸 : 卷軸. 즉 글씨나 그림 따위를 表裝하여 말아 놓은 축. 唐代의 士人들은 自己의 詩文으로 卷軸을 만들어 官界의 要人이나 文壇의 先輩들에게 바쳐 인정을 받으려 애썼다. 그래야만 이름이 알려져 과거급제 할 수 있었기 때문이다. 이렇게 卷軸을 바치는 것을 行卷이라 하였다.
* 獎 : 칭찬하다. 찬미하다. 권면하다. 장려하다. 추천하다.
* 滯 : 막히다. 쌓이다. 머무르다. 등용되지 않고 빠져 남은 어진 사람을 가리킨다.
* 藥 : 仙丹. 金丹.
* 紫霞 : 보랏빛 꽃구름. 신선이 타고 다닌다고 道家에서 말한다.
* 門館 : 옛날 高官이나 貴人들이 賓客이나 門客을 招待하던 館舍.
* 化鱗 : 龍으로 變化함. 功名을 取得한다는 比喩.

<山中舒懷寄上丁學士> 劉得仁

五字投精鑒, 慚非大雅詞.
本求閒賜覽, 豈料便蒙知.
幽拙欣殊幸, 提攜更不疑.
弱苗須雨長, 懶翼在風吹.
礪鏃端楊葉, 光門待桂枝.
計聞塵裏譽, 因和禁中詩.
(學士有禁中詩, 早春曾命和)

<산속에서 흉금을 털어 丁學士에게 올립니다> 유득인

五言詩를 감별이 뛰어난 분께 올리면서,
바르고 세련되지 못한 글이 부끄럽습니다.
본시 한가하시면 보아주실 것 바랐을 뿐,
어찌 짐작했겠습니까? 알아주심 입을 줄을.
어리석고 못난 놈 대단한 행운에 기뻤고,
이끌고 돌보아 주심 더 의심치 않았습니다.
어린 싹은 비를 기다려 자라고,
고단한 날개는 바람 부는 것에 맡기는 법.
갈고 닦은 살촉 버들잎을 살피고,
가문을 빛내려면 계수나무 가지를 기다려야겠지요.
티끌세상의 명예 듣기를 바라며,
대궐 안 읊으신 詩에 和答하나이다.
(學士께서 대궐 안 읊으신 시 있어 이른 봄에 和答하라 명하셨습니다.)

註

* 舒懷 : ① 마음을 열다. 흉금을 털어놓다. ② (기분이) 상쾌하다. 시원하다. 후련하다. 쾌적하다.
* 五字 : 五字詩. 즉 五言詩. 劉得仁이 行卷하느라 올린 詩를 말한다.
* 精鑒 : 鑑別에 밝음. 뛰어난 감별력. 우수한 식별력.
* 大雅 : ≪詩經≫을 구성하는 한 부분. 雅는 正의 뜻으로 보아 詩歌의 正聲을 말한다 하였다. 後世에는 세련되고 반듯한 詩篇을 말한다.
* 賜覽 : 보아주신다는 恭敬의 말. 賜는 내려주다는 뜻이니 나를 위해 보는 것을 내려준다는 말이 된다.
* 蒙知 : 蒙은 ~을 입다. ~을 받다. 蒙知는 알아주심을 받다. 알아주심을 입다.
* 幽拙 : 愚拙. 어리석고 못나다. 幽는 어둡다. 미약하다의 뜻이다.
* 殊幸 : 아주 다행. 대단한 행운. 殊는 몹시, 극히, 아주의 뜻이다.
* 提攜 : 이끌다. 돌보아주다.
* 須 : 기다리다. 의지하다. 필요로 하다.
* 懶翼 : 고단한 날개. 즉 지친 새.
* 在 : 맡기다. 마음대로 하게하다. ~에 말미암다.
* 礪(려) : 숫돌. 갈다. 연마하다. 힘쓰다.
* 簇(족) : 살촉. 화살촉.
* 端 : 깊이 살피다. 자세히 보다.
* 楊葉 : 옛날 養由基는 百步 밖에서 버들잎을 맞추었다 함. 과거 급제를 비유함.
* 桂枝 : 桂林一枝. 급제함을 나타냄.
* 禁中 : 帝王이 사는 宮안.

<陳情上李景讓大夫> 劉得仁

一被浮名誤, 旋遭白髮侵.
裴回戀明主, 夢寐在秋岑.
遇物唯多感, 居常只是吟.
待時鉗定口, 經事壓低心.
辛苦文場久, 因緣戚里深.
(親弟大中元年尚主)
老迷新道路, 貧賣舊園林.
晴賞行聞水, 宵棋坐見參.
龜留閒居問, 僧約偶來尋.
望喜潛憑鵲, 娛情願有琴.
此生如遂意, 誓死報知音.
上德憐孤直, 唯公拔陸沈.
丘山恩忽被, 螻蟻力難任.
作鑒明同日, 聽言重若金.
從玆更無限, 翹足俟爲霖.

<陳情하여 李景讓大夫에게 올림> 유득인

한번 덧없는 공명에 그르쳐지니,
고대 백발의 침노를 받았습니다.
밝으신 임금 그려 차마 못 떠났지,
꿈속에서도 있던 곳은 가을산이었습니다.
사람 만나고 일을 당하면 느낌도 많아,
평소 그저 시만 읊었습니다.
때를 기다리며 입을 굳게 다물었으나,

世波에 시달리니 마음은 짓눌렸습니다.
科場의 맵고 쓴 맛 오래 맛보았으나,
임금의 姻戚되는 인연도 깊었습니다.
(친아우가 大中 元年에 公主를 모셨습니다.)
늙어감에 새로운 길이 헷갈렸고,
가난하니 옛 동산도 팔았습니다.
갠 날에는 완상하며 거닐다 물소리 듣고,
깊은 밤에는 바둑 두며 앉아서 參星을 보았습니다.
거북껍질 두었다 閒居를 점쳤으며,
스님과 약속하여 이따금 찾았습니다.
슬며시 까치를 믿고 기쁜 일 기대했으며,
마음을 즐겁게 하려 琴을 가지려 했습니다.
저 같은 인생 만약 뜻에 맞게만 해주시면,
목숨 걸고 맹세하여 知音에 보답하겠습니다.
지극한 德은 외롭고 고지식한 이를 가엽게 여기는 법,
오직 어르신만이 땅에 살며 물에 잠긴듯한 저를 건지시리라.
느닷 산과 같은 은혜 입어도,
개미와 같아 감당하지 어렵겠지요.
거울이 되셔서 밝기가 태양 같으시며,
응낙하심이 황금보다 귀한 분이여,
이로부터 다시 끝도 없이,
발돋음 하고 때맞춘 단비 내려주시기를 기다리겠습니다.

註

*裴回 : 徘徊. ① 배회하다. 방황하다. ② 차마 떠나지 못하다. 떠나기 서운해 하다. ③ 망설이다. 주저하다. 결단을 내리지 못하다.
*明主 : 賢明한 君主. 자기가 살고 있는 시대의 임금을 대접하여 이렇게 부른다.
*夢寐 : 꿈. 꿈속. 몽매간.
*岑(잠) : 산봉우리. 높다. 운을 맞추기 위하여 山대신 岑을 썼다.
*遇物 : 사람을 대하고 事物을 접함.
*居常 : ① 常例를 따르다. 常道를 지키다. ② 평소. 여느 때. 보통 때.
*待時 : 時機를 기다림.
*鉗(겸) : ① 칼. 즉 죄인의 목에 씌우는 刑具. ② 입 다물다.
*經事 : 世上事를 다스림. 世上事를 겪음.
*文場 : ① 文壇. ② 科場. 시험장.
*因緣 : ① 사람들 사이에 맺어지는 관계. ② 사물과 관계되는 연줄. ③ 의거하다. 근거로 하다.
*戚里 : 帝王의 外戚이 모여 사는 곳. 姻戚이 사는 곳. 이것으로 外戚을 나타낸다. 劉得仁은 어머니가 公主요 친아우가 또 부마가 되었으니 인연이 깊다고 한 것이다.
*大中 : 宣宗의 年號. 847~859年.
*尙主 : 公主와 결혼함. 公主는 高貴한 신분이라 혼인한다. 장가든다 할 수 없으며 尙한다 하니 尙은 받들어 모신다는 뜻이다.
*參(삼) : 별이름. 參星.
*龜 : 龜甲. 즉 거북껍질로 점을 침.
*閒居 : ① 세상 사람들을 피하여 홀로 삶. ② 한가하게 집에 있음. ③ 한가하고 고요한 居處.
*偶來 : ① 우연히. ② 간혹. 이따금. 때때로.
*潛 : 비밀히. 몰래. 슬그머니.
*鵲 : 까치가 울면 기쁜 일이 있다 하였다. 그래서 까치를 喜鵲이라고 부르기도 한다.
*遂意 : 遂心. 자기의 뜻과 같음. 즉 及第함.
*誓死 : 목숨을 걸고 맹세하다.
*知音 : ≪列子 · 湯問≫에 나오는 이야기.

伯牙는 琴을 잘 탔고, 鍾子期는 잘 알아들었다. 伯牙가 高山을 염두에 두고 琴을 타면 鍾子期는 높고 높기가 泰山같구나 하였으며 伯牙가 流水를 생각하며 琴을 타면 鍾子期는 망망하기가 江河와 같구나 하였다. 이 때문에 後世에서는 知己, 同志를 知音이라 하게 되었다.

* 上德 : 至極한 德. 盛德.

≪老子≫ 36章에서 "上德不德, 是以有德. 至極한 德은 德을 구하지 않으므로 德이 있는 것이다."이라 하였다.

* 孤直 : 孤高하고 강직하다. 외롭고 우직하다.
* 陸沈 : 땅에 살면서 물에 잠긴듯 하는 것이니 隱居·隱士를 나타내기도 하며 사람들에게 알려지지 않고 埋沒된 처지를 뜻하기도 한다.
* 作鑒 : 거울이 되다. 인재를 살펴 선발함을 말한다.
* 重若金 : ≪史記·季布·欒布列傳≫에 나오는 말.

楚人들의 俗諺에 "黃金 百斤을 얻는 것이 季布의 한번 승낙을 얻는 것만 못하다. 得黃金百, 不如得季布一諾"이라 하였다.

* 翹(교) : 들어 올림. 발 돋음 함. 빼어남. 翹足, 翹企는 발돋음하고 바라봄이니 즉 몹시 기다림이다.
* 俟(사) : 기다리다.
* 霖 : ① 장마. ② 때맞춘 비. 단비.

≪書·說命上≫에 나오는 말. "若歲大旱, 用汝作霖. 만약 크게 가뭄이 들면 너로써 단비를 삼으리라."

<省試日上崔侍郎四首> 劉得仁

其一

衣上年年淚血痕, 只將幽抱訴乾坤.
如今主聖臣賢日, 豈致人間一物寃.

其二

如病如癡二十秋, 求名難得又難休.
回看骨肉須堪恥, 一著麻衣便白頭.

其三

戚里稱儒愧小才, 禮闈公道此時開.
他人何事虛相指, 明主無私不是媒.

其四

方寸終朝似火然, 爲求白日上青天.
自嗟辜負平生眼, 不識春光二十年.

<省試보는 날 崔侍郎에게 올리는 4首> 유득인

其一
옷 위에는 해마다 피눈물 흔적 있는데,
외롭고 깊은 속마음은 그저 천지에나 호소할까.
지금 主上은 성스럽고 신하는 어진 날,
어찌 인간세상의 한 사람을 원통하게 하리오.

其二
아픈 듯 멍청한 듯 스무 가을 보내니,
공명 얻기 어렵고 그만 두기도 어려워,
머리 돌려 부모형제 보면 부끄러울 뿐,
한번 수험생 복장 입은 뒤 머리 흰 영감 됐다오.

其三
姻戚들은 儒生이라 하나 없는 재능 창피한데,
禮部의 公平한 門이 이제 열렸다오.
남들은 왜 공연히 손가락질 하는지,
밝으신 主上 사사로움 없음이지 나 연줄 없음 아닌 것을.

其四
方寸이라 가슴 속 온종일 불타듯 함은,
대낮에 靑天에 오르려함이지요.
스스로 탄식합니다 평소 내 눈을 저버려,
봄 풍경 못보게 한 지 이십년이니.

註

* 省試 : 唐·宋時代 尙書省·禮部가 主管하는 考試를 말한다. 禮部試라도 고 하였으며 後에는 會試라 불렀다.
* 淚血 : ≪韓非子·和氏≫에 보면 卞和가 玉璞을 바쳐 厲王과 武王에게 두 발꿈치를 잘린 후 楚山 아래에서 사흘 밤낮을 통곡하니 눈물이 마르자 피가 대신 흘렀다 한다. 후에 피눈물은 극도의 비통을 나타내게 되었다.
* 幽抱 : 외롭고 깊은 情懷.
* 如今 : 지금. 現在.
* 致 : 일으키다. 초래하다.
* 物 : 萬物을 가리킴. 나와 상대되는 다른 것, 사람.
* 癡(치) : ① 어리석다. 미련하다. 분별없다. ② (사람이나 물건에 집착하여) 정상적인 판단력을 잃다. 정신없이 열중하다.
* 骨肉 : 至親을 말함이니 즉 父母·兄弟·子女를 가리킨다.
* 須 : ① 반드시. 틀림없이. ② 본래. 몰래. ③ 마침내. 드디어. 결국.
* 麻衣 : ① 베옷. 옛날 평민들의 옷. ② 베옷. 科擧의 應試生들이 입던 옷.
* 戚里 : 帝王의 外戚들이 모여 사는 곳. 姻戚이 사는 곳. 外戚.
* 小才 : 才能이 낮은 사람.
* 禮闈 : 禮部의 門을 闈라 하였다. 禮部는 科擧를 主管하니 禮闈는 科擧의 시험장 문이다.
* 公道 : ① 公正한 道理. ② 公平. 公正.
* 媒 : 중매. 소개인. 연줄.
* 方寸 : 한치 사방의 넓이. 사람의 마음은 가슴속 한치 사방의 넓이에 깃들어 있다는 뜻으로 마음을 달리 이르는 말이다.
* 終朝 : 온종일. 하루 종일.
* 然 : 燃과 같다. 불타다. 타오르다.
* 辜負 : (호의·도움·기대를) 헛되게 하다. 저버리다.
* 春光 : 봄날의 風光·景致. 及第한 뒤에 더욱 좋게 보이는 봄 경치.

<上巳日> 劉得仁

未敢分明賞物華, 十年如見夢中花.
遊人過盡衡門掩, 獨自凭欄到日斜.

<上巳日> 유득인

아름다운 자연 풍경 감히 내놓고 감상도 못하니,
십년을 마치 꿈속에서 꽃 보듯 했다.
노닐던 사람 다 가면 사립문 닫아 걸고,
해 기울도록 나 홀로 난간에 기대있다.

註

*上巳 : 옛 명절이름. 漢 以前에는 음력 3월 上旬의 巳日을 上巳라 하였으나 魏·晉 以後에는 3월 3일로 고정되었다.

*分明 : 뚜렷함. 공공연함. 드러내놓고 함.

*物華 : 아름답고 화사한 自然 景物.

*衡門 : 두 기둥에다 한 개의 가로막대를 질러 만든 허술한 문.

*獨自 : ① 자기 혼자. 단독으로. ② 유독. 단지.

<寄友人> 劉得仁

風颯沈思眼忽開, 塵埃汚得是庸才.
那堪更見巢松鶴, 飛入青雲不下來.

<친구에게 부친다> 유득인

깊이 생각하다 바람이 훽 부니 눈앞이 훤해지고 좀 알게 되었다,
이 몸이란 먼지 · 티끌이 더럽힌 평범하고 졸렬한 존재란 것.
어찌 다시 쳐다 볼 수 있겠소! 소나무에 둥지 틀었던 두루미가,
靑雲에 날아들어 내려오지 않는 것을 …… 부끄럽소.

註

*颯(삽) : 바람소리. 빠른 모습. 큰 바람이 부는 것. 스치고 지나감.

*沈思 : 深思. 깊이 생각하다. 深思熟考. 深思熟慮.

*開眼 : 視野가 넓어지고 識見이 높아짐.

*巢松鶴 : 소나무 같은 나무에 둥지를 트는 새는 왜가리·해오라기·황새 등이며 두루미는 沼澤地·풀밭에서 活動한다. 옛사람들은 크고 흰 새들을 따로 구분하지 않고 鶴 즉 두루미라 불렀다. 無識이 아니고 習慣이었다.

*靑雲 : ① 높은 하늘의 구름. 높은 하늘. ② 高官大爵. ③ 遠大한 抱負와 志向. ④ 隱居.

參考

<送新羅人歸本國> 劉得仁

鷄林隔巨浸, 一住一年行.
日近國先曙, 風吹海不平.
眼穿鄕井樹, 頭白渺瀰程.
到彼星霜換, 唐家語却生.

<신라 사람이 본국으로 돌아가기에 전송한다> 유득인

鷄林은 大海를 사이하였으니,
한번 머물기 위해 일년을 가야한다네.
태양 가까워 나라는 먼저 날 밝고,
바람 불기에 바다는 잔잔하지 못하다네.
눈 빠지게 고향의 나무를 기다리나,
머리 희도록 아득한 물의 路程이란다.
거기에 가서 세월이 바뀌면,
唐나라 말 도리어 서먹서먹하겠지.

註

*鷄林 : 신라의 다른 이름. 숲속에서 닭 울음소리가 들려 가보니 흰 닭과 금빛의 궤 속에 신라 김씨의 시조가 되는 김알지가 있었다는 설화에서 유래한다.

*浸 : ① 담그다. 잠기다. 적시다. 젖다. ② 물을 대다. 즉 灌漑하다. ③ 물을 저장하여 관개할 수 있는 江河湖澤.

*巨浸 : 큰물을 말하는데 ① 큰 河流를 가리킨다. ② 大海를 가리킨다. ③ 洪水를 가리킨다. ④ 大湖澤을 가리킨다.

*曙 : 새벽. 밝다. 날이 새다.

*眼穿 : 눈이 빠질 지경이다. 즉 눈이 빠지게 기다리다. 간절히 바라다. 애타게 기다리다.

*鄕井 : 故鄕을 말한다. 우물을 중심으로 마을이 형성되므로 우물을 넣어서 말하는 것이다. 고향을 떠나는 것을 "離鄕背井"이라 한다.

*渺瀰(묘미) : 물이 가득 차 아득한 모양.

*程 : 行程. 路程.

*星霜 : 별은 일년에 한바퀴 돌고 서리는 매년 가을이 되면 내린다. 그 때문에 星霜으로 年歲·세월을 나타내게 되었다.

*唐家 : 家와 室은 모두 王朝를 나타낸다. (漢家. 漢室.)

*生 : 生疏. 낯설다. 서먹서먹하다.

<下第寄宣城幕中諸公> 趙嘏

一醉曾將萬事齊, 暫陪歡去便如泥.
黃花李白墓前路, 碧浪桓彝宅後溪.
九月霜中隨計吏, 十年江上灌春畦.
莫言春盡不惆悵, 自有閒眠到日西.

<落第한 뒤 宣城 幕中의 여러분에게 부친다> 조하

일찍이 한번 취하면 만사가 다 같게 보였는데,
낙제한 뒤 잠시 함께하니 즐거움은 가고 곤죽 된 몸만 남았다오.
宣城. 노란 꽃은 李白 무덤 앞 길에 피었겠고,
푸른 물결은 桓彝 집 뒤 개울에서 일겠지요.
晩秋. 구월이면 늘 서리 속에 計吏 따라 서울 갔었고,
십년을 강가에서 봄갈이 밭에 물을 댔었지요.
봄이 다 갔으니 슬픔도 없어졌다 말씀 마십시오,
도리어 해가 서쪽에 가도록 일없이 잠자는 일만 있다오.

註

* 趙嘏(조하) : 字는 承祐며 山陽사람이다. 憲宗 元和 5年(810)에서 宣宗 大中 10年(856)까지 生存하였는데 武宗 會昌 2年(842)에 進士及第하였다. 詩는 화려하며 優美하였다. 杜牧은 그의 "長笛一聲人倚樓"(<長安晩秋>의 第4句)을 몹시 사랑하여 그를 趙倚樓라 불렀다 한다.
* 宣城 : 地名. 安徽省에 있다.
* 幕中 : 幕府中. 幕府는 將帥의 府署를 가리키니 將帥가 外地에 있을 때 帳幕을 쳐서 府署로 삼았기 때문이다. 후에는 軍政을 맡은 高位官員을 뜻하게 되었다.
* 萬事齊 : 모든 일이 다 같다. 즉 是非·成敗·善惡·美醜·壽夭·長短·生死가 다 하나로 보인다는 것이다.
* 泥 : 전설상의 바다 속 생물. 뼈가 없으며 물 속에서는 살아있으나 물이 없으면 진흙처럼 물렁물렁해진다고 한다. 몹시 취한 것을 나타낼 때 이 말을 쓴다.
* 桓彝(환이) : 晉나라의 忠臣. 역적 王敦을 치는데 공을 세웠다. 宣城內史로 있을 때 仁政을 펴서 백성들이 사모하였다. 蘇峻이 반역하였는데 涇縣을 굳게 지켜 일년을 버텼으나 결국 성이 함락되고 살해되었다. 桓溫의 아버지다.
* 3句의 李白墓와 4句의 桓彝宅은 모두 宣城과 관계가 있다.
* 隨計吏 : 計吏는 州와 縣의 簿籍을 담당하며 아울러 上計(즉 境內의 戶口·賦稅·盜賊·獄訟 等을 서류로 만들고 장부로 꾸며 中央의 朝廷에 보고하여 考課에 참고하도록 하는 것을 말한다)를 맡는 관리를 말한다. 隨計吏는 朝廷의 徵召를 받은 사람이 計吏를 따라 함께 서울의 朝廷으로 가는 것을 말하였는데 나중에는 地方의 擧子들이 禮部의 科擧에 應試하러 서울로 가는 것을 뜻하게 되었다.
* 畦(휴) : 밭두둑. 그냥 밭의 뜻으로 쓰인다.
* 自 : 도리어. 반대로.

<送裴延翰下第歸覲滁州> 趙嘏

失意何曾恨解攜, 問安歸去秣陵西.
郡斜楊柳春風岸, 山映樓臺明月溪.
江上詩書懸素業, 日邊門戶倚丹梯.
一枝攀折回頭是, 莫向淸秋惜馬蹄.

<裴延翰이 落第하고 滁州로 歸省하므로 전송한다> 조하

뜻을 못 이루었으나 헤어짐을 왜 한탄하랴,
秣陵 서쪽 고향 문안드리려 돌아가는데.
봄바람 언덕에 불면 고을에는 버들이 비끼고,
밝은 달 개울에 비치면 樓臺는 산에서 어른거리리.
강가에서 詩書 익혀도 先代의 遺業은 못 이루리니,
태양가에 문내야 出世의 붉은 사다리에 다가가겠지.
머리 돌리는 사이 계수나무 한 가지 꺾을 수 있으리니,
맑은 가을 가까울 때 말발굽 아끼지 말고 오시라.

註

*歸覲(귀근) : 歸省. 부모를 뵙기 위하여 고향으로 돌아감.
*滁州(저주) : 고을 이름. 安徽省에 있다.
*何曾 : 何故. 무엇 때문에.
*解攜 : 分手. 離別.
*問安 : 웃어른께 안부를 여쭘. 또는 그런 인사.
*秣陵 : 즉 金陵이다. 지금의 南京 일대가 이에 해당한다.
*郡 : 官衙. 官署. 廳舍.
*詩書 : ≪詩經≫과 ≪書經≫. 書籍, 學業 등의 뜻으로 쓰인다.
*懸 : 결말이 나지 않다. 낙착이 안 되다. 예 : 懸案.
*素業 : 先代로부터 내려온 業. 대개 儒學을 가리킨다.
*日邊 : 태양의 가장자리. 서울이나 임금님의 좌우를 뜻한다.
*門戶 : ① 사물의 관건. ② 家門. 문벌. ③ 실마리. 단서. ④ 수단. 절차.
*丹梯 : 붉은 사다리. 붉은 계단. ① 벼슬길을 뜻한다. ② 하늘 높이 치솟은 산봉우리. ③ 신선을 찾는 길.
*一枝攀折 : 桂枝를 꺾는 것. 즉 及第를 말한다.
*回頭 : 머리 돌리는 사이. 아주 짧은 시간을 말한다.
*向 : 근접하다. 다가가다.
*惜馬蹄 : 말의 걸음을 아끼다. 즉 길 떠나지 않는 것을 말한다.

<下第後上李中丞> 趙嘏

落第逢人慟哭初, 平生志業欲何如.
鬢毛灑盡一枝桂, 淚血滴來千里書.
谷外風高摧羽翮, 江邊春在憶樵漁.
唯應感激知恩地, 不待功成死有餘.

<落第한 뒤 李中丞에게 올립니다> 조하

落第한 뒤 사람만 만나면 통곡 시작되니,
평생의 포부와 사업 어떡한단 말입니까?
계수나무 한 가지에 머리털 다 떨어졌고,
천리 밖 고향소식 전하자니 피눈물 아롱집니다.
골짜기 밖으로 나왔으나 세찬 바람에 날개는 꺾였으니,
강가에 봄 머물 때 차라리 나무꾼·어부가 그립습니다.
다만 스승님께서 알아주신다면 정녕 감격하며,
장차 功名이룸 기대하지 않으면 죽어도 죄가 남을 것입니다.

註

*中丞 : 御史臺의 長官.

*初 : 시작하다. 發端하다.

*志業 : 志向 즉 포부와 事業.

*鬢毛 : 살쩍. 즉 귀밑털을 말한다. 이것으로 머리털을 뜻하기도 한다.

*灑 : 흩어져 떨어짐. 散落.

*一枝桂 : 계수나무 한 가지를 꺾는다는 것은 及第를 말한다.

*谷外云云 : ≪詩・小雅・伐木≫에서 "伐木丁丁, 鳥鳴嚶嚶. 出自幽谷, 遷于喬木. 나무 찍는 소리 쩡쩡, 새우는 소리 짹짹. 깊은 골짜기에서 나와, 큰 나무로 옮기네."이라 하였다. 嚶嚶은 唐나라 때부터 꾀꼬리의 우는 소리라 하였으며 골짜기에서 나온 새는 꾀꼬리라 하였다. 골짜기라는 微賤한 자리에서 喬木이라는 高貴한 곳으로 옮겼으므로 이것으로 及第나 승진을 뜻하게 되었다.

本詩에서는 谷外로 나와 거의 及第할 뻔 했으나 실패했다는 뜻으로 쓰였다.

*風高 : 高는 대단함. 지독함의 뜻으로 쓰였다.

*翮(핵) : 깃촉. 날개.

*江邊 : 은거하는 곳. 은둔할만한 곳의 뜻으로 쓰였다.

*春在 : 봄날이 지나가지 않고 아직 머물러 있다는 말.

*恩地 : 唐 以來 스승의 집이나 스승의 가르침 아래를 뜻하는 말로 쓰였다.

*死有餘 : 死有餘辜의 준말. 죽어도 죄가 남는다. 죽어도 다 속죄할 수 없다. 백번 죽어 마땅하다.

<下第> 趙嘏

南溪抱甕客, 失意自懷羞.
晩路誰攜手, 殘春自白頭.

<落第> 조하

남쪽 개울에서 항아리 안고 물 주던 사람이,
공연히 功名 구하다 뜻 못 이뤄 부끄러움만 안았다.
늘그막에 그 누가 내 손 잡아 주리오,
저무는 봄날 절로 머리가 세누나.

註

*南溪 : ① 남쪽의 개울. ② 溪水의 이름인데 여러 지방에 있으니 하나 둘이 아니다.

本詩에서는 그냥 남쪽 개울의 뜻으로 쓰였다.

*抱甕客 : ≪莊子 · 天地≫에 나오는 인물.

子貢이 南으로 楚를 두루 돌고 晉으로 돌아올 때 漢陰을 지나다 한 노인을 만났다. 그는 채마밭을 가꾸고 있었는데 우물까지 땅굴을 파고 들어가 항아리에 물을 채우고는 그것을 안고 나와 밭에 물을 주었다. 子貢이 보기에 힘이 많이 들고 결과는 시시하다 하여 그에게 桔槔 즉 두레박틀을 써보라 하였다. 그 노인이 말하기를 機械를 쓰면 機事 즉 機巧之事가 있게 되고 機事가 있으면 반드시 機心 즉 巧詐之心이 생긴다. 機心이 胸中에 있으면 깨끗하고 밝은 마음을 가질 수 없으며 道를 지닐 수 없게 된다. 나는 두레박틀을 몰라서 안 쓰는 것이 아니다 하였다.

後에 抱甕하는 사람은 拙朴하고 자연에 순응하는 삶을 사는 사람을 뜻하게 되었다.

*晩路 : 晩年. 老年. 늘그막.

*攜手 : ≪詩 · 邶風 · 北風≫에서 "惠而好我, 攜手同行. 어질고 나 좋아하는 이와 손잡고 같은 길을 가리라."이라 하였다.

*殘春 : 暮春. 얼마 남지 않은 봄.

<下第後歸永樂里自題二首> 趙瑕

其一
無地無媒只一身, 歸來空拂滿牀塵.
尊前盡日誰相對, 唯有南山似故人.

其二
玄髮侵愁忽似翁, 暖塵寒袖共東風.
公卿門戶不知處, 立馬九衢春影中.

其一
가문도 없고 연줄도 없는 외로운 이 한 몸,
돌아와 그저 침상 가득한 먼지나 턴다.
술잔 앞에서 종일 누구를 상대하나,
오직 남산만이 오랜 친구 같군.

其二
검은 머리에 시름이 침노 파파노인 흡사한데,
보드라운 흙먼지 빈한한 옷소매 동풍에 함께 날리네.
高官들의 대문 어느 곳인지 모르니,
번화가 봄날 찬란한 그림자 속에 말을 세우고 있노라.

註

*永樂里 : 地名. 山西省에 있다.
*地 : ① 地位. ② 第와 같다. 門第 즉 家門을 뜻한다.
*無媒 : 杜牧의 <送隱者>를 참고할 만하다.
無媒徑路草蕭蕭, 自古雲林遠市朝.
公道世間唯白髮, 貴人頭上不曾饒.
끌어주는 이 없는 길에는 풀만 무성한 법,
그래서 옛부터 구름과 숲은 저자·조정과 멀었다.
세상에 공평한 것은 백발 뿐이니,
높은 사람 머리라고 봐준 적이 없었다.
*尊 : (준)이라고 읽는다. 樽·罇과 같으니 술그릇이다.
*唯有南山 : 李白의 <獨坐敬亭山>과 같은 意境이다.
衆鳥高飛盡, 孤雲獨去閑.
相看兩不厭, 只有敬亭山.
뭇 새들은 높이 날아 사라지고,
한 점 구름도 홀로 유유히 가버린다.
서로 살펴주고 둘 다 싫증내지 않는 것은,
오로지 敬亭山이 있을 뿐이다.
*暖塵 : 겨울에 얼었다 봄에 녹아 보들보들해진 흙먼지. 시시한 인물들이 득의양양한 것을 비유한 듯하다.
*寒袖 : 貧寒한 사람의 옷소매. 자기를 가리킨다.
*共東風 : 羅鄴의 <賞春>을 참고할 만하다.
芳草和煙暖更靑, 閑門要路一時生.
年年點檢人間事, 唯有東風不世情.
고운 풀 부드러운 안개는 따뜻하고 푸르러,
별 볼일 없는 집이나 權門勢家에 함께 피어난다.
해마다 인간 세상사를 살펴보니,
그저 동풍만이 권력·이익 좇는 세상물정 없더군.
*九衢 : 종횡으로 교차하는 대로 번화한 시가를 나타낸다. 衢(구)는 네거리. 갈림길.
*春影 : 봄날 景物들의 그림자.

<下第> 趙嘏

九陌初晴處處春, 不能回避看花塵.
由來得喪非吾事, 本是釣魚船上人.

<落第> 조하

長安이라 대서울 막 개니 거리마다 봄날이라,
及第者 꽃구경에 일으키는 먼지 피할 수 없네.
원래부터 名利를 얻고 잃는 것 내 일 아니었으니,
내 본시 고기 낚는 배 위 사람이었네.

註

*九陌(구맥) : 漢나라 長安城에는 아홉 大路가 있었다. 이 때문에 後世에는 都城의 大路와 繁華街를 九陌으로 나타내게 되었다.

*處處 : 도처에. 어디든지. 到處. 隨處.

*看花 : 唐代의 進士及第者들은 長安城中을 싸지르며 꽃구경 다니는 풍속이 있었다. 따라서 看花人은 進士及第者를 나타내게 되었다.

*由來 : ① 由來. 來歷. ② 까닭. 이유. ③ 원래부터. 전부터.

*得喪 : 得失. 즉 名利를 얻는 것과 잃는 것.

<落第寄沈詢> 趙嘏

穿楊力盡獨無功, 華髮相期一夜中.
別到江頭舊吟處, 爲將雙淚問春風.

<落第한 뒤 沈詢에게 부친다> 조하

버들잎 뚫는 능력 다하니 여전히 功名은 없어,
하룻밤 동안에 斑白을 기다릴 만합니다.
일부러 강 언덕 시 읊던 곳에 가서,
이에 두 줄기 눈물로 봄바람에게 따져봅니다.

註

* 穿楊 : 옛날 養由基는 활을 잘 쏘았으니 百步 밖에서 버들잎을 맞추었다 한다.
* 力 : 力量. 즉 능력. 力盡은 결국 落第하였다는 말이다.
* 獨 : ① 도리어. ② 여전히. 전과 다름없이.
* 華髮 : 斑白(반백). 희끗희끗한 머리.
* 一夜中 : 梁 武帝때 周興嗣가 하룻밤 동안에 千字文 즉 四言詩 250句를 完成한 뒤에 보니 머리가 다 세었다 한다.
* 別 : 특별히. 유달리.
* 江頭 : 江邊. 江岸.
* 爲 : ~때문에. ~까닭에.
* 將 : ~을 지니고. ~을 가지고.
* 問 : 詰問(힐문)하다. 따지다. 캐물다.
* 春風 : 春風은 어느 곳에나 고루 부는 법인데 왜 자기에게는 불지 않느냐는 말이다. 落第者에게는 春風이 안 불고 西風 北風이 차갑게 부는 법이다. 孟郊는 <登科後>에서 及第者의 기쁨을 "春風得意馬蹄疾. 봄바람 속 뜻을 이루니 말발굽도 빨라."이라 하였다.

<寒食遣懷> 趙嘏

折柳城邊起暮愁, 可憐春色獨懷憂.
傷心正歎人間事, 回首更慚江上鷗.
鶗鴂聲中寒食雨, 芙蓉花外夕陽樓.
憑高滿眼送淸渭, 去傍故山山下流.

<寒食에 답답한 마음을 달래본다> 조하

버들 꺾어 이별하는 長安城 옆 저녁 시름 피어나니,
사랑스런 봄날 景色 속 홀로 근심 안았다.
마음 상해 인간세상사 탄식하며,
머리 돌리니 강 위 갈매기에 더욱 부끄러워.
두견이 울음 속 한식의 비는 내리고,
목련꽃 너머 석양의 누각 서있다.
높은 곳에 기대 눈길 가득 맑은 渭水 전송하니,
고향 산에 다가가 그 산 아래로 흐르리라.

註

* 遣懷 : 遣興. 가슴 속 생각을 펼침. 답답함을 풀고 기분을 전환함.
* 折柳城 : ≪三輔黃圖 · 橋≫에 의하면 霸橋는 長安의 동에 있는데 漢代의 사람들은 이 다리에 이르러 버들을 꺾어 이별하는 사람에게 주었다 한다. 따라서 折柳城은 長安城이 된다.
* 可憐 : ① 사랑스럽다. ② 불쌍하다. ③ 부럽다. ④ 괴상하다.
* 春色 : 봄날의 景色.
* 正 : 한창. 막. ~하는 중.
* 回首 : ① 머리 돌리다. 머리 돌려 보다. ② 회상하다. 회고하다. ③ 깨달음. 깨우침으로 원래의 생각이나 행위를 바꾸는 것.
* 鶗鴂(제계) : 두견이. 소쩍새. <離騷>에서 "恐鵜鴂之先鳴兮, 使夫百草爲之不芳. 두려울싸 두견이가 먼저 울어, 온갖 초목의 꽃 지게 되나."이라 함. 鵜鴂는 鶗鴂와 같다. 立夏가 되면 울고 그렇게 되면 봄날의 꽃들은 다 진다는 것이다.
* 芙蓉 : ① 목련(木蓮). ② 荷花. 즉 연꽃.
* 夕陽樓 : 河南 滎陽에 있는 樓로 李商隱의 詩 때문에 유명해졌다.
그러나 本詩에서는 夕陽속에 서있는 樓의 의미로 쓰였다.
* 憑高 : 높은 곳에 올라 내려다 봄. 높은 곳에 기대 바라봄.
* 滿眼 : 視野에 充滿함.
* 淸渭 : 맑은 渭水. 渭水는 長安부근의 강이다. 사실 涇水가 맑고 渭水는 탁하다.
* 傍 : 접근하다. 기대다. 다가가다. 이 때에는 去聲이 된다.

<寄歸> 趙嘏

三年踏盡化衣塵, 只在長安不見春.
馬過雪街天未曙, 客迷關路淚空頻.
桃花塢接啼猿寺, 野竹庭通畫鷁津.
早晩相酬身事了, 水邊歸去一閒人.

<귀향의 뜻을 부치다> 조하

삼년을 옷 검게 만드는 흙먼지 실컷 밟았어도,
長安에 있다지만 봄날의 기쁨은 몰랐네.
말 타고 눈 쌓인 거리 지나면 하늘은 동트지 않아,
나그네는 고향길 이끌려 자주 눈물만 흘릴 뿐.
고향! 복사꽃 핀 둑은 잔나비 우는 절집과 잇닿았고,
야생대 있는 마당은 鷁새 그린 배 있는 나루와 통하였지.
어느 때일까? 내 일신의 일을 실현해내고,
물가에 돌아가는 한 한가한 사람 될 때가.

註

* 化衣 : 옷을 변색(變色)하게 함. 世波에 시달림을 나타낸다.
* 見 : 知. 알다.
* 春 : 喜色. 慶事. 구체적으로 봄날의 과거급제.
* 迷 : 끌리다. 이끌리다. 미혹하다.
* 關路 : 鄕關之路. 즉 고향 가는 길.
* 桃花塢 : 복사꽃 핀 둑. 江蘇省과 安徽省에 桃花塢란 곳이 實在하나 本詩와는 상관없다.
* 野竹 : 野生의 대나무.
* 鷁(익) : 새 이름. 풍파에 잘 견디므로 뱃머리에 이 새의 모양을 그리거나 새겼다. 따라서 畵鷁은 鷁새 그린 배를 말하나 후에는 그냥 배도 이렇게 그럴 듯하게 불렀다.
* 早晩 : 何時. 어느 때.
* 酬 : 實現하다. 實行하다.

<寒食新豐別友人> 趙嘏

一百五日家未歸, 新豐鷄犬獨依依.
滿樓春色傍人醉, 半夜雨聲前計非.
繚繞溝塍含綠晚, 荒涼樹石向川微.
東風吹淚對花落, 憔悴故交相見稀.

<寒食에 新豐에서 벗님과 헤어지다> 조하

冬至에서 백오일 되는 寒食 사람은 집에 못 가지만,
新豐의 개·닭은 천년 전처럼 여전히 제집을 지킨다.
樓閣에 봄빛이 가득하니 곁의 사람은 취하였고,
한밤 빗소리 속에 따져보면 옛 계획은 글렀다.
구불구불 도는 도랑과 밭두둑은 저녁에 푸른 기운 머금었고,
거칠고 쓸쓸한 나무와 돌은 강에서 희미하다.
눈물에 동풍 불어 꽃 향해 떨어지는데,
초췌해지니 옛 친구 만남도 드물구나.

註

*新豐 : 地名. 지금의 陝西省 臨潼縣 西北에 있다. 본래 秦나라의 驪邑이었다. 漢 高祖가 關中에 首都를 정하니 그의 부친인 太上皇은 長安 宮中에 살게 되었는데 고향이 그리워 항상 울적해 하였다. 高祖가 이에 故鄕인 豐邑의 거리와 건물들의 구조와 격식을 그대로 驪邑에 옮겨놓고 그곳의 百姓들도 이주시킨 뒤 新豐이라고 불렀다. 전해오는 말로는 남녀노소들이 제각각 제집을 찾을 수 있었을 뿐 아니라 개·양·닭·오리도 제집을 찾아갔다는 것이다.

*一百五日 : 寒食은 冬至에서 105일째 되는 날이다.

*獨 : ① 도리어. ② 여전히.

*依依 : ① 아쉬워하며 떠나지 못하는 모습. 이별을 섭섭해 하는 모양. ② 사모하는 모양. 그리워하는 모양.

*半夜 : ① 하룻밤의 절반. ② 深夜. 깊은 밤. 한밤.

*前計 : 以前의 計劃.

*非 : 틀림. 錯誤. 글름.

*繚繞(요요) : 빙빙 돌다. 구불구불 감돌다.

*溝 : 봇도랑. 도랑. 시내. 홈통.

*塍(승) : 밭두둑.

*憔悴(초췌) : ① 병·고생으로 파리함. ② 세파에 시달림.

*故交 : 오랜 친구. 옛 친구.

<自遣> 趙嘏

晩樹疏蟬起別愁, 遠人回首憶滄洲.
江連故國無窮恨, 日帶殘雪一片秋.
久客轉諳時態薄, 多情只共酒淹留.
到頭生長煙霞者, 須向煙霞老始休.

<속마음 펴내 울적함을 달랜다> 조하

노을 속 나무·성긴 매미소리 이별의 서러움 일으키니,
멀리 떠도는 사람 머리 돌려 滄洲를 그린다.
고향과 잇닿은 강물은 무궁한 한이요,
殘雪에 비추는 햇빛은 온통 가을기운이다.
오랜 나그네살이 도리어 世情의 야박함 알게 되었고,
정이 많으니 그저 술과 함께 머물 수밖에.
煙霞 속에서 生長한 사람이란,
끝까지 煙霞로 향해야 늙어 쉴 수 있으리.

註

* 自遣 : 자신의 속마음을 펴내 기분전환하고 스스로를 위로함.
* 別愁 : 離別의 悲愁.
* 遠人 : 먼 길 떠난 사람. 멀리 떠도는 사람. 먼 곳에서 온 사람.
* 滄洲 : 물가의 고장. 隱士들이 사는 곳을 나타냈다.
* 故國 : ① 故鄕. 家鄕. ② 本國. 祖國.
* 帶 : 비추다(映照). 덮다(籠蓋).
* 一片 : 가득 차거나 넘쳐 나는 것을 나타내는 수량사. 온통. 가득 찬.
* 諳(암) : 알다. 기억하다.
* 時態 : 世情(사회상황. 세상물정). 世俗(세상의 풍속).
* 淹留 : 머무르다. 체류하다.
* 到頭 : 마지막에 이르도록. 끝까지.
* 煙霞 : 구름과 노을인데 이것으로 山水·山林을 나타냈으니 山水사이에 은거하려는 마음을 煙霞心·煙霞志라 하였으며 山水를 좋아함이 고칠 수 없는 고질병 같다고 하여 泉石膏肓(천석고황)·煙霞痼疾(연하고질)이라 하였다.

<別宜春赴擧> 盧肇

秋天草木正蕭疏, 西望秦關別舊居.
筵上芳樽今日酒, 篋中黃卷古人書.
辭鄕且伴銜蘆雁, 入海終爲戴角魚.
長短九霄飛直上, 不教毛羽落空虛.

<宜春을 떠나 과거보러 감> 노조

가을날이라 草木은 한창 잎 드물고 쓸쓸한데,
서쪽 서울을 바라보며 옛집을 떠난다.
자리 위 향기 나는 잔은 오늘을 위한 술이요,
상자 속 두루마리는 옛사람의 글이네.
고향 하직하고 갈대 문 기러기를 잠시 동무하며,
바다에 들면 끝내 뿔 달린 용이 되리라.
어쨌든 가장 높은 하늘 위 날아오르리라,
깃털 몸 허공에 떨어지게 말아야지.

註

* 盧肇 : 字는 子發이며 袁州 宜春사람이다. 生卒年은 확실하지 않은데 宣宗 大中(847~859) · 懿宗 咸通(860~873)年間에 활동하였다. 武宗 會昌 2年(842)에 같은 고을의 黃頗와 함께 貢擧가 되었다. 둘 다 文名이 있었으나 黃頗는 富裕하고 盧肇는 貧寒하였다. 郡牧 즉 袁州刺史인 成應元은 黃頗만 餞別宴을 차려주었다. 그러나 다음해인 會昌 3年에 盧肇가 壯元及第하고 돌아오니 刺史가 몸소 迎接하였고 競渡를 함께 구경하였는데 盧肇가 詩를 지었다. 末聯이 "向道是龍剛不信, 果然奪得錦標歸."였다 刺史가 크게 부끄러웠을 것이다. 著作郎이 되었다가 集賢院直學士로 옮겼으며 咸通때에 歙州刺史로 나갔고 다시 宣州 · 池州 · 吉州刺史를 지냈다.
* 赴擧 : 應試함. 唐 · 宋時에는 鄕貢이 서울에 가서 禮部의 試驗에 참가하는 것을 말한다.
* 蕭疏 : ① 적막하다. 쓸쓸하다. ② (나뭇잎 따위가) 드문드문하다. 성기다.
* 秦關 : 秦地의 關塞니 關中地域이요 더 좁게 말하면 長安一帶다.
* 黃卷 : 書籍을 말한다. 古人들은 종이에 글을 쓴 뒤 黃蘗 즉 황벽나무의 즙을 발라 좀을 예방하였다. 그래서 책을 黃卷이라 하게 된 것이다.
* 銜蘆雁 : 갈대 문 기러기.

≪尸子≫에 말하기를 "기러기는 갈대 물어 그물을 막고 소는 뭉쳐서 호랑이를 물리친다." 하였다. 崔豹의 ≪古今注≫에는 "기러기가 河北에서 江을 건너 남으로 갈 때에는 몸이 말라 높이 날며 주살을 겁내지 않는다. 江南은 비옥한 땅이라 河北으로 돌아갈 때 몸이 肥大해져 높이 날 수 없으니 사냥꾼을 겁내 길이 몇 치짜리 갈대를 물고 주살을 피하는 것이다."라 하였다.

* 戴角魚 : 뿔을 이고 있는 물고기. 물고기가 龍이 되면 머리에 뿔이 생긴다.
* 長短 : 反正. 어차피. 결국. 어쨌든. 아무튼.
* 九霄 : ① 하늘의 가장 높은 곳. 高空. ② 皇帝의 居處.
* 羽毛 : 새의 깃. 나아가 새 자체를 말한다.
* 空虛 : 天空을 가리키며 朝廷을 비유하기도 한다.

<射策後作> 盧肇

射策明時愧不才, 敢期青律變寒灰.
晴憐斷雁侵雲去, 暖見醯鷄傍酒來.
箭發尙憂楊葉遠, 愁生只恐杏花開.
曲江春淺人游少, 盡日看山醉獨回.

<과거응시한 뒤 짓는다> 노조

淸明한 時代에 과거 응시하자니 인재 못됨이 부끄러워,
감히 봄의 푸른 피리 싸늘하게 죽은 재 다시 타오름 기대할까.
날 개니 외기러기 구름에 다가가 가는 것 애틋하고,
따뜻하니 초파리 술 옆에 오는 것 알겠다.
화살 쏨이여! 버들잎 먼 것 걱정이고,
시름 생김이여! 살구꽃 피는 날이 두렵네.
曲江은 初春이라 노니는 이 적으니,
종일 산만 보다 취하여 홀로 돌아가네.

註

*射策 : 竹簡이나 木簡을 엮은 策에 문제를 적어놓고 많고 적음에 따라 甲科·乙科로 나누어 늘어놓은 뒤 맞추려는 사람에게 그중 하나를 골라 해석하게 하여 우열을 가리는 것인데 漢代에 人材를 선발하던 方法의 하나였다. 後世에는 그저 應試함을 말할 때 썼다.

*明時 : 政治가 淸明한 時代. 자기가 살고 있는 때를 대접하여 이렇게 말했다.

*靑律 : 봄을 대표하는 律管. 앞에서 이미 소개하였는데 하나의 律管이 하나의 달을 대표하니 일년은 열두 律管이 된다. 갈대속청을 태워 그 재를 각각의 律管에 넣는다. 해당되는 달이 되면 거기에 따른 律管의 재가 저절로 날아오른다는 것이다. 靑律로 또한 봄을 나타내기도 한다.

*寒灰 : ① 갈대속청을 태워 律管에 넣은 재. ② 자신이 쓸모없는 죽은 재와 같다는 겸손의 말.

本詩에서는 寒灰更然(싸늘한 재가 다시 타다. ≪隋書≫에 나옴) 死灰復然(죽은 재가 다시 타다. ≪史記≫에 나옴)으로 쓰인 것 같다.

앞에서 이미 말했는데 鄒衍이 燕나라에 있을 때 골짜기가 땅은 기름지나 추워서 오곡이 자랄 수 없었다. 이에 鄒衍이 律管을 부니 따뜻한 기운이 이르러 기장이 자랄 수 있었다.

本詩에서는 죽은 재와 같이 쓸모없는 자기를 과연 과거급제라는 봄날의 푸른 피리가 다시 타오르게 할 수 있을까 하는 뜻으로 쓰인 것 같다.

*斷雁 : 외기러기. 무리 잃은 기러기. 斷은 孤·殘의 뜻으로 쓰인다. 예컨대 斷雲은 片雲, 斷煙은 孤煙, 斷虹은 殘虹이다.

*侵 : 접근하다. 다가가다. 傍과 互文이다.

*醯鷄(혜계) : 술·초·간장에 잘 덤벼드는 초파리.

*傍 : 접근하다. 다가가다. 侵과 互文이다.

*杏花 : 及第者들은 杏園探花宴에 참가하였다. 살구꽃은 단순히 꽃이 아니고 及第를 상징한다.

*淺 : 初·早의 뜻이다. 春淺은 春初·早春이다.

<及第後送潘圖歸宜春> 盧肇

三載皇都恨食貧, 北溟今日化窮鱗.
青雲乍喜逢知己, 白社猶悲送故人.
對酒共驚千里別, 看花自感一枝春.
君歸爲說龍門事, 雷雨初生電遶身.

<급제한 뒤 潘圖가 宜春으로 돌아가니 전송한다> 노조

삼년을 화려한 서울에서 가난을 한탄했는데,
오늘 북쪽바다의 궁한 고기가 붕(鵬)새로 변했다네.
青雲에 올라 知己 만남을 잠깐 기뻐하자마자,
白社에서 故人 보내니 오히려 슬프다네.
술을 두고 함께 천리 이별 두려워하다,
꽃을 보니 절로 한 가닥 기쁜 봄소식 느낀다네.
그대 돌아가면 나를 위해 龍門의 일을 말하시게,
천둥 속에 비 쏟아지며 번개가 온몸을 감쌌다고.

註

*載 : 年. 歲.

*皇都 : 國都. 帝都.

*食貧 : 가난한 생활을 하다. 居貧과 같다.

*北溟 : 北冥. 옛사람들이 상상한 북쪽 먼 곳에 있는 大海.

*化窮鱗 : ≪莊子·逍遙遊≫에 보면 "北冥에 고기가 있는데 그 이름이 鯤으로 그 크기는 몇 천리나 된다. 변하여 새가 되니 이름이 鵬이다."라 하였다. 鱗은 비늘이니 물고기의 代稱이다.

*青雲 : ① 높은 하늘. ② 高官大爵.
本詩에서는 及第하여 갑자기 身價가 올라간 것을 말한다.

*乍(사) : ① 언뜻. 졸지에. 갑자기. ② 잠깐. 잠시.

*白社 : ① 地名. 洛陽의 동쪽에 있었다. 道士 董威輦이 여기서 머물며 修道하였는데 전혀 먹지 않았다 한다. ② 隱士 또는 隱士들이 사는 곳.
本詩에서는 地方에서 上京하여 科擧보는 貧寒한 선비들이 거주하던 곳을 나타낸다.

*驚 : 두려워하다.

*看花 : 앞에서 말했지만 과거의 及第者들이 꽃구경 다니는 것을 말한다.

*一枝春 : 南朝·宋의 陸凱와 范曄은 아주 친하였다. 陸凱가 長安에 있던 范曄에게 梅花 一枝와 詩를 보냈다. "折花逢驛使, 寄與隴頭人. 江南無所有, 聊贈一枝春. 꽃 꺾자 驛使를 만났으니, 隴頭의 사람에게 부칩니다. 江南에는 있는 것 없어, 아쉬운 대로 한 가지 봄소식을 드립니다." 以後 一枝春은 梅花를 나타내게 되었다.
그러나 本詩에서는 한 가닥 기쁜 봄소식 즉 及第를 뜻한다.

*龍門事 : 물고기가 龍門을 뛰어오르면 龍이 된다. 及第하여 進士가 된 것을 말한다.

*雷雨(뇌우) : 천둥소리와 함께 내리는 비.

<競渡詩> 盧肇

一作<及第後江寧觀競渡寄袁州刺史成應元>

石溪久住思端午, 館驛樓前看發機.
鼙鼓動時雷隱隱, 獸頭凌處雪微微.
衝波突出人齊譀, 躍浪爭先鳥退飛.
向道是龍剛不信, 果然奪得錦標歸.

<경도시> 노조

<급제한 뒤 江寧에서 競渡를 관람하고 袁州刺史 成應元에게 부친다>로 되어있는 곳도 있다.

산속 개울에 오래 살며 단오의 놀이를 그렸는데,
館驛 樓閣 앞에서 競渡의 시작을 본다네.
북소리 울릴 때 천둥이 우르릉대고,
짐승머리 치솟은 곳 흰 눈이 부슬부슬 내리네.
파도 헤치며 뚫고 나오면 사람들 일제히 소리 지르고,
물결 타고 앞을 다투면 새도 주춤하며 뒤처지네.
종전에 龍이라 말해도 기어코 믿지 않더니,
과연 비단깃발 탈취하여 돌아왔다네.

註

* 競渡 : 배를 저어 빨리 가는 것을 겨루는 놀이. 전해오기로는 戰國時代 楚나라의 屈原이 음력 5월 5일 멱라수(汨羅水)에 投身하니 백성들이 그의 시신을 건지기 위해 배를 가지고 수색하던 것이 시작이라 한다. 이 때 쓰는 배를 龍船이라 하여 선체에 색칠을 하고 용머리를 선수 즉 이물에 새겼다. 지금도 중국의 남방에서는 5월 5일 즉 端午節에 龍船으로 競渡를 한다.
* 江寧 : 지금의 南京부근.
* 石溪 : 巖石 사이의 계곡.
* 館驛 : 驛站에 설치한 旅舍.
* 發機 : 行動을 開始하는 時機.
* 鼙(비) : 軍中에서 쓰던 작은 북. 樂隊가 쓰던 작은 북.
* 隱隱 : 천둥소리가 우르릉거림.
* 獸頭 : 배의 이물에 새긴 짐승머리.
* 微微 : 蒙蒙. 눈·비가 부슬부슬 내림. 안개나 연기가 자욱함.
* 衝波 : 파도를 뚫다. 파도를 헤치다.
* 突出 : ① 돌파하다. 뚫다. ② 툭 뛰어나오다. 두드러지다.
* 諴(함) : 소리 지르다. 부르짖다.
* 退飛 : 새가 바람을 만나 주춤하며 앞으로 나가지 못함.
* 向 : ① 종전에. 원래. ② 요즘. 근래. 최근. ③ 여태까지. 줄곧.
* 道 : 말하다.
* 剛 : ① 마침. 공교롭게. ② 기어코. 일부러.
* 錦標 : 비단깃발. 競渡할 때 맨 앞의 지휘자에게 주던 것인데 후에는 競渡의 優勝者에게 주었다. ≪唐摭言≫에 의하면 盧肇가 本詩에서 쓴 뒤로는 壯元及第의 의미로 사용되게 되었다 한다.

<成名後作> 盧肇

桂在蟾宮不可攀, 功成業熟也何難.
今朝折得東歸去, 共與鄉閭年少看.

<급제한 뒤 짓다> 노조

계수나무 달나라에 있어 잡을 수 없다지만,
학업이 성숙하면 무어 어려우랴.
오늘 아침 꺾어들고 동쪽으로 돌아가니,
고향의 청년들과 함께 보리라.

註

* 成名 : ① 名聲을 樹立함. 세상에 이름이 남. ② 科擧에 及第함.
* 一擧成名 : 선비가 과거에 급제하여 하루아침에 천하에 이름이 남을 말함. 후에는 단박에 이름이 나는 것을 나타냄.
* 蟾宮(섬궁) : 전설에 의하면 달속에는 두꺼비·토끼가 있다 한다. 따라서 蟾은 月·月光을, 蟾宮은 月宮을 나타내게 되었다.
* 蟾宮折桂 : 전설에 의하면 달속에는 桂樹가 있다 한다. 晉나라 郤詵의 桂林一枝와 蟾宮이 唐나라 때부터 합쳐져서 蟾宮折桂는 科擧及第를 나타내게 되었다.
* 功成業熟 : 功業이 成熟함. 功業은 士農工商이 從事하는 事業이나 工作을 말하니 士의 功業은 學業이 될 것이다.
* 鄕閭 : ① 옛날에 25家가 閭가 되고 12500家가 鄕이 되었다. 따라서 鄕閭는 백성들이 모여 사는 곳을 나타내게 되었다. ② 家鄕. 故鄕. 故里. ③ 같은 고향사람. 한 마을사람.
* 看 : 第2句의 難과 함께 寒韻에 속하며 平聲이다. 이 때의 看은 간수하다, 보살피다의 뜻인데 옛사람들은 韻은 맞추되 뜻은 그냥 去聲의 보다로 쓸 때가 많았다. 本詩도 마찬가지다.

<寄友人> 姚鵠

西風又開菊, 久客意如何.
舊國天涯遠, 淸砧月夜多.
明時難際會, 急景易蹉跎.
抱玉終須獻. 誰言戀薜蘿.

<벗님에게 부치다> 요곡

西風 불어 다시금 국화를 피우니,
오랜 타향살이 나그네 속 어떠하리.
고향은 하늘가 아득한 곳인데,
맑은 다듬이 소리 달밤이라 낭랑하네.
淸明한 時代건만 좋은 기회 만나기 어렵고,
부지런히 가는 세월에 때 놓치기 쉽다네.
가슴에 옥을 품었으니 끝내 바치고 말 터,
나 벽라(薜蘿) 그린다고 왜 짐작들 하시는지.

註

* 姚鵠 : 字는 居雲으로 蜀사람이다. 生卒年은 未詳이나 宣宗 大中(847~859)年間에 活動하였다. 武宗 會昌 3年(843)에 進士及第하였는데 官吏로서의 能力이나 文人으로서의 재주가 높지 않아 이름이 크게 드러나지 않았다.
* 久客 : ① 오랫동안 객지에서 생활하다. ② 오랫동안 타향을 떠도는 사람.
* 西風 : 秋風.
* 舊國 : 故鄕.
* 砧(침) : 다듬잇돌. 모탕. 淸砧은 맑게 울리는 다듬이질 소리.
* 明時 : 政治가 淸明한 時代. 자기가 사는 시대를 대접하여 이렇게 부른다.
* 際會 : ① 좋은 기회. 좋은 처지를 말함. ② 임금과 신하 사이에 뜻이 잘 맞음.
* 急景 : 빠르게 지나는 햇빛. 빠르게 가는 시간·세월. 景은 日光, 시간을 뜻한다.
* 蹉跎(차타) : ① 헛디디어 넘어지다. ② 때를 놓치다. 세월을 헛되이 보내다. ③ 불운하여 뜻을 얻지 못하다.
* 抱玉 : 卞和의 玉璞 바치는 이야기를 참고하라. 재주 재능을 품고 있다는 비유다.
* 誰言 : 誰는 何. 言은 짐작하다. 알다.
* 薜蘿(벽라) : 줄사철나무와 女蘿.

  ≪楚辭·九歌·山鬼≫에서 "若有人兮山之阿, 被薜荔兮帶女蘿. 사람과 비슷한 산도깨비가 산모퉁이에 있는데, 줄사철나무 옷 입고 女蘿로 띠를 둘렀네."라 하였다.

  後世에는 이것으로 隱者나 高士들의 衣服을 가리켰고 다시 隱者가 사는 곳, 隱居도 나타내게 되었다.

<感懷陳情> 姚鵠

恩重空感激, 何門誓殺身.
謬曾分玉石, 竟自困風塵.
陰谷非因暖, 幽叢豈望春.
升沈在言下, 應念異他人.

<感懷를 陳情합니다> 요곡

은혜가 무거워도 그저 느껴워 할 뿐이나,
어른 아닌 어느 문에 목숨 버릴 맹세하리까?
일찍이 옥과 돌의 구분하심 잘못 입었으나,
끝내 바람과 먼지의 시달림만 받았습니다.
음산한 골짜기 따뜻함 말미암지 않으면,
으슥한 풀더미 어찌 봄날을 기대하리까?
오르고 내림이 말 떨어짐에 있으니,
가련하게 여기소서 남이 아닌 이 사람을.

註

*感懷 : 마음 속으로 느끼고 생각하다. 지난 일을 돌이켜 볼 때 느껴지는 회포.

*陳情 : 실정이나 사정을 진술함.

*殺身 : 舍生. 즉 목숨을 바치다. 생명을 버리다.

*謬(류) : 誤謬. 錯誤. 겸양의 뜻을 나타낼 때 쓴다.

*分 : 區分하다.

*玉石 : 玉과 돌이니 賢明함과 不肖함을 나타낸다.

*風塵 : 바람과 먼지니 戰亂을 나타내기도 하고, 어수선한 현실생활의 境界를 뜻하기도 하며, 관리들의 세계를 말하기도 하는가 하면, 行旅의 고됨을 비유하기도 한다.

*陰谷 : 앞에서 소개한 鄒衍이 피리 불어 바꾸어 놓은 燕나라의 추운 골짜기를 말한다.

*幽叢 : 햇빛이 들지 않고 음침하며 추운 곳의 풀더미.

*升沈 : 오르고 내림. ① 벼슬길의 得失과 進退. ② 기회나 운수의 좋고 나쁨.

*言下 : ① 말하는 때. ② 말이 떨어지자마자. 즉시.

*念 : 가련하다. 哀憐하다.

*異他人 : 他人과는 다른 사람. 남이 아닌 사람.

<旱魚詞上苗相公> 姚鵠

似龍鱗已足, 唯是欠登門.
日暮腮猶溼, 泥中目未昏.
乞鋤防蟻穴, 望水瀉金盆.
他日能爲雨, 公田報此恩.

<마른땅의 물고기 노래를 苗相公에게 바칩니다> 요곡

龍과 비슷하여 비늘도 제대로 갖췄는데,
다만 龍門에 오르는 것만 빠졌습니다.
날 저물어도 아가미는 여전히 축축하고,
진흙 속에서도 눈은 흐리지 않습니다.
호미질 하여 개미구멍 막아주길 기대하며,
금동이 쏟아 물주길 바랍니다.
훗날 참 용되어 비 내릴 수 있게 된다면,
먼저 公田에 뿌려 이 은혜 갚겠습니다.

註

*相公 : 宰相에 대한 敬稱.

*足 : ① 풍족하다. ② 많다. ③ 完備하다. 完美하다.

*腮(시) : 顋의 俗字. 뺨. 아가미.

*昏 : ① 저녁. ② 어둡다. 빛이 없다. ③ 눈이 밝지 못함.

*鋤(서) : ① 호미. 괭이. ② 김매다. ③ 없애다. 제거하다.

*爲雨 : 용은 비를 오게 하는 영물로 알려졌다.

*公田 : 옛날 井田制는 土地를 井字 모양으로 나누어 아홉 구역으로 만들고 가운데를 나라나 官家의 公田으로 한 뒤 주위의 여덟 구역을 맡은 백성들이 공동으로 경작하여 그 수확을 나라나 官家에 바쳤다. ≪詩·小雅·大田≫에서 "雨我公田, 遂及我私. 우리 公田에 비오더니, 私田에도 내리네."라 되어 公田을 우선하였는데 本詩에서도 公田云云한 것은 國家나 官家를 우선적으로 고려하고 헌신하겠다는 이른바 滅私奉公을 강조한 것이다.

*本詩는 項斯의 <鯉魚>로 된 곳도 있다.

<書情獻知己> 姚鵠

日日恨何窮, 巴雲舊隱空.
一爲棲寓客, 二見北歸鴻.
有道期攀桂, 無門息轉蓬.
賃居將罄比, 乞食與僧同.
花月登臨處, 江山悵望中.
衆皆輕病驥, 誰肯救焦桐.
坐惜春還至, 愁吟夜每終.
谷寒思變律, 葉晩怯迴風.
謁蔡慚王粲, 憐衡冀孔融.
深恩知尙在, 何處問窮通.

<속마음을 써서 知己에게 바친다> 요곡

하루 하루 한탄이 어찌 다하랴!
옛 은거하던 곳에는 巴蜀땅 구름이 허무한데,
한번 부쳐 사는 나그네 된 후,
두 번 북으로 가는 기러기 보았네.
正道가 있는 세상이라 계수나무 잡을 기대했지만,
구르는 쑥대 같은 몸 쉴 문은 없구나.
세 들어 사니 텅 빈 그릇과 겨룰 만하고,
빌어먹으니 중과 한가지라네.
꽃피고 달 떠 산에 오르고 물에 다가갈 때에도,
강산은 슬피 바라보는 속에 있다네.
뭇사람들은 모두 병든 준마를 무시하니,
그 누가 불타는 오동을 구하려할까.

봄이 다시 와도 헛되이 아끼며,
밤이 매양 끝나도록 시름 차 읊조리네.
골짜기 차니 바꿔 줄 푸른 피리 그리는데,
잎은 시들면 회오리바람 겁낸다네.
부끄럽지! 王粲이 蔡邕을 뵌 것에 비하면,
바란다네! 孔融이 禰衡을 아껴 천거함을.
알고말고! 큰 은혜 베풀 분 아직도 계심을,
그러나 어느 곳에서 궁하고 통함을 물어볼까?

註

* 巴 : 옛 나라 이름. 지금의 四川省 東部다. 흔히 巴蜀으로 쓰인다.
* 舊恩 : 옛날 隱居하던 곳.
* 棲寓 : 寄居함. 잠시 머묾.
* 罄(경) : 속이 텅 빔.
* 花月 : 花朝月夕. 아름다운 풍경을 나타내고 아름다운 때도 말한다.
* 登臨 : 登山臨水.
  ≪楚辭 · 九辯≫에서 "登山臨水兮送將歸. 산에 오르고 물에 다다라 돌아가는 이를 배웅한다."라 하였다.
* 處 : 時와 같다.
* 悵望 : 슬피 바라보다. 원망스럽게 보다.
* 驥(기) : 천리마. 준마.
* 坐 : 부질없이. 속절없이.
* 谷寒 : 앞에 이미 나왔다. 鄒衍이 靑律로 寒谷을 따뜻하게 바꾸었다 함.
* 葉晩의 晩은 시들다, 늙다의 뜻이다.
* 迴風 : 旋風. 회오리바람.
* 蔡 : 蔡邕.
* 王粲 : 曾祖 · 祖父 모두 漢의 三公이니 名門의 자손이다. 蔡邕은 당시 才學으로도 뛰어났고 官爵으로도 귀하였는데 王粲이 문에 왔다하자 신발을 거꾸로 신고 마중하였다 한다. 關中이 董卓과 그 殘黨 때문에 擾亂하자 荊州로 가서 劉表에 의지했으나 외모가 보잘 것 없고 禮法에 구애받지 않아 尊重을 받지 못하였다. 劉表가 죽자 그 아들 劉琮을 曹操에게 항복하도록 권유하였다. 曹操가 東吳를 치러 갈 때 同行했으나 도중에 죽었다.
* 禰衡 · 孔融 : 漢末의 名士. 그들에 관해서는 소설 ≪三國演義≫를 통해 알고 있을 것이다. 여기에서는 생략한다.
* 深恩 · 大恩 : 큰 은혜를 베풀어 줄 사람을 말한다.
* 窮通 : 困窮함과 通達함.

<及第後上主司王起> 姚鵠

三年竭力向春闈, 塞斷浮華衆路岐.
盛選棟梁非昔日, 平均雨露及明時.
登龍舊美無邪徑, 折桂新榮盡直枝.
莫道只陪金馬貴, 相期更在鳳凰池.

<及第한 뒤 主司이신 王起어른께 올립니다> 요곡

삼년간 힘을 다해 봄날 禮部시험 향했는데,
浮華는 막고 끊었으니 뭇사람들의 길과는 달랐습니다.
기둥과 들보를 잔득 뽑았으니 지난날과 같지 않으며,
비와 이슬이 고루 내리니 청명한 시대에 미쳤습니다.
옛날의 아름다운 인물이 龍門에 올랐으니 굽은 길 없음이며,
새로운 꽃다운 인재가 계수를 꺾었으니 모두 곧은 가지입니다.
그저 金馬門 高貴함에 들러리라 말씀 마십시오,
다시 鳳凰池에 있을 것이라 기약하고 있습니다.

註

*主司 : 科擧의 主試官. 지금의 말로는 고시위원장쯤 되겠다.

*椿闈 : 闈는 대궐의 작은 문을 말하나 특히 尙書省의 문을 나타냈으며 唐以後에는 禮部의 문을 가리켰다. 唐代의 科擧는 禮部에서 主管하였으며 春季에 擧行하였으므로 春闈라 하였는데 春試라는 뜻이다.

*塞斷 : 막고 끊다.

*浮華 : 실속 없이 겉만 화려함. 겉치레뿐 임.

*岐 : 歧와 같다. 갈림길. 갈래. 一致하지 않다. 分岐하다.

*棟梁 : 기둥과 들보. 인재를 비유함.

*雨露 : 恩澤을 비유함.

*邪徑 : 곧지 아니한 길. 不正한 마음·행동을 비유함.

*金馬 : ① 朝廷이나 皇都를 말함. ② 金馬門. 學士들이 待詔하던 곳. ③ 翰林院을 가리킴.

*鳳凰池 : 봉황새 노는 연못. 中書省을 가리킨다. 中書省은 대궐 안 禁苑에 있으며 임금의 처소와 가까워 그 權勢가 막강하였다. 그래서 벼슬하는 사람은 中書省을 鳳凰池라 부르고 그곳에 가기를 바랐다.

<將歸蜀留獻恩地僕射> 二首 其一 姚鵠

自持衡鏡採幽沈, 此事常聞曠古今.
危葉只將終委地, 焦桐誰料卻爲琴.
蒿萊詎報生成德, 犬馬空懷感戀心.
明日還家盈眼血, 定應迴首卽霑襟.

<고향 蜀으로 돌아가며 남겨 恩門 僕射께 바친다>

二首中 其一 요곡

몸소 저울대와 거울 지니시고 묻혀있던 인재를 뽑으시니,
일찍이 듣건대 이러한 일은 古今에 없었습니다.
아슬아슬한 마른 잎이라 그저 결국 땅에 버려질 신세였는데,
어찌 알았겠습니까? 불타던 오동이 도리어 琴 될 줄을.
쑥대·명아주의 草野에 있던 몸 길러주신 덕을 어떻게 갚겠습니까,
犬馬는 속절없이 느껍고 사모하는 마음만 품었습니다.
밝은 날 집으로 돌아가면 눈에 가득하던 피는,
분명히 머리 돌려 생각할 때 옷깃을 적실 것입니다.

註

* 恩地 : 恩門. 恩府. 唐 以來 師門에 대한 칭호다. 그런데 이것은 글을 가르쳐준 스승에 대한 것이 아니다. 科擧의 及第者가 試驗官을 이렇게 불렀으며 평생 스승으로 섬겼다.
* 僕射(복야) : 官名. 唐宋時代 左·右僕射는 宰相의 職位였다.
* 衡鏡 : 衡은 저울대니 輕重을 달고 鏡은 거울이니 美醜를 비춘다. 이것으로 是非善惡을 변별함을 비유하였는데 本詩에서는 賢明한 人才와 不肖한 화상을 구별하는 鑑別의 뜻으로 쓰였다.
* 幽沈 : 어두운 곳에 잠겨있고 묻혀있는 불우한 인재를 말한다.
* 常聞 : 常은 嘗이다. 일찍이 듣건대.
* 曠古今 : 古今에 없다. 未曾有.
* 危葉 : 아슬아슬한 잎파리니 곧 떨어질 마른 잎을 말한다.
* 焦桐爲琴 : 앞에 이미 나왔다. 漢代의 蔡邕 이야기. 오동을 태워 밥 짓는데 오동이 불에 타는 강렬한 소리를 듣고 이를 가져다 琴을 만드니 과연 소리가 좋았다. 다만 琴의 끝부분에 불탄 자국이 있어 이를 焦尾琴이라 불렀다 한다.
  本詩에서는 쓸모없다고 버려져 사라질 인재를 능히 가려내 사람을 만들어 주어 고맙다고 하는 것이다.
* 蒿萊(호래) : 蒿는 쑥, 萊는 명아주·잡초의 뜻이니 蒿萊는 잡초의 뜻인데 잡초 돋은 곳 즉 草野도 가리킨다.
  本詩에서는 草野에 묻혔던 몸의 뜻으로 쓰였다.
* 生成 : 養育. 長成.
* 感戀 : 느꺼워 사모함.

參考

<送僧歸新羅> 姚鵠

淼淼萬餘里, 扁舟發落暉.
滄溟何處別, 白首此時歸.
寒暑途中變, 人煙嶺外稀.
驚天巨鰲鬬, 蔽日大鵬飛.
雪入行砂屨, 雲生坐石衣.
漢風深習得, 休恨本心違.

<승려가 신라로 돌아가므로 전송한다> 요곡

넓고 아득한 물은 만리가 넘는데,
조각배는 석양 속에 떠난다.
푸른 바다를 어느 때 하직했나,
하얀 머리로 이제야 돌아가네.
추위 더위가 도중에 바뀌겠고,
인가 연기는 영남이라 드물겠지.
거대한 자라 다투면 하늘도 놀라겠고,
굉장한 붕새 날면 태양을 가리우리.
모래밭 가면 눈은 미투리에 파고들고,
돌 위에 앉으면 구름은 옷자락에서 일어나리.
중국의 기풍을 깊이 익혔으니,
본래의 바람 어긋나도 한탄마시길.

註

* 淼淼(묘묘) : 물이 한없이 넓고 아득한 모양.
* 扁舟 : 작은 배. 거룻배.
* 落暉 : 夕陽.
* 滄溟 : 大海. 滄海.
* 何處 : 何時. 唐·宋時代에 處는 時의 뜻으로 쓰일 때가 많다.
* 人煙 : 가정집의 밥 짓는 연기. 이것으로 人家를 나타낸다.
* 嶺外 : 五嶺(大庾嶺·越城嶺·騎田嶺·萌渚嶺·都龐嶺인데 江西省·湖南省·廣東省·廣西省 사이에 있다)의 南이니 廣東省·廣西省 一帶다.
* 鰲(오) : 전설에 나오는 바다 속에서 三神山을 지고 있다는 거대한 자라. 또는 거북이라고도 한다.
* 鵬(붕) : 전설에 나오는 큰 새. 鵬程萬里라 하여 양양한 장래를 비유적으로 이른다.
* 屨(구) : 미투리. 삼이나 노 따위로 짚신처럼 삼은 신.
* 漢風 : ① 중국의 풍속·습관. ② 중국의 기풍·풍격.
* 本心 : ① 本意. 本來부터의 念願·願望. ② 眞心.

<落第後寄江南親友> 項斯

古巷槐陰合, 愁多晝掩扉.
獨存過江馬, 强拂看花衣.
送客心先醉, 尋僧夜不歸.
龍鍾易惆悵, 莫遣寄書稀.

<낙제한 뒤 강남의 친우에게 부친다> 항사

오래된 골목 홰나무 그늘이 덮였는데,
시름 많으니 낮에도 사립을 닫았다오.
함께 강 건넌 말이나 그저 달래주고,
급제 후 꽃 보려던 옷 억지로 털어본다오.
길손 배웅하면 몸보다 마음이 먼저 취하고,
스님 심방하니 밤에도 안 돌아오지요.
영락하고 후줄근하여 쉽게 처량해지니,
편지나 드물게 말고 아주 자주 부쳐주시오.

註

* 項斯 : 字는 子遷이며 江東사람이다. 生卒年은 未詳인데 文宗(827~840)·武宗(841~846)時代에 살았다. 그는 일찍이 朝陽峯에 隱居하며 山水를 즐기고 詩酒를 벗하기 삼십여 년, 文宗 開成(836~840)年間에 명성이 높았다. 특히 張籍이 크게 賞嘆하였으며 그를 더욱 유명하게 만든 사람은 楊敬之니 그에게 詩를 주었는데 "處處見詩詩總好, 及觀標格過於詩. 平生不解藏人善, 到處逢人說項斯. 곳곳에서 시를 보니 시가 썩 좋았는데, 풍격을 보고나니 시보다 더 나아. 내 평소 남의 훌륭한 점을 숨길 줄 몰라, 가는 곳마다 사람 만나면 項斯를 말한다오."라 하였다. 이에 그 이름이 더욱 드러나게 되었다. 武宗 會昌 4年(844)에 及第하였으며 潤州·丹陽縣尉가 되었다가 任所에서 卒하였다.
* 槐(괴) : 홰나무. 회화나무.
* 合 : 덮다. 씌우다.
* 獨 : ① 그저. 다만. ② 도리어. ③ 여전히.
* 存 : 위로하다. 달래다.
* 過江馬 : 고향이 江東이니 長安으로 올 때 함께 長江을 건너온 말.
* 看花衣 : 及第한 뒤 看花할 때 입으려고 장만한 옷.
* 龍鍾 : ① 늙어 지척거리다. ② 영락한 모양. 실의한 모양.
* 遣 : 使. ~하게 하다.

<送歸江州友人初下第> 項斯

名高不俟召, 收採獻君門.
偶屈應緣數, 他人盡爲寃.
新春城外路, 舊隱水邊村.
歸去無勞久, 知君更待論.

<江州로 돌아가는 벗을 전송하니 막 낙제하였다> 항사

그대 명성 높아도 기다리지 않았다,
徵召한 뒤 採用되어 宮門에 올려짐을.
우연한 굴욕 분명 운수 때문이니,
남들도 모두 원통하다 하였다.
지금 새봄 성 밖의 길에 있으나,
옛날 은거하던 곳 물가의 마을이었다.
돌아간 뒤 오래 근심하지 마시길,
조정에서 다시 의론함을 그대 기대할 수 있음 내 알고말고.

註

* 俟(사) : 기다리다. 바라다.
* 召 : 徵召. 이름난 사람을 임금이 특별히 부르는 것.
* 收採 : 錄用. 즉 채용. 고용. 임용.
* 君門 : 宮門. 京城을 가리킬 때도 있다.
* 屈 : 屈辱을 당하다. 落第를 가리킨다.
* 數 : 運數. 즉 이미 정하여져 있어 인간의 힘으로는 어쩔 수 없는 天運과 氣數.
* 舊隱 : 옛날의 隱居하던 곳.
* 無 : 毋. ~하지 말라.
* 勞 : ① 憂愁. 愁苦. ② 疲勞. 勞苦.

<長安書懷呈知己> 項斯

江湖歸不易, 京邑計長貧.
獨夜有知己, 論心無故人.
一燈愁裏夢, 九陌病中春.
爲問淸平日, 無門致出身.

<長安에서 속마음을 써 知己에게 보이다> 항사

江湖로 돌아감도 쉽지 않고,
서울 살림 꾸리자니 늘 가난하다오.
知己가 있다 해도 홀로 밤새우고,
故人도 없다오 털어놓고 이야기 나눌.
하나의 등불 아래 시름 속 꿈꾸고,
아홉 大路는 나 아파도 봄이지요.
그래서 따져보고 싶다오 이 太平時代에,
몸 바쳐 일할 방법이 없는 것을.

註

*江湖 : 隱者들의 居處를 말한다. 산속에 숨어 살아도 그곳을 江湖라 부른다.

*京邑 : 都邑. 京都.

*計 : 經濟力量. 生計를 꾸림.

*長 : 常. 늘. 언제나.

*獨夜 : 한 사람이 홀로 새우는 밤.

*論心 : 마음을 털어놓고 이야기 나누다. 성심을 다해 대화하다.

*九陌 : 漢나라 長安城은 大道가 아홉이었다. 後에는 都城의 大路나 번화한 市街를 나타냈다.

*問 : 탐구하다. 고찰하다. 토론하다. 따지다.

*淸平 : 太平.

*無門 : ① 비결이 없다. 방법이 없다. 단서가 없다. ② 연줄이 없다. 연고가 없다.

*出身 : ① 獻身하다. ② 벼슬아치가 되다.

<送友人下第歸襄陽> 項斯

失意已春殘, 歸愁與別難.
山分關路細, 江遶夜城寒.
草色連晴坂, 鼉聲離曉灘.
差池是秋賦, 何以暫懷安.

<벗이 下第하여 襄陽으로 돌아가므로 전송한다> 항사

이미 봄은 가우는데 뜻을 이루지 못하였으니,
돌아가는 이의 근심과 이별하는 이의 괴로움이여.
산 갈라진 곳 고향길은 가늘게 뻗고,
강물 감도니 한밤 성안은 차갑다.
초목 빛은 갠 날 비탈에 이어지고,
악어 울음은 새벽 여울을 벗어나리.
세월을 허송하면 곧 秋貢이 닥칠 터,
어떻게 잠시라도 마음이 편안하리.

註

* 失意 : 뜻을 이루지 못함. 마음먹은 대로 되지 않음. 落第를 가리킨다.
* 春殘 : 봄이 다 되 감. 暮春.
* 別難 : 이별의 괴로움.
* 關路 : 鄕關 즉 고향 가는 길.
* 坂(판) : 비탈. 고개. 둑.
* 鼉(타) : 악어.
* 差池(치지) : ① 착오. 잘못. 실수. 어긋남. ② 세월을 헛되이 보내다.
* 秋賦 : 秋貢과 같다. 地方인 州府가 朝廷의 禮部에서 치르는 科擧에 應試할 人員을 選拔하는 考試. 가을에 擧行하므로 秋貢이라 한다.

<落第後歸覲喜逢僧再陽> 項斯

相逢須强笑, 人世別離頻.
去曉長侵月, 歸鄕動隔春.
見僧心暫靜, 從俗事多屯.
宇宙詩名小, 山河客路新.
翠桐猶入爨, 靑鏡未辭塵.
逸足常思驥, 隨群且退鱗.
宴乖紅杏寺, 愁在綠楊津.
老病難爲藥, 開眉賴故人.

<落第後 歸省하였다가 승려 再陽을 기쁘게 만나다> 항사

만나면 억지로라도 웃어야지,
인간 세상에는 이별이 잦으니.
고향 새벽에 떠나면 언제나 달이 가까웠고,
돌아옴은 매양 봄과 사이를 두었지.
스님 보니 마음이 잠시나마 고요해지니,
속세 일 좇다 보면 험난함이 많은 법.
천지간 詩人의 이름은 시시한데,
강산 속 나그네 길은 언제나 새로워.
푸른 오동 오히려 부뚜막에 들어가며,
청동 거울 아직도 먼지를 벗어나지 못해.
늘 기대했지 발 빠른 천리마 됨을,
그러나 용 못된 물고기떼 따라 물러날 밖에.
살구꽃 붉은 절에서 잔치 끝나니,
버들 푸른 나루에 시름 있다네.

늙고 병든 것 치료하기 어려운데,
옛님 덕분에 빙그레 웃었다네.

註

* 歸覲 : 歸省. 타향에서 고향의 부모님을 찾아가 뵘.
* 人世別離頻 : 李商隱은 <離亭賦得折楊柳>에서 "人世死前唯有別. 인간 세상이란 죽기 전에는 오직 이별뿐."이라 하였고 <七月二十九日崇讓宅讌作>에서 "浮世本來多聚散. 덧없는 인생 본래 모이고 흩어지는 법."이라 하였다.
* 侵 : 接近하다. 가까이하다.
* 動 : 언제나. 항상. 매양.
* 靜 : 세상의 名利를 떠나 마음이 고요해짐.
* 屯(준) : 周易 64卦의 하나. 험난하여 전진하는데 고생하는 상. (屯難 : 苦難. 屯險 : 여의치 않아 세상살이에 고난이 많음.)
* 宇宙 : 天地. 天下.
* 爨(찬) : 부뚜막. 불때다. 밥짓다.
* 青鏡 : 青銅鏡.
* 逸足 : ① 빠른 발. ② 駿馬. ③ 出衆한 人才를 비유함.
* 驥(기) : 천리마. 준마.
* 退 : 龍門에 오르지 못하고 물러남.
* 乖(괴) : ① 위배됨. ② 헤어짐. 갈라섬. ③ 격절됨. 단절됨.
* 藥 : 치료하다.
* 開眉 : 눈살을 펴다. 빙그레 웃다. 웃는 얼굴이 되다.
* 賴 : 의뢰하다. 덕분이다.
* 本詩는 賈島의 作이라 되어있는 곳도 있다.

<宿崔邵池陽別墅> 馬戴

楊柳色已改, 郊原日復低.
煙生寒渚上, 霞散亂山西.
待月人相對, 驚風雁不齊.
此心君莫問, 舊國去將迷.

<崔邵의 池陽 별장에 유숙하며> 마대

버들 빛은 벌써 바뀌었고,
넓은 벌에 해는 또 진다.
안개는 찬 날 물섬에서 피어나고,
노을은 수많은 산 서쪽으로 흩어진다.
달 기다리며 사람은 마주했는데,
바람에 놀란 기러기떼 어수선하다.
이 때의 마음은 묻지 마시게,
고향을 가자해도 갈피 못 잡을 뿐.

註

* 馬戴 : 字는 虞臣이며 生卒年은 확실하지 않다. 가난하였으나 詩를 잘하여 賈島 · 許棠과 주고받으며 지냈다. 武宗 會昌 4年(844)에 項斯 · 趙嘏와 함께 及第하였다. 宣宗의 大中(847~859)初에 太原의 李司空이 불렀으나 바른말을 하다 쫓겨나 龍陽尉가 되었다. 懿宗의 咸通(860~873)末에 大同軍의 幕僚가 되었으며 太學博士로 벼슬을 끝냈다.
* 池陽 : 縣의 이름. 陝西省에 있다.
* 別墅(별서) : 別業. 별장.
* 寒渚 : 渚(저)는 물가, 모래섬. 寒渚는 추운 날 물 가운데의 작은 섬이다.
* 亂 : 가득하다. 많고 복잡하다. 번잡하다.
* 舊國 : 故鄉.

<下第再過崔邵池陽居> 馬戴

豈無故鄕路, 路遠未成歸.
關內相知少, 海邊來信稀.
離雲空石穴, 芳草偃郊扉.
謝子一留宿, 此心聊息機.

<落第한 뒤 崔邵의 池陽집을 다시 찾다> 마대

어찌 고향 가는 길이 없으랴마는,
길이 아득하니 돌아가지 못하네.
關內에는 아는 이 거의 없고,
海邊에서는 오는 편지 드물어.
떠나는 구름이여 돌구멍 텅 비고,
꽃다운 풀이여 郊外 문을 덮었네.
그대가 고맙고말고! 한번 묵게 되니,
그런대로 名利 좇던 내 마음 가라앉네.

註

*池陽 : 陝西省에 있는 고을이름.

*關內 : ① 函谷關·潼關 以西의 長安附近을 가리킨다. ② 朝鮮은 전국을 八道로 나누었는데 이는 唐을 본 뜬 것이다. 唐은 全國을 十道로 나누었는데 關內道가 그중 하나로 여기의 남쪽에 서울인 長安이 있다.

*空石穴 : 예로부터 돌을 雲根 즉 구름의 뿌리·구름의 근원이라 하였다. 구름이 가버리니 뿌리인 石穴만 텅 빈 채 남아있다는 것이다.

*偃(언) : 뒤덮다. 가리다.

*郊扉 : 교외에 있는 집의 문.

*謝 : 감사의 뜻을 표하다. 사례하다.

*留宿 : 남의 집에 묵음.

*聊 : ① 잠시. 잠깐. 우선. ② 약간. 조금. 그런대로. 아쉽지만. 그럭저럭.

*息機 : 機心이 사라지다. 機心은 보통 간교한 심보를 말하는데 간교하지 않아도 世俗의 名利를 다투는 마음 또한 가리킨다.

<下第別郜扶> 馬戴

窮途別故人, 京洛泣風塵.
在世卽應老, 他鄕又欲春.
平生空志學, 晩歲拙謀身.
靜話歸休計, 唯將海上親.

<落第한 뒤 郜扶와 헤어지다> 마대

막다른 길에서 벗님과 헤어지며,
서울 洛陽의 風塵 속에 흐느낀다.
세상을 살자면 분명 늙어지겠지만,
타향에서 또 한창때의 봄을 맞다니.
평생 글공부는 헛것이었으니,
만년에 앞가림도 서투르다.
평정한 마음으로 돌아가 쉴 계획을 말하니,
그저 바다 위 갈매기와 친할련다.

註

*郜(고) : 나라이름. 땅이름. 姓.

*窮途 : ① 막다른 길. 곤궁한 처지에 놓인 것을 비유함. ② 곤경에 처한 사람. 本詩에서는 落第한 것을 말한다.

*京洛 : 서울인 洛陽. 東周와 東漢의 서울이었으므로 이렇게 부른다.

*風塵 : 바람에 불려 일어나는 흙먼지. 여러 가지 뜻으로 쓰인다. ① 戰爭. 戰亂. ② 俗世. 어수선한 현실생활. ③ 벼슬길. 관리들의 세계. ④ 나그네의 고생길. ⑤ 俗世의 시시한 일들.

*欲 : ① 이미. 벌써. ② 한창. 바야흐로.

*春 : 합격자의 발표는 봄에 한다. 즉 春榜이다.

*平生 : ① 平素. ② 一生. 일평생. ③ 오랜 친구. 옛 벗.

*志學 : 온 마음을 기울여 공부하다.
≪論語·爲政≫에서 孔子는 나이 열다섯에 "志於學" 하였다 함.

*晩歲 : ① 晩年. 老年. ② 歲暮.

*謀身 : 자신을 위해 계획하다.

*海上 : ① 海邊. ② 海上의 鷗. 바다 위의 갈매기.
≪列子·黃帝≫에 나오는 이야기. 海上의 사람이 갈매기를 좋아하여 매일같이 갈매기와 놀았다. 그 아버지가 한 마리 잡아오라 하자 그 다음날 海上에 가서 갈매기가 날 뿐 내려오지 않았다 함. 그에게 機心 즉 덫을 놓는 마음이 있음을 안 것이란다.
本詩에서는 바닷가 갈매기와 친하게 지내며 隱居하겠다는 뜻으로 쓰인 듯하다.

<長安寓居寄贈賈島> 馬戴

歲暮見華髮, 平生志半空.
孤雲不我棄, 歸隱與誰同.
枉道紫宸謁, 妨栽丹桂叢.
何如隨野鹿, 棲止石巖中.

<長安의 寓居에서 賈島에게 부침> 마대

세밑에 희끗희끗한 머리나 보고 있자니,
평생의 뜻은 온통 공허할 뿐.
한 조각 구름이야 나를 버리지 않겠지만,
돌아가 숨자 해도 누구와 함께 하리,
聖上인 紫宸을 뵙자니 正道를 벗어나야 하고,
及第라 丹桂로 떨기 이루려 해도 가꾸는 것 방해받아.
차라리 山野의 사슴 따라,
巖石 사이에 머무는 것 어떠할지.

註

* 寓居 : 남의 집이나 타향에서 임시로 몸을 붙여 삶. 또는 그런 집.
* 華髮 : 희끗희끗한 머리. 반백(斑白).
* 牟 : 전부. 모조리의 뜻으로 쓰인다.
* 枉道 : ① 正道를 違背함. ② 길을 돌아서 가다. 우회하다.
* 紫宸 : 宸(신)은 대궐 · 궁전의 뜻인데 나아가 천자의 일에 관한 말의 冠詞로 쓰인다. 예컨대 宸念은 天子의 생각, 宸影은 天子의 초상, 宸意는 天子의 뜻이다. 紫는 보라색으로 高貴함을 나타낸다. 紫宸은 宮殿의 이름으로 쓰였는데 帝王을 나타내기도 한다.
* 謁(알) : 찾아뵙다. 아뢰다. 參拜하다. 알현(謁見)하다.
* 丹桂 : 晉나라 郤詵이 桂林一枝, 崑山片玉이라 한 뒤 桂는 科擧의 及第, 俊秀한 人物을 뜻하게 되었다. 丹은 붉은색으로 高貴함을 나타낸다.
* 野鹿 : 野生의 사슴. 부귀영화를 바라지 않고 物外에 超然함을 나타내기도 한다.
* 棲止 : 寄居함. 停留함. 寄居 · 停留하는 곳.
* 石巖 : 巖石.

<落日悵望> 馬戴

孤雲與歸鳥, 千里片時間.
念我一何滯, 辭家久未還.
微陽下喬木, 遠色隱秋山.
臨水不敢照, 恐驚平昔顏.

<지는 해를 슬피 바라보다> 마대

한 조각 구름과 둥지 찾는 새는,
천리를 순식간에 가버리는데.
생각하면 나는 어찌 그리 정체되어,
집 떠난 지 오래돼도 못 돌아가는가.
약해진 햇빛은 큰키나무 아래에 오고,
먼 하늘의 빛깔은 가을산에 숨는다.
물에 다가가도 비추어 보지 못하니,
옛 얼굴 변해버려 놀랄까 두려워.

註

*悵望(창망) : 슬피 바라보다. 원망스럽게 보다.

*片時 : 片刻. 잠깐. 잠시. 순식간.

*一何 : ① 왜. 무엇 때문에. ② 얼마나. 오죽. 어찌 그리.

*滯 : 停滯됨. 제처 놓고 쓰지 않음.

*微陽 : 微弱한 햇빛.

*喬木 : 큰키나무.

*遠色 : 먼 하늘의 빛깔.

*平昔 : ① 옛날. 이전. ② 평소. 평상시.

<灞上秋居> 馬戴

灞原風雨定, 晚見雁行頻.
落葉他鄉樹, 寒燈獨夜人.
空園白露滴, 孤壁野僧鄰.
寄臥郊扉久, 何門致此身.

<灞上 가을날의 居所> 마대

灞上 高原에 비바람 그치더니,
저녁에 기러기 줄 자주 보였다.
잎 떨어짐은 타향의 나무인데,
찬 밤 등불 아래 홀로 밤새우는 이 있다.
텅 빈 동산에 맑은 이슬 뚝뚝 듣고,
외딴 집이라 산속 스님만 이웃 될 뿐.
郊外의 문에 몸 부친지 오래니,
어느 곳에 이 몸 맡겨야하나.

註

*灞上(파상) : 地名. 灞水 서쪽 高原에 위치하므로 이렇게 부른다.

*定 : 멈추다. 그치다.

*雁行(안항) : 나는 기러기의 行列(항렬).

*寒燈 : 추운 밤의 외로운 등불. 이것으로 孤寂·凄凉한 분위기를 나타낸다.

*白露 : ① 가을의 맑은 이슬. ② 二十四節氣의 하나로 양력 9월 8일 전후다.

*孤壁 : 한 채의 집. 단칸방.

*野僧 : 山野의 僧侶.

*郊扉 : 郊外에 있는 집의 문.

*門 : 나아갈 길·방향·요령·방법을 말한다.

*致身 : ≪論語·學而≫에서 "事君能致其身. 임금을 섬김에 그 몸을 바쳐야 한다."이라 하여 後世에는 벼슬하는 뜻으로 쓰였다.
그러나 唐人들은 글자 그대로 몸을 두다, 몸을 맡기다로 썼으니 王維는 <留別山中溫古上人兄幷示舍弟縉>에서 "致身雲霞末. 아름다운 노을 아래 몸을 맡기다."이라 하였고 李商隱은 <李衛公>에서 "今日致身歌舞地. 오늘 노래와 춤의 풍류 고장에 몸을 두시다."라 하였다. 本詩 또한 그렇게 쓰였다.

<長安書懷> 馬戴

岐路今如此, 還堪慟哭頻.
關中成久客, 海上老諸親.
谷口田應廢, 鄕山草又春.
年年銷壯志, 空作獻書人.

<長安에서 속마음을 적어본다> 마대

이렇게 갈림길에 서있으니,
또한 자주 통곡할만 하고말고.
關中에서 나 오랜 나그네 되었으나,
海邊에는 뭇 친척들이 늙어가겠지.
산골 어귀의 밭은 분명 황폐해졌을 터,
고향산 초목에는 그래도 또 봄이 왔겠지.
해마다 웅대한 포부는 삭아가니,
헛되이 글 올리는 인간 되었구나.

註

* 岐路云云 : ≪淮南子・說林訓≫에 "楊子가 아홉 가닥으로 난 逵路를 보고 통곡했으니 왜냐? 그것이 남으로도 갈 수 있고 북으로도 갈 수 있었기 때문이다."라 하였으며 ≪荀子・王霸≫에서 "楊朱가 큰길에서 통곡하며 말하기를 반걸음만 잘못 걸어도 틀린 것을 알았을 때에는 이미 천리나 차이가 나는구나 하며 슬피 울었다."라 하였다.
* 堪(감) : ~할 만하다. 감당하다. 견디다.
* 慟(통) : 서러워하다. 대단히 슬퍼하다.
* 慟哭 : 큰소리로 슬피 욺.
* 關中 : 東의 函谷關, 西의 散關, 南의 武關, 北의 蕭關. 이 가운데를 말하니 長安一帶가 되겠다.
* 海上 : 海邊.
* 谷口 : ① 산골의 어귀. ② 옛 地名. 지금의 陝西省 淳化의 西北에 있다. 西漢末에 高士인 鄭子眞이 이곳에 隱居하며 밭갈아 명성이 京師를 진동시켰다 한다. 후에 은자들이 사는 곳으로 쓰였다.
  本詩에서는 詩人이 일찍이 은거하며 밭 갈던 곳이란 뜻으로 ①과 ②를 함께 썼을 것이다.
* 鄕山 : 고향의 산. 故鄕이란 뜻으로도 차용된다.
* 銷 : 消와 통한다. 녹다. 사라지다. 없어지다.
* 壯志 : 壯心. 웅대한 포부. 웅대한 계획.
* 獻書 : 上書. 임금이나 地位가 높은 사람에게 의견을 진술하여 올림이니 登用되기를 바라는 것이다.
  本詩에서는 科擧에 應試함을 말한다.

<懷故山寄賈島> 馬戴

心偶羨明代, 學詩觀國風.
自從來闕下, 未勝在山中.
丹桂日應老, 白雲居久空.
誰能謝時去, 聊與此生同.

<고향의 산을 생각하며 賈島에게 부친다> 가도

내 마음 우연히 淸明한 시대를 흠모하여,
≪詩≫를 배우고 <十五國風>을 따져보았지요.
대궐 아래 서울 땅에 온 이래,
산속에 있을 때보다 나은 적이 없었다오.
달님도 날로 그 빛을 분명 잃어갈 것이며,
흰구름 또한 확실히 오래 비어있겠지요.
그 누가 이 세상을 떠나,
그럭저럭 일생을 함께 보내줄지요.

註

* 故山 : 고향. 글자 그대로 고향의 산이라 해도 된다.
* 羨(선) : 흠모하다. 부러워하다. 羨望하다. 탐내다.
* 明代 : 明世. 明時. 政治가 淸明한 時代.
* 詩 : ≪詩經≫을 말함. 風 즉 十五國風, 雅 즉 小雅·大雅, 頌 즉 周頌·魯頌·商頌의 305篇으로 이루어졌다.
* 國風 : ≪詩經≫의 일부분인데 周나라 初에서 春秋時代까지 각 諸侯國의 民間詩歌가 대부분으로 15國의 160篇이다. 작품은 백성들의 사상·감정을 드러내고 있으며 통치계급의 죄악을 폭로한 것도 다수 있어 광범위하게 당시 사회상을 반영하고 있다.
  本詩에서는 作者가 백성들의 生活狀을 주의 깊게 관찰하였다는 뜻으로 쓰였다.
* 闕下 : 宮闕之下. 帝王이 있는 宮廷의 뜻으로 쓰이며 또한 京城의 뜻으로도 쓰였다.
* 丹桂 : 전설에 의하면 달 속에 계수나무가 있다 한다. 따라서 丹桂는 달의 代稱이 된다. 唐의 曹松도 <中秋月>詩에서 "遙遙望丹桂, 心緖更紛紛. 아득히 달을 바라보자니, 마음이 더욱 어수선해."이라 하였다.
* 老 : ① 피곤하다. 困乏하다. ② 老衰하다. 凋謝하다.
  本詩에서는 달도 그 빛이 맑지 않고 精彩가 없어 보이며 衰殘해 보인다는 뜻이다.
* 居 : 居然. ① 확실히. ② 결국. 마침내.
* 謝時 : 그 當時를 하직한다는 뜻이니 避世하여 世事를 묻지 않는다는 말이 되겠다.
* 聊 : 그런대로. 그럭저럭. 최상은 아니지만 아쉬운 대로.
* 此生 : 今世. 一生. 現世.

<下第寄友人> 馬戴

金門君待問, 石室我思歸.
聖主尊黃屋, 何人薦白衣.
年來御溝柳, 贈別雨霏霏.

<落第한 뒤 友人에게 부치다> 마대

金馬門에서 그대는 下問하심 기다리고,
바위 동굴로 나는 돌아가려 생각하네.
聖主께서 黃屋에 높이 계시건만,
그 누가 白衣를 천거하리오.
근래에 御溝의 버들을,
비가 부슬부슬 올 때 꺾어주며 이별한다지요.

註

*金門 : 金馬門이니 漢代의 宮門 이름이며 學士들이 詔命을 기다리고 있던 곳이다.

*待問 :《禮記 · 儒行》에서 "儒有席上之珍以待聘, 夙夜强學以待問. 儒者는 자리 위의 보배와 같아서 임금이 불러주길 기다리며, 밤낮으로 힘써 공부하여 사람들이 묻는 것을 기다린다."이라 하였다.

*石室 : ① 巖洞. 바위로 된 동굴. ② 神仙이 사는 洞府.

*聖主 : 聖明한 임금이니 ① 當代 皇帝를 대접하여 부르는 尊稱이며 ② 英明한 임금에 대한 칭호도 된다.

*黃屋 : ① 옛날 皇帝 專用의 누른 비단으로 만든 수레덮개. 帝王의 수레라는 뜻으로도 쓰인다. ② 帝王이 사는 宮室. ③ 帝王의 代稱.

*白衣 : 옛날 평민의 복장. 따라서 平民을 뜻하기도 한다.

*年來 : 近年以來. 一年以來.

*御溝(어구) : 대궐의 동산을 지나 온 냇물.

*霏霏(비비) : ① 눈이나 비가 심하게 내리는 모양. ② 날아 흩어지는 모양.

<下第別令狐員外> 馬戴

論文期雨夜, 飮酒及芳晨.
坐歎百花發, 潛驚雙鬢新.
舊交多得路, 別業遠仍貧.
便欲辭知己, 歸耕海上春.

<落第하고 令狐員外와 작별하다> 마대

우리는 비오는 밤을 기다려 詩文을 토론했고,
꽃피는 아침이 오면 술을 마셨소.
百花가 滿發하건만 부질없이 한탄하며,
남 몰래 놀란다오 두 귀밑머리 희게 된 것에.
옛 친구들은 대부분 벼슬길에 올랐건만,
겨우 가진 별장은 멀고 또 궁핍하다오.
차라리 知己를 하직하고,
봄날 바닷가 돌아가 밭이나 갈려오.

註

* 員外 : 正員以外의 官員이다. 員外郎은 次官에 해당하는 고위직이며 郎中의 다음 가는 벼슬이다.
* 論文 : 文人과 그들의 작품을 評論함. 그냥 文章에 관해 토론한다는 뜻으로도 쓰인다.
* 期 : ① 모이다. ② 약정하다. ③ 기다리다.
* 坐 : 헛되이. 그저 다만.
* 雙鬢新 : 양쪽 귀밑머리가 새로 흰빛이 됨.
* 舊交 : 오랜 벗. 옛 친구.
* 得路 : 벼슬길이 뜻대로 됨.
* 別業 : 別墅. 별장.

<失意書懷呈知己> 馬戴

直道何由啓聖君, 非才誰敢議論文.
心存黃籙兼丹訣, 家憶靑山與白雲.
麋鹿幽棲閒可近, 鴛鸞高擧勢宜分.
微生不學劉琨輩, 劍刃相交擬立勳.

<失意의 懷抱를 적어 知己에게 보인다> 마대

正道를 무슨 수로 聖主에게 아뢸까마는,
무능하고 재주 없으니 어찌 감히 글을 논하리오.
마음은 黃籙과 丹訣을 동경하며,
家鄕의 靑山과 白雲을 그리네.
순록·사슴은 외진 곳 사나 한가하면 가까이 할 수 있겠고,
鴛(원)새·鸞(난)새는 높이나니 形勢는 나와 갈라설 수밖에.
시시한 人生이라 劉琨 같은 무리의,
칼날 마주치며 공훈 세움을 배울 수 없다네.

註

*失意 : 뜻을 이루지 못함. 마음대로 되지 않음. 그런데 그것은 대개 科擧의 落第를 가리키니 鄭谷의 <贈下第擧公>에서 "見君失意我惆悵, 記得當年落第情. 그대가 失意한 것을 보니 나도 슬퍼져, 그 옛날 落第하던 심정이 기억나네."라 하였다.

*直道 : 正道. 바른 道理・準則.

*啓 : 아리다. 고하다. 열다. 펼치다.

*聖君 : 聖主. ① 당시 임금에 대한 존칭. ② 英明한 임금.

*存 : 생각하다. 그리워하다. 유의하다. 관심을 갖다. 동경하다. 지향하다.

*黃籙(황록) : 籙은 秘記, 예언서, 부적을 가리킨다. 黃籙은 道士가 차린 道場을 말한다. 道士가 壇을 만들고 기도할 때 사용하는 符籙 즉 부적은 모두 황색이므로 이렇게 부른다.

*丹訣 : 訣(결)은 秘訣・秘方이다. 丹訣은 煉丹術 즉 丹藥을 만드는 秘訣을 말한다.

*糜(미) : 순록.

*幽棲 : ① 으슥하고 외진 거처. ② 隱居.

*鴛鸞 : 鴛과 鸞. 모두 봉황새 종류다. 鴛鷺라고도 하는데 이 두 종류의 새는 자태가 閑雅하여 朝廷에 늘어선 百官들의 질서정연함을 가리킨다.

*高擧 : 擧에는 날다・오르다의 뜻이 있다. 高擧는 ① 높이 날다. ② 멀리 가다. ③ 물러나 隱居하다의 뜻으로 쓰인다.

*微生 : 시시한 人生.

*劉琨(유곤) : 西晉末 東晉初의 詩人이며 軍人. 西晉末 八王의 亂을 평정하는데 功을 세웠으며 西晉이 北方 유목민에게 망하자 江南에 元帝를 추대하여 東晉을 건국하는데 힘썼다. 이른바 文武兼備라 하겠다.

*擬 : ~하려 하다.

*立勳 : 立功. 功勳을 세움.

<送朴山人歸新羅> 馬戴

浩渺行無極, 揚帆但信風.
雲山過海半, 鄉樹入舟中.
波定遙天出, 沙平遠岸窮.
離心寄何處, 目斷曙霞東.

<朴山人이 新羅로 돌아가므로 전송한다> 마대

넓고 아득하여 끝없는 물 위로 가는데,
돛을 올려 바람에 맡길 뿐이네.
바다 다 지나야 구름 위로 솟은 산 만나리니,
배 안에 들어오리 고향의 나무들.
파도가 잠잠하면 아득한 하늘이 나오고,
모래밭 평평할 때 먼 기슭도 다 보이리.
이별의 심정 어느 곳에 부치랴,
아침노을 피는 동쪽 보아도 보아도 안 보이니.

註

*山人 : ① 산속에 은거하는 사람. ② 仙家. 道士. ③ 점쟁이 들을 가리킴. ④ 學者·선비들이 자신을 운치 있게 표현하는 말.

*浩渺 : 물이 廣大하여 아득한 모양.

*信 : 任. 맡기다.

*雲山 : 높이 솟아 구름 속에 든 산.

*半 : 전부.

*定 : 멈추다. 그치다.

*目斷 : 望斷. 아득히 멀어서 보아도 보아도 보이지 않는다.

*曙霞 : 朝霞. 아침노을. 曙(서)는 날이 샘, 날이 밝음, 새벽의 뜻이다.

<下第後春日長安寓居> 三首 薛能

其一
一榜盡精選, 此身猶陸沈.
自無功讜分, 敢抱怨尤心.
暖陌開花氣, 春居閉日陰.
相知豈不有, 知淺未知深.

<봄날 낙제 후 장안의 우거에서> 삼수 설능

기일
한 장의 방(榜)으로 精銳(정예)만 골라냈으니,
이 몸은 땅에서 물에 잠긴 듯 매몰됐네.
본래 바른말하는 本分 없었으니,
감히 원망하고 탓하는 마음 품으랴.
따뜻한 길에는 꽃향기 퍼지는데,
봄날 내 거처는 해 저물도록 닫아걸었지.
知人이 어찌 없으랴마는,
조금 알고 깊이 알아주지 못하니.

註

*薛能 : 字는 太拙이며 汾州 사람이다. 生年은 未詳이며 卒年은 僖宗의 廣明 元年(880년)이다. 武宗 會昌 6(846)年에 進士及第하였으며 宣宗의 大中년(847~859)末에 書·判 즉 글씨 잘 쓰고 文章의 理致가 뛰어나 발탁되어 盩厔(주질)縣의 尉가 되었다. 李福이 觀察判官으로 추천하였고 御史·都官·刑部員外郎을 지냈다. 懿宗의 咸通(860~873)年間에 嘉州刺史를 겸직하였고 主客郎中·度支郎中·刑部郎中으로 옮겼으며 京兆尹을 代理하였다. 工部尙書가 되었으며 徐州와 忠武節度使를 지냈다. 廣明 元年에 大將 周岌에게 온 집안이 도륙되었다. 薛能은 詩를 좋아하는 癖이 있어 하루에 꼭 한 수씩 지었다 한다.

*精選 : 자세하게 골라내다. 알짜만 골라내다.

*陸沈 : ① 땅에서 물 없이도 가라앉음. 隱居를 비유한다. ② 埋沒되어 남이 알아주지 않음을 비유함.

*讜(당) : 直言. 옳은 말. 맞다. 이치에 맞다.

*分 : 本分. 所任. 職分.

*尤(우) : 허물. 과실. 탓하다. 원망하다.

*日陰 : 日暮. 저물녘.

<下第後春日長安寓居> 三首 薛能

其二
暫屈固何恨, 所憂無此時.
隔年空仰望, 臨日又參差.
勞力且成病, 壯心能不衰.
猶將琢磨意, 更欲候宗師.

<봄날 낙제 후 장안의 우거에서> 삼수 설능

기이
잠시 굽힘이야 무어 한스러우리오,
다만 걱정은 이러한 때가 다시 없을까함이네.
해를 넘겨 헛되이 바라고 기대했건만,
날이 닥치니 또 어긋났구나.
기진맥진 병이 생길 지경이나,
씩씩한 마음이야 시들 리 없지.
그래도 절차탁마하는 의지로,
다시 宗師를 찾아뵈야지.

註

* 屈 : ≪易≫의 <繫辭下>에서 "尺蠖之屈, 以求信也. 자벌레가 몸을 구부림은 펴기 위함이다."라 하였다.
* 隔年 : 해를 넘기다.
* 仰望 : ~에 이르기를 바라다, 희망하다.
* 參差 : 어긋나다. 벗어나다.
* 勞力 : 氣力을 다 소모하다.
* 壯心 : 壯志. 曹操의 <步出夏門行>의 其四에서 "烈士暮年, 壯心不已. 烈士는 늙어서도 씩씩한 마음 그치지 않는다."라 하였다.
* 切磋琢磨(절차탁마) : ≪爾雅≫에 의하면 뼈를 다듬는 것이 切이고, 상아를 다듬는 것이 磋, 옥을 다듬는 것이 琢, 돌을 다듬는 것이 磨라 한다. 後에는 이것으로 道德·學問을 닦는 것을 가리키게 되었다.
* 候 : 찾아뵙다. 기다리다. 살펴보다.
* 宗師 : 뭇사람들이 존경하며 師表가 될 만한 人物.

<下第後春日長安寓居> 三首 薛能

其三
關東歸不得, 豈是愛他鄕.
草碧餘花落, 春閒白日長.
全家期聖澤, 半路敢農桑.
獨立應無侶, 浮生欲自傷.

<봄날 낙제 후 장안의 우거에서> 삼수 설능

기삼
關東으로 돌아가지 못함이,
어찌 타향이 좋아서 그러하리.
풀빛이 파래지니 남은 꽃도 지고,
봄날은 유한하여 대낮은 길고 기네.
온 집안이 聖上의 은택을 기대하니,
중도에 농사짓고 누에칠 수 없다네.
기댈 곳 없이 외롭게 서 있으니 분명 짝 없어,
덧없는 인생 바야흐로 서글퍼지네.

註

*白日 : 白晝. 대낮.

*聖澤 : 聖上의 恩澤.

*半路 : 중간에. 中途에. 半途에.

*農桑 : 農耕과 蠶桑. 밭 갈아 농사짓고 뽕 심어 누에 침.

*獨立 : 의지하고 기댈 곳 없이 외로이 서 있음.

*欲 : ① 이미. 벌써. ② 한창. 바야흐로. 막.

<下第後夷門乘舟至永城驛題> 薛能

秋賦春還計盡違, 自知身是拙求知.
唯思曠海爲休處, 忽喜孤舟似去時.
連浦一城兼汴宋, 夾堤千柳雜唐隋.
從來此恨皆前達, 敢負吾君作楚辭.

<낙제한 뒤 夷門에서 배타고
永城驛에 이르러 題한다> 설능

가을의 선발시험 봄날의 본고시 내 계획과 어긋났으니,
절로 알겠다 이 몸은 남에게 인정받음 서툰 것을.
드넓은 바다만이 쉴 곳이라 생각되더니,
옛날과 흡사한 배 한 척 기쁘기 짝 없다.
浦口에 잇단 城 하나 汴과 宋中을 아울렀으며,
둑을 끼고 있는 천 그루 버들은 唐과 隋가 뒤섞였다.
옛부터 이러한 한탄은 대선배들도 있었으니,
감히 님을 저버리고 楚辭를 지으랴.

註

*本詩는 姚合의 <題永城驛>으로 된 곳도 있다.

*夷門 : 戰國時代 魏나라 서울의 東門. 지금의 開封城안에 위치한다. 이것으로 大梁 즉 開封을 나타내기도 한다.

*永城驛 : 河南省 開封 附近에 있다.

*秋賦 : 唐宋時代 地方인 州府가 中央朝廷에서 치르는 科擧에 참가할 인원을 천거하기 위하여 치르는 선발고시. 가을에 치르므로 秋賦라 하며 보통 秋貢이라 한다.

*春還 : 春選의 잘못인 듯하다. 進士考試는 봄에 치르므로 春選, 春闈, 春試라 한다.

*求知 : 다른 사람에게 이해되길 바람. 남에게 알려지길 바람.

*汴宋 : 汴은 大梁 즉 開封. 宋은 宋中이니 河南省 商丘다.

*雜唐隋 : 隋나라 때 심은 버들과 唐나라 때 심은 버들이 섞임.

*前達 : 地位와 名望이 있는 선배.

*楚辭 : 本來 楚땅의 歌謠인데 戰國時代 楚나라의 屈原이 이것을 기본으로 삼아 <離騷>를 비롯한 長篇을 지었다. 後人들이 모방하여 作品들이 잇달아 나왔는데 이것들을 합쳐 楚辭라 부르게 되었다.
本詩에서는 屈原의 <離騷>等 諸篇을 가리키며 탄식·원망을 主內容으로 파악하여 그렇게 말한 것이다.

<送許棠下第東歸> 薛能

長安那不住, 西笑又東行.
若以貧無計, 何因事有成.
雲峯天外出, 江色草中明.
謾忝相於分, 吾言世甚輕.

<許棠이 落第하고 동쪽으로 돌아가니 전송한다> 설능

왜 長安에 머물지 않으시오.
서쪽만 보아도 좋아 웃는데 또 동쪽으로 가신단 말이오.
만약 가난 때문에 방법이 없다 하신다면,
어떻게 해야 成功·成事가 있겠오.
구름 위 봉우리는 하늘 너머 솟아있고,
강물 빛은 초목 사이로 환하다오(한번 더 노력해 보시오).
친근한 交分에 공연히 욕을 보였나 보오,
내 말은 세상에서 시시하게 여긴 다오(신경쓰지 마시오).

註

*那 : 어찌하여. 어째서.

*西笑 : 漢나라의 桓譚의 《新論》에 나오는 이야기다.

사람들은 長安이 놀기 좋고 살기 좋고 즐겁다는 말을 수없이 들어 문을 나서면 서쪽 長安을 향하여 빙긋이 웃게 된다. 또한 고기가 그렇게 맛있으니 屠門大嚼 즉 푸주 쪽을 보면 입맛을 크게 다신다는 것이다.

*謾 : ① 훼방(毁謗). ② 莫. 不要. ~하지마라. ③ 慢과 통하니 헛되이, 공연히.

*忝(첨) : 욕(辱)되다. 부끄럽다.

*相於 : 우호적이다. 친근하다. 사이가 좋다.

*分 : 交分 즉 서로 사귄 정.

<春日旅舍書懷> 薛能

出去歸來旅食人, 麻衣長帶幾坊塵.
開門草色朝無客, 落案燈花夜一身.
貧舍臥多消永日, 故園鶯老憶殘春.
蹉跎冠蓋誰想念, 二十年中盡苦辛.

<봄날 旅舍에서 懷抱를 적어본다> 설능

나가도 돌아와도 타향살이 나그네 신세,
應試生 베옷 긴 띠 몇 몇 동네의 먼지가 쌓였나.
문 열면 그저 풀빛뿐 아침에도 찾는 이 없고,
책상에 떨어지는 불똥 밤에도 외로운 이 한 몸.
가난한 살림 줄창 누워 긴 해를 보내니,
고향의 꾀꼬리는 늙어 지나간 봄날 생각하리.
뜻 잃고 헛디딘 나를 감투 쓰고 수레 모는 그 누가 생각해주리,
이십년 세월에 쓰고 매운 고통 다 맛보다니.

註

* 旅食 : 타향살이. 나그네살이. 직설적으로 여관밥 먹는 신세라 할 수도 있다.
* 麻衣 : 보통 麻布로 만든 옷 즉 平民의 服裝을 말하나 여기에서는 科擧의 應試生들이 입는 麻織物 衣服을 가리킨다. 또한 麻衣로 科擧 應試하는 擧子를 나타내기도 한다.
* 坊 : 長安에는 수많은 坊이 있었으니 지금 우리의 洞과 같다.
* 燈花 : 등잔불이나 촛불의 심지 끝이 타서 맺힌 불똥. ≪西京雜記≫에서 燈花가 맺히면 재물이 생길 수라 하였다.
  本詩에서는 그러나 재물은 커녕 끼니도 어려운 것을 말한다.
* 鶯 : ≪詩·小雅·伐木≫에서 "伐木丁丁, 鳥鳴嚶嚶. 出自幽谷, 遷於喬木. 나무 베는 소리 쩡쩡, 새우는 소리 재잘 재잘. 깊은 골짜기에서 나와, 큰키 나무로 옮기네."이라 하였다. 唐 以來 嚶嚶은 꾀꼬리의 울음이라 보았고 꾀꼬리가 幽谷에서 喬木으로 옮기니 이것으로 승진·급제를 나타내게 되었다.
  本詩에서 꾀꼬리는 喬木으로 옮기지 못하고 헛되이 늙어가는 것이다.
* 殘春 : 봄이 다 되가는 시절.
* 蹉跎 : ① 헛디디어 넘어지다. 失足하다. ② 때를 놓치다. ③ 失意하다. 허송세월하다.
* 冠蓋 : 감투와 수레(덮개). 귀한 신분의 사람을 나타낸다.

<洛下寓懷> 薛能

胡爲遭遇孰爲官, 朝野君親各自歡.
敢向官途爭虎首, 尙嫌身累愛猪肝.
冰霜谷口晨樵遠, 星火爐邊夜坐寒.
唯有報恩心未剖, 退居猶欲佩芄蘭.

<洛陽에서 情懷를 寄托하다> 설능

어떡하면 기회를 만나나 어찌하면 관리가 될까?
조정의 임금 민간의 부모 각자 기뻐하시겠지.
그러나 감히 호랑이 아가리에서 다투며 벼슬길 향하리,
아직도 돼지 간 좋아하다 폐끼침 싫다오.
얼음·서리 있는 산골어귀 새벽에 나무하러 멀리 가고,
조그만 불 있는 화롯가에서 밤에 앉으면 시리다오.
그저 나라의 은혜에 보답하는 마음 드러내지 못해,
물러나 살면서도 오히려 새박덩굴 차려한다네.

註

*洛下 : 洛陽城. 下는 어느 附近, 一帶를 가리킨다. 예컨대 鄴下의 文人. 稷下의 賢者가 그것이다.

*遇懷 : 情懷를 寄托함.

*遭遇 : 좋은 기회·시운을 만나다.

*朝野 : 朝廷과 民間.

*君親 : 임금과 부모.

*虎首 : 虎口의 뜻으로 쓰인 듯하다. 극히 위험함을 말한다.

*猪肝 : ≪後漢書≫에 나오는 이야기.

閔仲叔이 安邑에 客居할 때 늙고 병들었는데 가난하여 고기를 먹을 수 없자 매일 돼지 간 한 조각을 사는데 푸주한이 간혹 주려하지 않았다. 安邑의 원님이 듣고는 관리를 시켜 주도록 하였다. 푸주한이 군말 없이 잘 주니 仲叔이 이상하여 묻고는 알았다. 이에 탄식하기를 閔仲叔이 어찌 口腹 때문에 安邑사또에게 누를 끼친단 말인가 하고 드디어 떠나 沛땅에 客居하다 천수를 누리고 죽었다.

後에는 猪肝으로 남에게 폐끼침을 나타냈다.

*谷口 : 陝西省에 있는 땅의 이름. 西漢末 鄭子眞이 이곳에 隱居하여 躬耕하여 名聲이 京師를 震動시켰다. 後에 谷口는 隱者가 사는 곳의 뜻으로 쓰였다.

*星火 : 등불. 작은 불빛. 약간의 불.

*剖心(부심) : 마음은 드러내 보임. 진심을 보임.

*芄蘭(환란) : 새박덩굴. 박주가리과에 속하는 다년생 덩굴 풀.

≪詩·衛風·芄蘭≫에서 "芄蘭之支, 童子佩觿. 환란의 덩굴가지여, 동자가 뿔송곳 찼네."라 하였는데 鄭玄의 箋에서 "芄蘭은 柔弱하여 항상 땅위를 기는데 기댈 곳이 있으면 일어난다."라 하였다.

本詩에서는 鄭玄의 箋을 취한듯하다. 즉 자기가 기대고 의지할 만한 사람이나 일이 있으면 꼭 그 기회를 이용하여 세상에 나아가 활약할 것을 바란다는 것이리라.

<下第歸宜春酬黃頗餞別> 潘唐

聖代澄淸雨露均, 獨懷惆悵出咸秦.
承明未薦相如賦, 故國猶慚季子貧.
御苑鍾聲臨遠水, 都門樹色背行塵.
一從此地曾攜手, 益羨江頭桃李春.

<落第한 뒤 宜春으로 돌아가며
黃頗의 餞別에 답하다> 반당

태평성대라 맑고 깨끗하여 비·이슬이 고르건만,
홀로 서글픈 마음 품고 秦의 咸陽을 떠나네.
承明廬에서 司馬相如의 賦를 推薦 않았으니,
집에 가면 蘇秦처럼 가난한 歸鄕이 부끄럽겠지.
멀리 흐르는 물가에는 나라동산의 종소리 들려오고,
나그네 발먼지 뒤로는 서울 성문 나무빛이 보이네.
이곳에서 그대와 손잡고 이별한 뒤부터,
강가 복사·오얏 핀 봄날이 더욱 그리우리라.

註

＊潘唐：唐 武宗 會昌(841~846)時代의 사람이란 것 외에는 알려진 것이 없으며 作品도 ≪全唐詩≫에 本詩 一首만이 전해질 뿐이다.

＊宜春：① 河南省의 縣名. ② 江西省의 고을이름.

＊聖代：聖世. 太平聖代. 자기가 사는 시대를 대접하여 이렇게 부르곤 하였다.

＊雨露：비와 이슬이니 임금의 恩澤을 말한다.

＊咸秦：秦나라의 都城인 咸陽. 唐人들은 이것으로 長安을 나타냈다.

＊承明廬：漢나라 承明殿의 附屬室로 侍臣들의 숙직하는 곳이다. 後에는 이것으로 朝廷에 들어가거나 朝官이 되는 것을 나타냈다.

＊司馬相如：漢나라 武帝때의 文人으로 賦의 巨匠이다. <上林賦>·<大人賦> 等이 現存한다. 本詩에서는 自身을 말한다.

＊季子：蘇秦의 字는 季子다. 戰國時代의 뛰어난 說客이며 策士로 六國의 宰相이 되었다. 그러나 일찍이 몇 년간의 遊說가 실패하고 곤궁하여 귀향하니 형제·형수·처첩이 모두 비웃었다. 당시의 人物인 張儀와 함께 蘇秦·張儀로 竝稱된다.

＊行塵：길 갈 때 일어나는 먼지. 이것으로 먼 길 가는 사람을 나타낸다.

＊攜手：서로 손을 잡다. 손에 손을 잡다는 뜻인데 李陵의 <與蘇武詩> 三首의 其三에서 "攜手上河粱, 遊子暮何之. 서로 손잡고 강 위 다리에 오르니, 나그네여 해는 저무는데 어디로 가려하나."라고 한 뒤부터 헤어지기 전에 아쉬운 마음으로 손을 잡고 거니는 뜻으로 쓰이게 되었다.

＊江頭：江邊 즉 강가. 江岸 즉 강기슭.

<下第> 賈島

下第只空囊, 如何住帝鄕.
杏園啼百舌, 誰醉在花傍.
淚落故山遠, 病來春草長.
知音逢豈易, 孤棹復三湘.

<落第> 가도

낙제하니 그저 빈 주머니만 있어,
어떻게 임금님의 고을에 머무나.
杏園에는 지빠귀 울고,
누구일까 꽃 옆의 취한 이는.
고향은 멀어 눈물이 나는데,
봄풀 긴데 병들다니…….
知音을 만남이 어찌 쉬우리,
다시 三湘에 외로운 배 타야지.

註

* 賈島 : 字는 浪仙, 范陽사람이다. 生卒年은 未詳인데 德宗 貞元(785~804)에서 懿宗 咸通(860~873) 사이에 生存하였다. 여러 번 과거에 응시하였으나 낙방하자 중이 되어 無本이라 하였다. 韓愈가 還俗하도록 하였으며 응시하였으나 또 낙제하였다. 일찍이 詩로 당시의 재상을 풍자하여 쫓겨났다. 그는 아주 힘들여 애써 시를 짓는 것으로 이름났는데 길에서 "落葉滿長安"이란 詩句의 짝을 찾다가 京兆尹의 행차와 충돌 하룻밤을 구류되었으며 "鳥宿池邊樹, 僧敲月下門"에서 敲字와 推字 어느 것을 고를까 고민 중 또 京兆尹의 행차를 범하였다. 宣宗이 微行하기를 좋아하였는데 青龍寺에서 賈島와 만났다. 賈島가 건방지게 몰아세우니 誹謗罪에 걸려 長江主簿로 쫓겨났다. 전해오는 말로는 매년 섣달그믐 밤에는 일년간 지은 작품을 상위에 놓고 향을 피우며 再拜하고 술을 부은 뒤 내 일년간의 苦心이다 하고는 痛飮하고 길게 읊었다 한다. 그의 詩思는 僻 즉 괴퍅(乖愎)하고 별난 것으로 이름났다.
* 帝鄕 : 임금님이 사는 고을이니 바로 서울이다.
* 杏園 : 長安에 있는 遊園地. 科擧의 及第者들에게 이곳에서 잔치를 열어주었으니 杏園探花宴이다.
* 百舌 : 지빠귀.
* 知音 : ≪列子 · 湯問≫에 나오는 이야기.

  伯牙는 琴을 잘 타고 鍾子期는 잘 알아들었다. 伯牙가 高山을 생각하며 타면 鍾子期는 泰山처럼 높구나 하였으며 伯牙가 流水를 염두에 두고 타면 鍾子期는 강물처럼 넓구나 하였으니 伯牙의 생각하는 것을 鍾子期는 꼭 알아냈다.

  後世에는 知音으로 知己 · 同志를 나타내게 되었다.
* 棹(도) : 배 젓는 노인데 이것으로 배를 나타낸다.
* 三湘 : 湖南의 湘鄕 · 湘潭 · 湘陰을 三湘이라 하는데 다만 古人의 詩文에 나오는 三湘은 대개 湘江流域과 洞庭湖 地區를 나타낸다.

<送沈秀才下第東歸> 賈島

曲言惡者誰, 悅耳如彈絲.
直言好者誰, 刺耳如長錐.
沈生才俊秀, 心腸無邪欺.
君子忌苟合, 擇交如求師
毁出疾夫口, 騰入禮部闈.
下第子不恥, 遺才人恥之.
東歸家室遠, 掉轡時參差.
浙雲近吳見, 汴柳接楚垂.
明年春光別, 回首不復疑.

<沈秀才가 落第하고 동쪽으로 돌아가므로 전송한다> 가도

완곡한 말 싫어할 이 누구랴,
귀를 기쁘게 함이 현악기 타는 듯한데.
솔직한 말 좋아할 이 누구랴,
귀를 찌름이 긴 송곳 같은데.
심생(沈生)은 준수한 인재로,
마음 속에 사악함·속임이 없도다.
군자는 영합함을 꺼리니,
벗 고름을 스승 구하듯 한다.
헐뜯음이 시새우는 이의 입에서 나와,
예부(禮部)의 문으로 날아들었다.
낙제를 그대는 부끄러워 말지니,
인재 잃음을 사람들이 부끄러워해야지.
멀리 집이 있는 동으로 돌아가니,

고삐 휘두르며 멀어지리라.
절강(浙江)의 구름을 오(吳)땅 가까이에서 볼 것이고,
변수(汴水) 운하 버들은 초(楚)땅에 다가가면 드리웠으리.
명년 봄의 경치는 지금과는 다를 것이니,
생각 고치고 의심 마시길.

註

* 曲言 : 婉曲한 말.
* 彈絲 : 彈奏 絃樂器.
* 直言 : 率直한 말.
* 錐(추) : 송곳.
* 心腸 : ① 心情. 心緖. ② 感情. ③ 心中. ④ 胸懷.
* 邪 : 不正. 怪異之事. 非正常.
* 苟合 : ① 아부하다. 영합하다. ② 그럭저럭 되는대로 모이다.
* 擇交 : 朋友를 선택함.
* 疾 : 妒忌. 시새움. 혐오함. 증오함.
* 禮闈 : 科擧는 禮部에서 主管한다. 禮闈는 禮部의 門, 考査場의 門이다.
* 轡(비) : 고삐.
* 參差 : 멀리 떨어짐. 가로막힘.
* 浙江 : 錢塘江.
* 汴渠 : 中原에서 東南으로 통하는 운하.
* 春光 : 봄날의 風光·景致.
* 別 : 特別한. 별도의. 다른. 及第하면 경치도 다르게 보일 것이다.
* 回首 : 回頭. 깨달음이 있어 원래의 생각을 바꿈.

<客喜> 賈島

客喜非實喜, 客悲非實悲.
百迴信到家, 未當身一歸.
未歸長嗟愁, 嗟愁塡中懷.
開口吐愁聲, 還却入耳來.
常恐淚滴多, 自損兩目輝.
鬢邊雖有絲, 不堪織寒衣.

<객희> 가도

나그네에게 기쁨이란 진실로 기뻐할 수 없는 것,
나그네에게 슬픔이란 진실로 슬퍼할 수 없는 것.
백번 편지를 집에 보내도,
몸소 한번 돌아감만 못하지.
돌아가지 못하니 언제나 탄식하며 근심하니,
탄식과 근심이 가슴을 채우네.
입만 열면 근심하는 소리 터져 나와도,
돌아와 도리어 내 귀속으로 들어가네.
늘 두렵긴 눈물 떨굼 많아,
두 눈의 빛이 상할까였지.
귀밑에는 흰 실이 있다지만,
추위 막을 옷도 짤 수 없다네.

註

*信 : ① 書信. 편지. ② 使者.

*當 : ~과 같다. 상당하다.

*嗟愁 : 탄식하며 근심함.

*塡(전) : 메우다. 채우다. 박아 넣다.

*中懷 : ① 內心. ② 內臟.

*寒衣 : 추위를 막는 못. 겨울옷.

<朝飢> 賈島

市中有樵山, 此舍朝無煙.
井底有甘泉, 釜中乃空然.
我要見白日, 雪來塞靑天.
坐聞西牀琴, 凍折兩三弦.
飢莫詣他門, 古人有拙言.

<아침의 굶주림> 가도

저자 안에는 산처럼 땔나무 있는데,
이 집에는 아침에도 연기가 없다.
우물 밑에는 단 샘이 있는데,
솥 속은 도리어 텅 비었다.
볕 쪼이려 흰 해를 보려하나,
눈이 와 푸른 하늘 가렸다.
그저 앉아 있자니 서쪽 책상의 거문고 줄이,
얼어서 두세 줄 끊어지는 소리 들린다.
굶주려도 남의 집 문 찾지 말 것이니,
옛사람의 우직한 말씀 있도다.

註

* 乃 : 도리어. 뜻밖에. 의외로.
* 塞 : 가리다. 가로막다. 막히다.
* 古人 : 後漢때 汝南의 袁安을 가리킨다.
≪汝南先賢傳≫에 나오는 이야기.
이때 큰 눈이 와서 洛陽令이 몸소 시찰에 나섰다. 사람들이 모두 눈을 치우고 나왔으며 구걸하는 사람도 있었다. 袁安의 집에 오니 다니는 길이 없어 袁安이 죽었으리라 생각했다. 사람들을 시켜 눈을 치우고 들어가 보니 袁安이 빳빳하게 누워있었다. 왜 나오지 않았는가 물었더니 대답하기를 큰 눈에 모두 굶주렸는데 남에게 달라는 것이 마땅하지 않았다는 것이었다. 洛陽令이 어질다 여겨 孝廉으로 추천하였다.
* 拙言 : 質朴한 말. 愚直한 말.

<春日將欲東歸寄新及第苗紳先輩> 溫庭筠

幾年辛苦與君同, 得喪悲歡盡是空.
猶喜故人先折桂, 自憐羈客尙飄蓬.
三春月照千山道, 十日花開一夜風.
知有杏園無路入, 馬前惆悵滿枝紅.

<봄날 동쪽으로 돌아가려 하며
 막 급제한 苗紳 先輩에게 부친다> 온정균

몇 해던가 그대와 맵고 쓴맛을 함께 한 것이,
얻었다고 기뻐하고 잃었다고 슬퍼함이 모두 허망한 것을.
그래도 기쁜 것은 벗님이 먼저 계수나무 꺾은 것이나,
내 자신 가련하네 나그네 되어 여전히 구르는 쑥대 같은 것이.
暮春의 달은 수많은 산의 길을 비추는데,
열흘 갈 꽃은 하룻밤 바람이 피웠네.
杏園은 있어도 들어갈 길 없음 알고말고,
길 떠날 말 앞의 가지 가득한 붉은 꽃도 서럽다네.

註

* 溫庭筠 : 字는 飛卿이며 太原사람이다. 어려서부터 총명하였고 詩想은 아주 아름다웠으며 특히 詞와 小賦에 능하였다. 同時代의 李商隱과 함께 이름나 溫李라 竝稱되었다. 그러나 입이 싸고 행동이 절제되지 않아 나쁜 소문이 널리 퍼졌고 여러 번 응시하였으나 급제하지 못하였다. 科擧에서 詩를 지을 때 한번 손깍지 끼면 一韻二句를 이루었으니 여덟 번 손깍지 끼는 사이에 八韻十六句의 作品을 완성, 세상에서 溫八叉 즉 溫 여덟 깍지라 하였다. 地方의 下級官吏로 돌았는데 가장 得意한 시기는 國子監의 助敎를 하고 主試 즉 試驗官이 되었을 때인데 자신의 고통을 생각하여 출신이 한미하나 才華가 뛰어난 인재를 크게 고려하였다 한다. 그러나 평생 李商隱과 함께 輕薄浮躁라는 평을 면할 수 없었다.
* 先輩 : ① 지위·나이가 자기보다 많은 사람. ② 唐代 進士及第한 사람끼리 서로 부르는 敬稱.
* 羈客(기객) : 나그네.
* 飄蓬(표봉) : 轉蓬. 이리저리 굴러다니는 쑥대.
* 三春 : ① 봄 석달. 즉 正月이 孟春, 二月이 仲春, 三月이 季春, 暮春. ② 봄철의 세 번째 달. 暮春.
* 千山 : 山이 많은 것을 극도로 과장한 말.
* 十日花 : 열흘 갈 꽃. 열흘 피어 있을 꽃.
* 杏園 : 及第者들의 축하잔치가 열리던 곳.

<春日偶作> 溫庭筠

西園一曲艷陽歌, 擾擾車塵負薜蘿.
自欲放懷猶未得, 不知經世竟如何.
夜聞猛雨判花盡, 寒戀重衾覺夢多.
釣渚別來應更好, 春風還爲起微波.

<봄날 우연히 짓다> 온정균

놀이터에서 아름다운 봄노래 한곡 들으니,
내 수레의 어지러운 먼지는 薜荔(벽려)와 女蘿(여라)의 은둔을 저버림이지.
마음 털어놓는 草野생활도 얻을 수 없는데,
모르겠네 세상 다스리는 벼슬길이 결국 어떠할지.
밤중 세찬 비바람에 꽃은 다 졌겠고,
추워 겹이불 그리우니 꿈이 어수선함 알겠네.
낚시하던 물가는 헤어진 뒤 더욱 근사하리니,
봄바람이 또한 잔물결 일으키겠지.

註

*西園 : 본래 三國時代 魏나라의 園林인데 후에는 遊園地의 뜻으로 쓰인다.

*艶陽 : 아름답고 따뜻한 봄날을 가리킨다. 艶陽天, 艶陽日, 艶陽節로 흔히 쓰인다.

*擾擾(요요) : 어지러운 모양. 소란한 모양.

*負 : 저버리다. 배신하다. 위반하다.

*薜蘿 : 薜荔(벽려) 즉 줄사철나무와 女蘿(여라). 옛부터 이것으로 隱者의 의복, 隱者의 居處를 나타냈다.

*放懷 : 세속적인 名利를 따르지 않고 마음을 느긋하게 먹다. 세상 살아가는 이해득실을 떠나 마음을 열다, 흉금을 털어놓다.

*經世 : 세상을 다스림. 흔히 經世濟民 즉 세상을 다스리고 백성을 구제함으로 쓰인다.

*猛雨 : 맹렬(猛烈)하게 쏟아지는 비.

*判 : ① 區分하다. ② 분명하다. 명백하다. ③ 판단하다.

*戀 : 생각하다. 그리워하다.

*重衾 : 겹이불.

*釣渚(조저) : 낚시하던 물가. 낚시하던 물 가운데 섬.

<長安春晩> 二首 溫庭筠

其一
曲江春半日遲遲, 正是王孫悵望時.
杏花落盡不歸去, 江上東風吹柳絲.

其二
四方無事太平年, 萬象鮮明禁火前.
九重細雨惹春色, 輕染龍池楊柳烟.

<長安 봄날 저녁> 二首 온정균

기일
曲江 봄은 반이 가고 해는 더디니,
바로 王孫이 서글프게 바라보는 때구나.
살구꽃 다 지고 돌아가지 못하니,
강물 위 동풍만 실버들에 부누나.

기이
四方에 일이 없어 태평한 시절,
森羅萬象은 寒食 전이라 선명하구나.
九重宮闕 이슬비 봄빛을 끌어내니,
龍池의 버들·안개 살짝 물들였네.

註

*春晩 : 春暮. ① 봄이 저물다. 늦봄. ② 봄날의 저녁.

*王孫 : 王의 子孫. 후에는 귀족의 자제를 이렇게 불렀다.
≪楚辭≫의 淮南小山 <招隱士>에서 "王孫遊兮不歸, 春草生兮萋萋. 王孫은 떠돌며 돌아오지 않으니, 봄풀은 돋아 무성하다."라 하였다.
本詩에서는 作者自身을 말한다.

*杏花落盡 : 살구꽃 다 지다. 杏園의 잔치는 끝났다는 의미를 가지니 결국 落第했다는 말이다.

*柳絲 : 버들은 이별을 상징한다.

*無事 : 變故가 없는 것. 대부분 전쟁이나 災難이 없는 것을 가리킨다.

*萬象 : 우주 안 일체의 事物·景象. 흔히 森羅萬象이라 쓴다.

*禁火 : 寒食에는 사흘간 불 때 음식 만드는 것을 금하였다.

*九重 : 하늘의 문은 아홉 겹이라 한다. 여기에서 대궐의 문을 가리키게 되었으며 다시 대궐, 조정, 제왕을 나타내게 되었다.

*細雨 : 가랑비. 이슬비. 안개비.

*惹(야) : (어떤 결과나 사태를) 일으키다. 야기하다.

*龍池 : 長安 隆慶坊의 玄宗 潛邸 옆에 있었는데 玄宗 卽位後 興慶宮을 세우니 龍池는 그 안에 들게 되었다.

<寒食前有懷> 溫庭筠

萬物鮮華雨乍晴, 春寒寂歷近淸明.
殘芳荏苒雙飛蝶, 曉睡朦朧百囀鶯.
舊侶不歸成獨酌, 故園雖在有誰耕.
悠然更起嚴灘恨, 一宿東風蕙草生.

<寒食前 생각하는 바가 있어서> 온정균

비오다 홀연 개니 만물이 선명하고 화려하지만,
청명이 가까운데 봄은 아직 춥고 적막하구나.
흐르는 세월 가까스로 남은 꽃에 한 쌍 나비 나는데,
어렴풋한 새벽잠 꾀꼬리는 수없이 지저귄다.
옛 짝은 돌아오지 않아 혼자 따르고 혼자 마시니,
옛 동산 비록 있다한들 누구 있어 밭 갈리오.
아득하게 嚴子陵 여울의 한탄이 일어나니,
하룻밤 東風에 그곳에는 蕙草가 돋았으리.

註

* 萬物 : 봄날의 草木을 가리킨다.
* 鮮華 : 鮮艷하고 華麗함.
* 乍(사) : ① 언뜻. 졸지에. 갑자기. ② 잠깐. 잠시.
* 寂歷 : 寂寞하다. 쓸쓸하다. 적적하다. 썰렁하다.
* 淸明 : 淸明節. 이십사절기의 하나. 春分과 穀雨 사이에 들며 4월 5일 무렵이다.
* 殘芳 : 殘花. 殘英. 장차 지려는 꽃. 아직도 남아있는 꽃. 아직 지지 않고 남아있는 꽃.
* 荏苒(임염) : ① 세월이 덧없이 흐름. ② 柔弱한 모양.
* 朦朧(몽롱) : ① 달빛이 흐릿하다. ② 모호하다. 어렴풋하다. 불분명하다.
* 囀(전) : 새가 지저귀다.
* 悠然 : ① 침착하고 담담하게. ② 슬프고 처량하게.
* 嚴灘(엄탄) : 嚴陵瀨(엄릉뢰). 後漢의 創業主인 光武帝 劉秀와 어려서 同門修學한 嚴光 즉 嚴子陵은 벼슬을 굳이 마다하고 富春山에 隱居, 躬耕自給하였다. 그가 낚시하던 곳을 嚴陵瀨 즉 嚴子陵의 여울이라 하는데 浙江 桐廬縣 南에 있다.
  本詩에서는 作者가 돌아갈 곳, 은거할 곳을 말한다.

<送客偶作> 溫庭筠

石路荒涼接野蒿, 西風吹馬利如刀.
小橋連驛楊柳晚, 廢寺入門禾黍高.
鷄犬夕陽喧縣市, 鳧鷖秋水曝城壕.
故山有夢不歸去, 官樹陌塵何太勞.

<나그네를 배웅하다 우연히 짓다> 온정균

황량한 돌길 쑥대밭과 닿았는데,
가을이라 말에 부는 서풍 칼처럼 날카롭다.
역에 이어진 작은 다리 버들은 노을을 띠었고,
문에 들면 廢寺엔 벼와 기장만 높다.
夕陽에 닭 개는 고을거리에서 시끄럽고,
가을 물오리 갈매기는 城 밖 해자에서 볕 쪼인다.
꿈속에 있는 고향은 돌아가지 못하고,
官道 가로수와 길 위 먼지 속에 왜 그리 가쁜지.

註

*野蒿(야호) : 艾蒿(애호)의 다른 이름이니 쑥을 이렇게 어렵게 썼다.

*廢寺 : 폐하여져 중이 없는 절.

*禾黍 : 벼와 기장.

*縣市 : 縣 안의 거리.

*鳧鷖(부예) : 물오리와 갈매기.

*曝(폭) : 햇볕에 쬠.

*壕(호) : 해자(垓子). 성 주위에 둘러 판 못. 흔히 城壕라 쓴다.

*官樹 : 官道가에 심은 나무.

*陌塵 : 길 위의 먼지.

*勞 : ① 일하다. 노동하다. ② 폐 끼치다. 애쓰게 하다. ③ 피로(하다). ④ (체력·힘·마음) 쓰다.

<下第後屛居書懷寄張侍御> 劉駕

刖足豈一生, 良工隔千里.
故山彭蠡上, 歸夢向汾水.
低摧神氣盡, 僮僕心亦耻.
未達誰不然, 達者多忘此.
行年忽已壯, 去老年更幾.
功名生不彰, 身歿豈爲鬼.
纔看芳草歇, 即歎涼風起.
驄馬未來期, 嘶聲尚在耳.

<낙제한 뒤 숨어살며 회포를 써서 張侍御史에게 부칩니다> 유가

발꿈치 잘린 채로 어찌 일생을 보내리오,
훌륭한 감정가가 천리 밖에 있을 뿐이지요.
고향은 彭蠡湖가에 있지만,
저의 꿈은 物外에 超然히 노는 汾水였습니다.
낙제하니 머리 눈썹 숙이고 生氣는 다 했으며,
어린 종도 마음으로 부끄럽게 여기겠지요.
출세 못하면 그 누가 그렇지 않겠습니까,
다만 높아지면 대부분 잊을 뿐이지요.
지금 나이 홀연히 삼십이니,
늙은이와 차이가 얼마나 되겠습니까.
功名을 살아서 드러내지 못하면,
몸이 죽어도 어찌 제사 받을 귀신 되겠습니까.
막 방초가 다함을 보았는데,

고대 서늘한 바람 일어남에 탄식합니다.
青驄馬 타신 분 올 기약 없는데,
말 울음소리 오히려 귀에 쟁쟁합니다.

註

*本作品은 李頻의 詩集에도 실려 있다.

*劉駕 : 字는 司南이며 江東人이다. 生卒年은 未詳인데 宣宗·懿宗때 活動하였다. 曹鄴과 절친하였는데 두 사람 모두 古風을 잘하였다. 曹鄴이 먼저 及第하였는데 차마 먼저 歸鄕하지 못하고 기다리다 宣宗 大中 6年(852)에 劉駕 또한 及第하니 함께 越땅으로 돌아갔다. 벼슬은 國子博士로 끝냈다.

*屛居 : 물러나 隱居하다.

*刖足(월족) : 발꿈치를 베는 형벌. 古代 肉刑의 하나다.
第1·2句는 卞和의 이야기다. 玉의 原石을 바쳤는데 玉工이 玉이 아니고 돌이라 하여 左右의 발꿈치를 잘렸고 나중에 美玉으로 판명이 났다.
本詩에서는 作者의 才能을 비유하며 제대로 된 良工 즉 시험관이 千里 밖에 있어서 못 알아보지 정말로 훌륭한 玉 즉 재능을 자기가 가졌다고 자부하는 것이다.

*故山 : 故鄕.

*彭蠡(팽려) : 江西省에 있는 彭蠡湖. 彭澤이라고도 함.

*歸夢 : 고향으로 돌아가는 꿈.
本詩에서는 평소 자기가 원하고 志向하는 바를 가리킨다.

*汾水(분수) : ≪莊子·逍遙遊≫에 나오는 이야기.
堯임금이 天下의 백성을 다스려 海內의 政事를 安定시킨 뒤 藐姑射山(막고야산) 위 汾水의 북쪽으로 得道한 네 분을 찾아가니 자신이 천하를 가졌었다는 것을 까맣게 잊을 수 있었다 한다.
後世에 汾水의 노님으로 超然히 物外에 처한 것을 형용하였다.

*低摧 : 低首摧眉. 즉 머리를 숙이고 눈썹을 낮게 드리움. 피로한 모습, 지친 모습이다.

*神氣 : 기운. 생기. 원기. 기력.

*僮僕 : 어린 종. 심부름꾼 아이.

*達 : 顯達. 顯貴. 높은 벼슬하다. 고관대작이 되다. 입신출세하다.
≪孟子≫에서 窮하면 獨善其身하고 達하면 兼善天下라 하였다.

*行年 : 먹은 나이. 현재의 나이.

*壯 : 서른 살.

《禮記·曲禮上》에서 三十을 壯이라 하니 가정을 이룬다(三十曰壯, 有室)라 하였다.

* 去 : 距離.
* 鬼 : 祭祀를 받을 수 있는 祖上鬼神을 말한다. 제사를 받지 못하는 귀신을 여귀(厲鬼)라 하였다.
* 芳草 : 香草.
* 歇(헐) : 쉬다. 그만두다. 멈추다. 잠자다. 다하다. 사라지다.
* 驄馬(총마) : 靑驄馬. 푸른빛을 띤 부루말.
옛날 御史들이 이것을 탔다 한다. 그래서 驄馬御史라 흔히 쓴다.
* 嘶(시) : 말이 우는 것을 말한다.

<下第東歸途中書事> 劉滄

峽路誰知倦此情, 往來多是半年程.
孤吟洛苑逢春盡, 幾向秦城見月明.
高柳斷煙侵嶽影, 古堤斜日背灘聲.
東歸海上有餘業, 牢落田園荒草平.

<落第한 뒤 동쪽으로 돌아가는 도중 일들을 적다> 유창

누가 알랴 峽谷 좁은 길에 진저리나는 내 마음을,
오고 가는데 대개 반년의 노정이란다.
봄 다할 때 닥치면 洛苑에서 쓸쓸히 읊조렸고,
밝은 달 드러나면 秦城에서 몇 번이나 바라보았나.
키 큰 버들 한줄기 연기 걸릴 때 산그늘이 다가오고,
묵은 둑 태양이 기울면 여울소리 뒤에 들리네.
동쪽 바닷가 돌아가면 遺業있건만,
쓸쓸한 전원 잡초만 무성하겠지.

註

* 劉滄 : 字는 蘊靈이며 魯國사람이다. 生卒年은 未詳인데 宣宗(847~859)·懿宗(860~873) 때에 활동하였다. 체격이 장대하고 훤칠하였으며 절개가 있었고 술을 잘 마시며 古今의 일을 담론하여 사람들이 종일 들어도 물리지 않았다 한다. 宣宗의 大中 8(854)年에 進士及第하였으며 業原尉가 되었고 다시 龍門令을 지냈다.
* 峽路(협로) : 峽谷 사이에 난 좁은 길이나 물길.
* 倦 : ① 피곤하다. 고단하다. ② 싫증나다. 진저리가 나다.
* 程 : 路程. 즉 목적지까지 걸리는 시간을 말한다.
* 孤吟 : 혼자 외롭게 읊조리다.
* 洛苑 : 洛陽苑. 唐나라 때 洛陽의 內苑 즉 皇宮 안의 庭園인데 宮城의 서쪽에 위치하고 있어 西苑이라고도 한다.
  第3句는 東都 洛陽에서 지낸 일을 말한다.
* 秦城 : 秦나라의 咸陽城이니 唐의 長安城이 된다.
  第4句는 西都 長安에서의 생활을 말한다.
* 斷煙 : 孤煙. 片煙.
* 侵 : 接近하다. 차츰 다가오다.
* 背 : 등지고 있다. 뒤로 하고 있다.
* 餘業 : 조상으로부터 전해 내려오는 基業. 遺業.
* 牢落 : ① 孤寂. ② 영락하여 황폐해진 모양.
* 荒草 : 雜草.
* 平 : 풀이 무성하여 높고 낮은 것을 평평하게 덮어버린 모습이다.

<下第後懷舊居> 劉滄

幾到靑門未立名, 芳時多負故鄕情.
雨餘秦苑綠蕪合, 春盡灞原白髮生.
每見山泉長屬意, 終期身事在歸耕.
蘋花覆水曲谿暮, 獨坐釣舟歌月明.

<落第後 옛집을 그리며> 유창

몇 번인가 靑門에 와 立身揚名 못함이,
꽃피는 시절 대개 고향 그리는 마음 저버렸지.
비온 뒤 秦나라 동산에 푸른 풀은 덮였고,
봄이 다가니 灞水 언덕에 흰머리 돋았지.
매양 산과 물을 보면 늘 마음이 쏠렸고,
종당에는 돌아가 밭가는 것 나의 일이라 기약했지.
저녁 구불구불한 계곡 백빈(白蘋)꽃 물 덮으면,
낚싯배에 홀로 앉아 밝은 달을 노래하겠지.

註

* 靑門 : 漢나라 長安城 東南門. 본명은 霸城門인데 문이 푸르러 세상에서 靑門이라 불렀다.
本詩에서는 唐나라 長安城을 가리킨다.
* 立名 : 樹立名聲. 立身揚名.
* 芳時 : 良辰(좋은 날. 호시절). 꽃피는 시절.
* 雨餘 : 雨後. 비온 뒤.
* 秦苑 : 옛날 秦나라의 宮苑.
여기에서는 唐 長安의 宮苑이다.
* 綠蕪 : 무성하게 우거진 푸른 풀.
* 合 : ① 풀이 빽빽하여 한데 합치다. ② 풀이 뒤덮다. 合은 覆蓋의 뜻이 있다.
* 灞原 : 灞水의 서쪽은 高原이므로 灞原, 灞上이라 한다.
* 山泉 : ① 山中의 泉水. ② 山水 즉 山水의 風景을 말한다.
* 長 : 常. 항상. 늘.
* 屬意(촉의) : 신경이 쓰이다. 마음이 쏠리다.
* 身事 : 자신의 사업. 자신의 事情.
* 蘋 : 田字草. 네가래.
* 釣舟 : 釣船. 釣艇. 낚싯배.

<送友人下第東歸> 劉滄

漠漠楊花灞岸飛, 幾廻傾酒話東歸.
九衢春盡生鄉夢, 千里塵多滿客衣.
流水雨餘芳草合, 空山月晩白雲微.
金門自有西來約, 莫待螢光照竹扉.

<벗님이 落第한 뒤 동쪽으로 돌아가므로 전송한다> 유창

자욱한 버들솜 灞水(파수) 기슭에 날릴 때,
몇 번째인가 술잔 기울이며 동쪽 돌아갈 이야기한 것이.
번화가에 봄이 끝나자 고향 꿈꾸니,
천리 길 먼지 많아 나그네 옷을 가득 채우리.
흐르는 물 비온 뒤 향긋한 풀이 덮였고,
그윽한 산 달 기우니 흰 구름이 흐릿하네.
본래 서쪽 長安 金門에 와야 할 기약 있으니,
반딧불 대나무 문 비칠 때까지 기다리지 마시길.

註

* 漠漠 : (구름 · 안개가) 짙게 낀 모양. 자욱하다. 뿌옇다.
* 楊花 : 柳絮. 즉 버들솜, 버들개지. 楊柳의 꽃은 엷은 황색이며 씨가 맺히면 흰색의 솜털이 생겨 바람 따라 날리니 이것이 柳絮다. 즉 花와 絮는 별개인데 詩人들은 柳絮의 뜻으로 楊柳의 花를 잘못 쓰곤 하였다.
* 第2句는 낙제가 여러 번이었음을 말한다.
* 九衢(구구) : 종횡으로 교차하는 큰길. 이것으로 번화한 시가지를 나타낸다.
* 春盡 : 봄날의 합격자 발표가 끝이 났음을 암시한다.
* 鄕夢 : 思鄕의 꿈.
* 雨餘 : 雨後.
* 合 : ① 하나가 되다. 합치다. ② 가리다. 덮다. 뒤덮다. 덮어씌우다.
* 空山 : 사람이 없는 그윽하고 깊은 산.
* 金門 : 金馬門. 漢代 궁궐의 문 이름. 이것으로 서울이나 朝廷을 나타낸다.
* 西來約 : 서쪽의 長安으로 와서 벼슬할 기약이 있다.
* 竹扉 : 대나무를 엮어 만든 문.

<春晩旅次有懷> 劉滄

晩出關河綠野平, 依依雲樹動鄕情.
殘春花盡黃鶯語, 遠客愁多白髮生.
野水亂流臨古驛, 斷煙凝處近孤城.
東西未遂歸田計, 海上靑山久廢耕.

<봄날 저녁 여행 중 잠시 머물다
생각하는 바가 있어서> 유창

關河를 저녁에 벗어나니 푸른 벌판 질펀한데,
어슴푸레한 구름·나무 고향생각 일으킨다.
저무는 봄 꽃은 다했어도 꾀꼬리는 지저귀는데,
먼 길 나그네 시름 차 백발이 돋는다.
교외의 강 물결 어지러울 때 오랜 역(驛)에 들어가고,
한줄기 연기 맺힐 때 외딴 성(城)에 다가간다.
東西南北 떠도느라 전원으로 돌아갈 계획 못 이루니,
바닷가 靑山은 밭갈이 오랫동안 포기했었지.

註

*春晚 : 春暮. ① 봄이 저물다. 늦봄. ② 봄날의 저녁. (*秋晚 : 秋暮. ① 晩秋. 深秋. 깊어가는 가을. 늦가을. ② 가을 저녁.)
*旅次 : ① 나그네가 잠시 머무는 곳. ② 여행 중 잠시 머물다.
*關河 : 函谷關과 黃河. 長安一帶를 가리킨다.
*綠野 : 푸른 벌판. 綠色의 原野.
*平 : 질펀하다. 즉 땅이 넓고 평평하게 펼쳐져있다.
*依依 : 희미하다. 어렴풋하다. 어슴푸레하다. 아련하다.
*雲樹 : ① 구름과 나무. ② 높이 구름까지 솟은 나무.
*鄕情 : 고향을 그리는 심정.
*殘春 : 봄이 다 되가는 시절. 晩春. 暮春.
*黃鶯語 : 黃鶯은 급제자를 암시한다. 따라서 급제자들이 떠드는 것을 말함.
*遠客 : 먼 곳에서 온 나그네. 먼 길 가는 나그네.
*野水 : 野外의 강물.
*亂流 : ① 어지러운 물결. ② 물을 가로 건너다. 횡단하다.
*處 : 時.
*東西 : 東西南北의 四方으로 떠돌다.
*遂 : 성공하다. 성취하다. 생각대로 되다. 마음먹은 대로 되다.
*靑山 : 은거하는 곳을 가리킨다.

<送友人罷擧赴薊門從事> 劉滄

人生行止在知己, 遠佐諸侯重所依.
綠綬便當身是貴, 靑霄休怨志相違.
晩雲遼水疏殘雨, 寒角邊城怨落暉.
此去黃金臺上客, 相思應羨雁南歸.

<벗님이 과거를 그만두고 薊門의 從事로 赴任한다기에 전송한다> 유창

사람의 행동거지는 나 알아주는 知己에 달렸으니,
멀리 가 諸侯를 補佐하니 의탁함 막중하도다.
몸이 귀해져 綠色 印綬가 어울리니,
뜻이 어긋났다고 朝廷을 원망 마시게.
遼河의 저녁구름 그치는 빗방울 성기게 하고,
邊方 城郭의 오싹하는 나팔소리 석양을 원망하겠지.
이제 떠나 黃金臺 위의 빈객 되시니,
그리움에 남으로 나는 기러기 부러우시리.

註

* 薊門(계문) : 薊丘. 지금의 北京城 부근이다. 唐代 幽州 一帶며 范陽節度使의 管轄이었다.
* 從事 : 官名. 三公과 州郡의 長官은 屬僚를 둘 수 있었는데 대부분 從事라 하였다.
* 行止 : ① 一擧一動. ② 행방. 소재. 종적.
* 諸侯 : 본래 帝王이 分封한 各國의 君主를 가리키나 後世에는 軍政의 大權을 掌握한 地方長官도 諸侯라 하였다. 本詩에서도 이 뜻으로 쓰였다.
* 綠綬 : 綠色의 官印을 묶는 끈. 從事 신분에 맞는 인끈이다.
* 當 : 합당하다. 어울리다. 적합하다.
* 青霄(청소) : 본래 青天·高空의 뜻인데 여기에서 서울·朝廷도 나타내게 되었다. 한편 과거에서 좋은 성적으로 합격함도 뜻하게 되었다.
* 遼水 : 遼河. 강물이름.
* 疏 : 드문드문하다. 성기다.
* 殘雨 : 끝나가는 비. 장차 멈추려는 비.
* 寒角 : 號角. 신호나팔. 寒夜에 불어서 寒角이라 한다. 또는 그 소리가 淒厲(처량하고 날카롭다. 처량하고 새되다)하여 사람들을 오싹하게 만들어 寒角이라 한다고 한다.
* 黃金臺 : 戰國時代 燕나라 昭王이 이 臺를 쌓고 千金을 둔 뒤 天下의 賢士를 불렀다 한다. 薊門은 옛 燕나라의 지경 안에 있으므로 이렇게 호의적으로 사용하였다.

<看牓日> 劉滄

禁漏初停蘭省開, 列仙名目上清來,
飛鳴曉日鶯聲遠, 變化春風鶴影回.
廣陌萬人生喜色, 曲江千樹發寒梅.
靑雲已是酬恩處, 莫惜芳時醉酒杯.

<牓을 보던 날> 유창

대궐 물시계 막 멈추자 秘書省 열리며,
신선들의 이름이 하늘에서 오도다.
새벽 태양에 날며 우는 꾀꼬리 소리 멀리 퍼지고,
봄바람에 변화한 두루미 그림자 돌아오도다.
큰길에는 백성들이 기쁜 낯빛 드러내고,
曲江의 일천 그루 매화꽃 피우도다.
靑雲에 올라 이제 나라·부모의 은혜에 보답할 때이니,
꽃피는 시절 술잔에 취함 아끼지 말지어다.

註

*牓 : 榜. 과거의 합격자 발표를 알리는 글. 봄에 발표하므로 흔히 春榜이라 한다.

*禁漏 : 宮中의 시작을 재는 漏刻 즉 물시계. 또한 宮中 물시계가 내는 소리를 말하기도 한다.

*蘭省 : 蘭臺를 말하니 바로 秘書省이다.

*列仙 : 諸仙. 여러 신선들. 과거급제자를 말한다.

*上淸 : 道敎에서 말하는 三淸의 하나. 玉淸, 上淸, 太淸이 三淸이다. 그러나 보통 上天·天空을 나타내며 다시 朝廷·宮闕도 뜻한다.

*鶯聲 : 여러 번 나왔다. ≪詩·小雅·伐木≫에서 꾀꼬리가 깊은 골짜기에서 나와 큰키나무로 옮아간다 하였다. 이 때문에 鶯遷은 승진·급제를 나타내게 되었다.

本詩에서도 꾀꼬리 소리 널리 퍼지니 급제 소식이 멀리 전파된다는 뜻이다.

*鶴影 : 鶴은 神仙이 된다 하였다. 及第者들은 列仙이므로 이렇게 말할 수도 있고 또한 官員의 人選을 鶴侶라고도 하였다. 그렇다면 及第者들은 鶴侶가 된다 하겠다.

*廣陌 : 大路.

*萬人 : 흔히 "一人之下, 萬人之上"이라 하는데 一人은 임금, 萬人은 百官을 가리킨다. 여기서는 백성을 말한다.

*寒梅 : 梅花는 추위를 무릅쓰고 피므로 이렇게 부른다.

*靑雲 : ① 높은 벼슬. ② 원대한 포부. 여기에서는 과거에 급제한 것이 靑雲에 오른 것 같다고 한 것이다.

*酬恩 : 恩德에 報答함. 나라와 부모의 은혜에 보답함.

*處 : 時와 같다.

*芳時 : 良辰. 꽃피는 시절.

<和友人下第北遊感懷> 李頻

聖代爲儒可致身, 誰知又別五陵春.
青門獨出空歸鳥, 紫陌相逢盡醉人.
江島去尋垂釣遠, 塞山來見擧頭頻.
且須共漉邊城酒, 何必陶家有白綸.

<벗님이 낙제한 뒤 北方을 유람하며
느껴 지은 詩에 和答한다> 이빈

聖代에 선비 되면 몸 바쳐 벼슬할 만한데,
어찌 알았으랴 봄날 五陵을 또 떠날 줄을.
青門을 홀로 벗어나니 한낱 돌아가는 새 같았는데,
보랏빛 서울거리 만나느니 취한 사람들이었다네.
강물 속 섬 떠나니 낚시 드리우려 찾는 일 멀어졌고,
邊塞의 山 가면 머리 들어 보는 일 잦았겠지.
그저 모름지기 변방의 술이나 함께 걸러냅시다,
왜 꼭 陶家에만 백관건(白綸巾) 있으라는 법 있소.

註

*李頻 : 字는 德新이며 睦州 壽昌人이다. 生卒年은 未詳인데 宣宗·懿宗 때에 活動하였다. 어려서부터 총명하였는데 커서 西山에 살았다. 詩를 잘해 같은 마을의 方干과 詩友가 되었다. 당시 姚合의 詩名이 대단하였는데 李頻이 천리를 가서 그의 작품을 구하니 姚合이 크게 장려하였으며 그의 인품에 반해 사위로 삼았다. 宣宗의 大中 8(854)年 진사급제 하였으며 秘書郎이 되었다. 후에 侍御史로 발탁되었는데 엄정하게 법을 지켰다. 建州刺史로 있을 때 禮法으로 다스리니 이 덕택으로 아주 평화로웠다. 재임 중 서거하니 父老들이 梨山에 廟를 세우고 해마다 제사지냈다 한다.

*聖代 : 聖世. 聖明한 시대. 잘 다스려진 시대가 본래의 뜻이나 후에는 자기가 살고 있는 시대를 대접삼아 이렇게 불렀다.

*致身 : ≪論語·學而≫에서 "事君能致其身. 임금을 섬김에 그 몸을 바치다."이라 하였다. 즉 獻身이 본뜻이다. 후에는 벼슬함을 말하게 되었다.

*五陵 : ① 漢 高祖·惠帝·景帝·武帝·昭帝의 陵. 渭水 北에 있다. ② 唐 高祖·太祖·高宗·中宗·睿宗의 陵. 長安 附近에 있다.

*靑門 : 漢代 長安의 東南門인데 이 밖에 霸橋가 있고 사람을 전송할 때 여기에 이르러 버들 꺾어 이별하였다. 이 때문에 靑門은 送別하는 곳으로 쓰였다.

*紫陌 : 보랏빛 거리. 서울거리를 가리킨다.

*空 : ① 헛되이. 공연히. 쓸데없이. ② 그저. 다만.

*垂釣 : 낚시를 물속에 드리우다.

*塞山 : 邊塞(변새)의 山.

*漉(록) : 거르다. 여과하다.

*陶家云云 : 陶淵明의 <飮酒>其二十에서 "若復不快飮, 空負頭上巾. 만약 통쾌하게 마시지 않는다면 머리 위 두건을 저버림이라."이라 하였다. 머리 위 두건을 벗어 술을 거른다는 것이다.

*白綸 : 白綸巾(백관건). 頭巾의 이름.

<送友人下第歸越> 李頻

歸意隨流水, 江湖共在東.
山陰何處去, 草際片帆通.
雨色春愁裏, 潮聲曉夢中.
雖爲半年客, 便是往來鴻.

<벗님이 落第한 뒤 越땅으로 돌아가니 전송한다> 이빈

돌아가는 마음 흐르는 물 따라가니,
머물 곳 江과 湖水 모두 동쪽에 있다네.
山陰땅을 어느 곳으로 가야하나,
풀 우거진 속 한 폭 돛단배가 통한다지.
봄날의 시름 속 비오는 풍경 대하며,
새벽 꿈 가운데 潮水소리 들으리.
비록 반년동안 나그네였지만,
바로 오고 가는 기러기 신세였다네.

註

* 越 : 浙江省 紹興·會稽·山陰 一帶.
* 草際 : 풀 가운데. 풀 속.
* 片帆 : 한 폭의 돛인데 한 척의 배, 외로운 배를 나타낸다.
* 雨色 : 빗속의 풍경. 비 오려는 景象.

<長安夜懷> 李頻

匹馬西遊日, 從吳又轉荊.
風雷幾夜坐, 山水半年行.
夢永秋燈滅, 吟餘曉露明.
良時不我與, 白髮向秦生.

<長安 밤중의 생각> 이빈

필마(匹馬)로 서쪽을 오던 날,
오(吳)땅에서 또 荊州로 돌았지.
몇 밤이던가 바람·천둥 속에 앉았던 것이,
반년이었지 산으로 물로 헤멘지.
꿈이 기니 가을 등불 꺼졌고,
읊음 많으니 새벽이슬 맑았지.
좋은 때가 나와 함께 하지 않으니,
秦땅 대해 백발만 돋았지.

註

*西遊 : 서쪽의 長安으로 감.

*吳 : 江蘇省 一帶를 가리킴.

*荊 : 荊州.

*餘 : 풍족함. 부유함.

*良時 : 아름다운 때. 좋은 때. 즉 자기에게 유리한 때.

*秦 : 長安을 가리킴.

<及第後歸> 李頻

家臨浙水傍, 岸對買臣鄉.
縱棹隨歸鳥, 乘潮向夕陽.
苦吟身得雪, 甘意鬢成霜.
況此年猶少, 酬知足自强.

<及第後 돌아가며> 이빈

내 집은 浙江가에 닿아있고,
기슭은 朱買臣의 고향을 마주한다네.
노 저어 돌아가는 새 따르고,
조수 타며 석양을 향한다네.
이 몸의 수치를 씻도록 애써 시 지었으니,
머리가 서리되는 것 달게 여겼지.
하물며 내 나이 아직 젊으니,
알아주신 분께 보답하려 더욱 힘써야겠지.

註

* 浙水 : 강 이름. 즉 浙江이다.
* 買臣 : 漢代의 朱買臣.
* 縱棹 : 노를 저어 배를 몰다.
* 苦吟 : 애를 써 고치고 다듬으며 시를 지음.
* 雪 : (수치 · 원한 · 울분을) 씻다. 풀다.
* 甘意 : (~하는 것을) 즐겁게 여기다. (~하기) 원하다.
* 酬(수) : 報答하다. 갚다.
* 足 : 많이. 대단히. 십분(十分).
* 自强 : 훌륭하게 되도록 애씀.

<下第寄知己> 曹鄴

長安孟春至, 枯樹花亦發.
憂人此時心, 冷若松上雪.
自知才不堪, 豈敢頻泣血.
所痛無罪者, 明時屢遭刖.
故山秋草多, 一卷成古轍.
夜來遠心起, 夢見瀟湘月.
大賢冠蓋高, 何事憐屑屑.
不令傷弓鳥, 日暮飛向越.
聞知感激語, 胸中如有物.
擧頭望靑天, 白日頭上沒.
歸來通濟里, 開戶山鼠出.
中庭廣寂寥, 但見薇與蕨.
無慮數尺軀, 委作泉下骨.
唯愁攬淸鏡, 不見昨日髮.
願憐閨中女, 晚嫁唯守節.
勿惜四座言, 女巧難自說.

<落第한 뒤 知己에게 부치다> 조업

長安에 초봄 이르니,
죽은 나무에 꽃도 피건만,
이때 근심 많은 사람의 마음이란,
차기가 소나무 위 눈이라네.
재주가 감당 못함을 스스로 아니,
어찌 감히 자주 피눈물 흘리랴만,

가슴 아픈 것은 죄 없이,
밝은 시대에 자주 발꿈치 베어짐이네.
고향에는 가을풀 무성하겠고,
두루마리 시험답안은 다 옛이야기.
밤중에 떠나는 마음 생기더니,
꿈속에서 瀟湘의 달을 보았네.
뛰어난 분들 감투·수레는 높고 또 높으니,
어찌 잡다한 시시한 것들을 동정하시랴.
못나고 활에 다친 새 한 마리,
저문 날 越땅 향해 날더니,
저를 칭찬하는 감격스런 말을 들어 알고,
가슴속에 세상을 모두 가진 듯.
머리 들어 푸른 하늘 바라보니,
흰 해는 머리 위에서 잠긴다네.
通濟里로 돌아와,
문여니 산쥐만 나오네.
가운데 마당 넓고 고요한데,
보이느니 고비·고사리뿐.
근심 안 해 이 몇 자짜리 몸뚱이,
버려져 黃泉아래 백골 되는 것.
다만 내 시름이여 맑은 거울 잡으면,
어제의 검은 머리 안 보임이네.
가련하게 여시소서 규중의 처녀,
시집가는 것 더디어도 예의 법도 지킴을.
아끼지 말고 전후좌우 사람들에게 말해주시오,
처녀가 재주 좋아도 제자랑 하기는 어렵다오.

註

* 曹鄴 : 字는 鄴之며 桂林사람이다. 生卒年은 未詳인데 宣宗때 活動하였다. 여러 번 과거에 실패하자 四怨三愁五情詩를 지었는데 格調가 예스러워 舍人 韋慤(위각)이 알아주고 禮部侍郎 裴休에게 힘써 천거하였다. 그리하여 宣宗 大中 4(850)年에 及第하였다. 天平節度使의 幕府에 있다가 太常博士가 되었으며 祠部郎中을 거쳤는데 벼슬은 洋州刺史로 끝냈다.
* 孟春 : 초봄. 음력 정월.
* 枯樹 : 말라 죽은 나무.
* 不堪 : (임무 · 직책을) 감당할 수 없다.
* 泣血 : 卞和가 左右의 발꿈치 잘린 뒤 피눈물 나게 울었다.
  本詩에서는 作者의 재능이 시시하니 낙제가 억울하다고 울 것도 없다는 말이다.
* 明時 : 정치가 淸明한 시대. 자기가 사는 시대를 대접하여 부르는 말.
* 刖(월) : 옛날 肉刑의 하나로 발꿈치를 베는 것.
* 一卷 : 하나의 考卷 · 試卷이니 즉 시험의 답안을 말한다. 평소 자신의 詩文을 유명인사에게 알리는 溫卷 · 行卷도 통한다.
* 古轍(고철) : 예전에 남겨진 수레바퀴 자국. 지나간 일을 말한다.
* 夜來 :夜中.
* 遠心 : 떠나가는 마음. 이 때 遠은 上聲이 아니고 去聲이다.
* 大賢 : 재주와 덕망이 뭇사람보다 뛰어난 인물.
* 冠蓋 : 감투와 수레덮개. 높은 벼슬아치를 가리킨다.
* 屑屑(설설) : 잗단 모양. 시시한 모양.
* 不令 : 볼초(不肖)한. 엉성한. 못난.
* 聞知 : 들어서 알다.
* 聞知~, 胸中~ : 이 두 句는 知己가 作者를 감격하게 하는 말 즉 칭찬한 것을 들어서 알고 있으니 가슴속이 세상만물을 다 가진 듯 흐뭇하다는 말 같다. 또는 낙제한 사람이란 자기를 감격하게 하는 조그마한 칭찬이라도 다 알아들을 수 있으니 가슴속에 귀신이 있는 것 같다는 말도 되겠다(物에는 鬼神의 뜻도 있다).
* 通濟里 : 長安城 남쪽 끝에 있는 동네. 옆에 啓夏門이 있고 동쪽에 曲江이 있다.

*山鼠 : 산쥐. 산에 사는 쥐. 참고로 들어 살면 들쥐라 한다.
*中庭 : ① 마당 한 가운데. ② 집안의 건물과 건물사이의 마당.
*薇蕨(미궐) : 고비와 고사리.
*無慮 : ① 근심 걱정이 없다. ② 무려. 대개. 아마.
*委 : 맡기다. 내버리다.
*攬(람) : 잡다. 쥐다.
*晩嫁 : 晩은 遲의 뜻이다. 즉 더디다, 늦다. 晩嫁는 시집가는 것이 더디다, 늦다는 말이니 作者의 及第가 늦어진다는 말이다.
*守節 : ① 寡婦가 再嫁하지 않음. ② 婦女가 禮節을 엄격히 지켜 婦道를 다함.
*四座 : 前後左右 四方의 자리에 있는 사람들.

<送進士下第歸南海> 曹鄴

數片紅霞映夕陽, 攬君衣袂更移觴.
行人莫歎碧雲晚, 上國每年春草芳.
雪過藍關寒氣薄, 雁回湘浦怨聲長.
應無惆悵滄波遠, 十二玉樓非我鄉.

<進士 落第하여 南海로 돌아가니 전송하다> 조업

몇 조각 붉은 노을 夕陽에 빛나는데,
그대 옷소매 잡고 다시 술잔 들어보네.
가는 분이여 靑雲이 늦는다고 탄식 마시게,
서울에는 매년 봄풀이 향기로우니.
藍關에 눈 내린 뒤 찬 기운 엷은데,
湘浦로 기러기 돌아가며 원망하는 소리 크다네.
푸른 물결 멀어도 슬픈 기색 분명 없을 터,
十二玉樓 대궐은 제 고향 아니니.

註

*南海 : 郡·縣의 이름. 지금의 廣東省 一帶다.

*衣袂(의메) : 옷소매.

*移觴 : 두 손으로 술잔을 들고 마심.

*碧雲 : 碧空의 구름. 靑雲. 碧雲晩은 靑雲晩과 같다. 靑雲은 높은 자리, 立身揚名을 뜻하므로 靑雲晩은 결국 과거의 급제가 늦어지게 되었다는 뜻이니 간단히 말해 낙제다.

*上國 : 京師, 즉 서울을 가리킨다.

*春草芳 : 봄풀이 향기롭다. 合格의 기쁨을 나타낸다.

*藍關 : 즉 藍田關이다. 관문의 이름인데 지금의 陜西省 藍田縣 東南에 있었으며 당연히 長安의 부근이 된다.

*寒氣薄 : 보내는 이의 마음이 따뜻하다는 뜻을 가지고 있다.

*湘浦 : 瀟湘江 물가.

*怨聲長 : 떠나는 사람의 마음에 원망이 있다는 뜻을 가지고 있다.

*長 : 크다는 뜻. 程度의 심함을 나타낸다. 예건대 長呼는 大呼, 長哭은 大哭이다.

*十二玉樓 : 傳說·神話中의 神仙이 산다는 곳. 李白은 "天上白玉京, 十二樓五城."이라 하였다.
本詩에서는 서울 특히 임금이 있는 대궐을 말한다.

<送厲圖南下第歸澧州> 曹鄴

當春人盡歸, 我獨無歸計.
送君自多感, 不是緣下第.
君看山上草, 盡有干雲勢.
結根既不然, 何必更掩袂.
澧水鱸魚賤, 荊門楊柳細.
勿爲陽豔留, 此處有月桂.
言畢尊未乾, 十二門欲閉.
佇立望不見, 登高更流涕.
吟君別我詩, 悵望水煙際.

<厲圖南이 落第하여 澧州로 돌아가므로 전송한다> 조업

봄 맞아 남들은 다 돌아가는데,
나 홀로 돌아갈 길이 없네.
그대 보내며 절로 느낌 많으니,
낙제 때문은 아니네.
보시오 산 위의 풀들,
모두 구름까지 솟는 기세 있는 것을.
솔은 뿌리박음이 그렇지 않으니,
무어 옷소매로 얼굴 가리겠소.
澧水에는 농어가 지천이고,
荊門의 버들은 곱다지만,
환하고 아름답다고 지체 마시오,
꺾어야 할 月桂는 이곳에 있으니,
말이 끝나도 술잔은 비지 않았는데,

서울 열 두 대문 닫히려 하네.
보아도 안 보일 때까지 오래 서있다,
높은 곳에 올라 또 눈물 흘리네.
그대의 나 작별하는 시 읊으며,
물과 안개 가를 슬피 바라보네.

註

*澧州(예주) : 地名. 지금의 湖南省에 속한다.

*緣 : ~때문에, ~로 말미암아.

*君看山上草에서 何必更掩袂까지는 左思의 <咏史>其二의 뜻을 따온 것이다. "鬱鬱澗底松, 離離山上苗. 以彼徑寸莖, 蔭此百尺條. 世胄躡高位, 英俊沈下僚. 地勢使之然, 由來非一朝. 울창한 계곡바닥 솔이여, 빽빽한 산위의 풀이여. 저 지름 한치의 풀포기가, 길이 백자의 솔 줄기를 뒤덮었네. 世家의 子弟들은 높은 자리 차지하고, 뛰어난 英俊들은 낮은 지위에 묻혀있네. 地勢(즉 地位)가 그렇게 했으니, 그 유래가 하루아침 아니네."

*干 : 犯하다. 도달하다.

*掩袂(엄메) : 옷소매로 얼굴을 가리다. 즉 울다.

*鱸(노) : 농어. 沿近海에 살다 여름・가을에 강으로 올라온다. 松江의 것을 제일로 치는데 맛이 좋다.

*荊門 : 山名. 지금의 湖北省 宜都縣 西北의 長江 南岸에 있으며 강 건너 虎牙山과 마주하고 있다. 물살이 세고 형세가 험준한데 巴蜀과 荊吳사이의 요새였다.

*陽豔(양염) : 밝고 아름답다.

*月桂 : 계수나무를 꺾는 것은 과거급제를 뜻한다.

*尊 : (준)이라 읽으며 樽・罇과 같으니 술그릇이다.

*乾(건) : 건조하다. 마르다. 텅 비다. 乾杯는 술잔을 텅 비우자 즉 깨끗이 다 마셔버리자는 뜻이다.

*十二門 : 長安城의 東西南北 한쪽마다 세 개의 문이 있다. 따라서 열두 문이 된다.

*佇立 : 오래 서 있다.

*涕(체) : 눈물. 울다.

*悵望(창망) : 슬퍼하면서 바라봄.

<成名後獻恩門> 曹鄴

爲物稍有香, 心遭蠹虫嚙.
平人登太行, 萬萬車輪折.
一辭桂嶺猿, 九泣東門月.
年年孟春時, 看花不如雪.
僻居城南隅, 顔子須泣血.
沈埋若九泉, 誰肯開口說.
辛勤學機杼, 坐對秋燈滅.
織錦花不常, 見之盡云拙.
自憐孤生竹, 出土便有節.
每聽浮競言, 喉中似無舌.
忽然風雷至, 驚起池中物.
拔上青雲巓, 輕如一毫髮.
瓏瓏金鎖甲, 稍稍城烏絶.
名字如鳥飛, 數日便到越.
幽蘭生雖晚, 幽香亦難歇.
何以保此身, 終身事無缺.

<及第後 恩門에 올립니다> 조업

物됨이 조금이라도 향기로우면,
속은 좀벌레에 씹히며,
보통사람이 太行山에 오르면,
틀림없이 수레바퀴 부서집니다.
한번 桂嶺의 잔나비와 헤어진 뒤,
東門의 달 보고 열두 번 울었습니다.

해마다 초봄이면,
꽃 보아도 눈만도 못하였습니다.
城南 모퉁이 궁벽한 집,
顔回라도 필시 피눈물 흘렸을 것입니다.
九泉地下에 묻힌듯 했으나,
그 누가 입 열어 변호해 주려합니까.
애써 부지런히 베틀에서 북 놀리듯 글공부 하였으니,
긴 긴 가을밤 등불 꺼지도록 앉아 있었습니다.
찬란한 비단 짜내 무늬가 뛰어났어도,
보고는 모두 유치하다 하였습니다.
스스로가 가련했습니다 한줄기 대나무,
땅에서 벗어나자 바로 마디가 있었거늘.
매양 명예 다투고 이익 따르는 말 들을 때마다,
목구멍에 혀가 없는 듯 침묵했습니다.
홀연히 바람과 천둥 이르러,
연못 속에 잠긴 것을 빠르게 일으켰습니다.
뽑아 靑雲의 꼭대기에 오르게 하였으니,
가볍기가 터럭과 같았습니다.
찰카닥 찰카닥 쇠 갑옷 울리니,
차츰차츰 성위의 까마귀 사라졌습니다.
명성이란 새가 나는듯하니,
며칠이면 越땅에 이를 것입니다.
그윽한 난초 피어남 더디어도,
그윽한 향기는 또한 사라지기 어렵습니다.
무엇으로 이 몸을 지켜나갈까요,
이 몸이 다하도록 완벽하여 흠없는 어른을 섬겨야 할 것입니다.

註

*成名 : 본래 名聲을 樹立하다, 세상에 명성을 날리다는 뜻인데 後에는 科擧及第를 뜻하게 되었다.
*一擧成名 : 일거에 성공하여 명성을 얻다. 단번에 과거에 급제하여 이름을 날리다.
*恩門 : 恩府. 恩地. 師門. 과거의 급제자가 시험관을 이르던 말인데 평생 스승으로 모셨다한다.
*物 : 物體. 物質. 物件. 內容. 實質.
*稍(초) : 점점. 막. 약간. 그저. 잠시.
*心 : 나무의 고갱이. 속에 있는 물건.
*蠹(두) : 좀벌레.
*虫(훼) : 벌레. 蟲의 약자로 보면 (충)으로 읽을 수도 있다.
*嚙(뇨, 열) : 깨물다. 씹다. 本詩의 協韻上 (열)로 읽어야 한다.
*平人 : 平凡한 사람. 보통 사람.
*太行山(태항산) : 山西省 高原과 河北省 平原 사이에 있다.
*萬萬 : 결코. 절대로. 도저히.
*桂嶺 : 廣西省에 있는 山이름. 曹鄴은 桂林사람이다.
*九 : 대단히 많다는 것으로 꼭 아홉은 아니다.
*東門 : 落第者들이 長安을 떠나는 門.
*看花 : 及第者들은 長安城의 꽃을 구경 다니는 법이다. 요즈음의 카퍼레이드와 비슷하다 하겠다. 그러나 落第者들은 꽃이 겨울의 눈이나 마찬가지로 썰렁하고 심드렁하였다는 것이다.
*僻居(벽거) : 외진 거처. 후미진 주거. 궁벽한 집.
*顔子 : 孔子의 弟子인 顔回.
≪論語・雍也≫에서 孔子는 顔回를 이렇게 칭찬했다. “어질다 顔回여. 한 도시락의 밥과 한 표주박의 물로 빈민굴에 있으니 남들은 그 근심을 감당 못하나 顔回는 그 즐거움을 고치지 않았다.”
本詩에서는 作者의 집은 그러한 顔回도 피눈물 흘리며 울 지경이라는 것이다.
*沈埋 : 물에 잠기고 땅에 묻힘이니 신세가 말씀 아니라는 것이다.
*九泉 : ① 黃泉. 사람이 죽은 뒤 묻히는 곳. ② 地下의 아주 깊은 곳. ③

深淵.

* 機杼(기저) : 베틀과 북(날실의 틈으로 왔다 갔다 하면서 씨실을 푸는 기구)인데 紡織의 의미로도 쓰이며 다시 발전하여 詩文創作上의 構思와 布局을 나타내게 되었다.
* 錦 : 색채와 무늬가 있는 가장 고급 비단이며 특히 蜀땅의 것이 뛰어나 蜀錦이라 한다.
* 花 : 무늬. 문양.
* 不常 : 凡常하지 않음. 平凡하지 않음. 탁월함.
* 孤生竹 : 딱 한줄기의 대. 독특한 대. 특출한 대.
* 節 : 마디. 節概 즉 志操.
* 浮競 : 명예를 다투고 이익을 추구함.
* 喉(후) : 목구멍.
* 風雷 : 바람과 천둥. 큰소리. 거대한 힘.
本詩에서는 자기를 급제시킨 科擧의 시험관을 말한다.
* 驚 : 빠르게. 신속하게.
* 池中物 : 蟄居(칩거)하며 아무 일도 못하는 人物. 龍은 구름을 타고 하늘을 날아야 하는데 연못 속에 잠겨있는 이른바 潛龍(잠룡)신세였다는 것이다.
* 青雲巓(청운전) : 青雲의 꼭대기. 巓은 산꼭대기, 머리를 가리킨다. 青雲은 높은 벼슬을 가리키는데 여기에서는 及第의 뜻으로 쓰였다.
* 毫髮(호발) : 솜털과 머리털.
* 瓏瓏(롱롱) : 象聲詞. 댕그랑댕그랑. 찰카닥찰카닥.
* 金鎖甲(금쇄갑) : 금속의 비늘을 이어 만든 갑옷. 비늘갑옷. 찰갑(札甲).
* 稍稍(초초) : 차차. 점점. 차츰차츰.
* 絶 : 사라지다. 없어지다.
* 名字 : ① 이름과 字. ② 姓名. ③ 名稱. ④ 名聲. 名譽.
* 歇(헐) : 다하다. 사라지다.
* 終身 : ① 平生. 一生. ② 몸이 다하도록. 죽을 때까지.
* 無缺 : 完好無缺이라 쓴다. 완벽하고 흠이 없는 것.

<闕試前送進士姚潛下第歸南陽> 曹鄴

馬嘶殘日沒殘霞, 二月東風便到家.
莫羨長安占春者, 明年始見故園花.

<闕試前 進士 姚潛이 落第하고 南陽으로 돌아가니 전송한다> 조업

말은 울고 저무는 해는 스러지는 노을에 잠기는데,
이월이라 동풍 속 고대 집에 이르리.
長安의 봄을 차지한 사람들 부러워 마시게,
그들은 명년에야 겨우 고향동산 꽃을 보리니.

註

＊關試 : 禮部의 시험에 합격한 進士들을 다시 吏部에서 시험하였으니 바로 關試로 身 · 言 · 書 · 判을 보았으며 여기에 合格하여야 비로소 官吏로 任用되었다.

＊南陽 : 河南省에 있는 고을이름.

＊嘶(시) : 말 우는 소리. 말 울다.

＊殘日 : 夕陽.

＊殘霞 : 거의 사라지고 조금 남아있는 저녁노을.

＊占 : 占有하다. 占居하다.

＊占春者 : 봄을 점유한 사람 즉 及第者들을 가리킨다.

＊故園 : 고향. 고향의 동산.

<下第獻所知> 三首 李山甫

其一
偶向江頭別釣磯, 等閒經歲與心違.
虛教六尺受辛苦, 枉把一身憂是非.
靑桂本來無欠負, 碧霄何處有因依.
春風不用相催促, 迴避花時也解歸.

<落第한 뒤 아는 분에게 올립니다> 삼수 이산보

기일
우연히 강가 낚시터 떠난 뒤,
되는대로 세월 보내니 마음과는 어긋났습니다.
헛되이 六尺으로 맵고 쓴맛 받게 하였고,
공연히 一身에게 칭찬과 비난을 걱정하게 했습니다.
푸른 계수나무 본래 빚진 바 없건만,
푸른 하늘 어느 때에 의지할 수 있겠습니까.
봄바람은 너무 몰아댈 것 없다오,
꽃 피는 때 피하여 돌아갈 줄 아니까.

註

* 李山甫 : 字, 故鄕, 生卒年 모두 未詳인데 懿宗·僖宗때에 활동하였다. 懿宗의 咸通(860~873)年間에 여러 차례 落第하자 鬱鬱不樂하여 狂歌와 痛飮으로 분을 삭였다. 後에 魏博節度使의 幕府에 가서 從事를 하였으며 이리저리 떠돌았다. 詩는 대단히 雄建하였다.
* 所知 : 아는 사람. 친한 사람.
* 釣磯(조기) : 漁磯. 낚시터. 磯는 물이 물가의 돌에 부딪치는 곳이다.
* 等閒 : ① 등한히 하다. 되는대로 하다. 내키는 대로 하다. ② 헛되이. 실없이. 공연히.
* 六尺 : 사람의 몸은 대략 여섯 자다. 따라서 몸을 가리킨다.
* 是非 : ① 맞는 것과 틀린 것. 정확과 착오. ② 칭찬하고 깎아 내림. 평론함. 毁譽褒貶(훼예포폄). ③ 口舌. 말다툼. 승강이. 언쟁.
* 靑桂 : 桂樹나무 가지를 꺾다는 것은 及第를 의미한다.
* 欠負(흠부) : 빚지다. 결핍하다. 부족하다.
* 碧霄(벽소) : 푸른 하늘은 크게 출세함을 나타낸다.
* 何處 : 何時.
* 因依 : 의지하다. 의존하다.
* 花時 : 온갖 꽃이 피는 때. 보통 봄을 가리킨다.
* 解 : ~할 수 있다. ~할 줄 안다.

<下第獻所知> 三首 李山甫

其二

不識人間巧路岐, 只將端拙泥神祇.

與他名利本無分, 卻共水雲曾有期.

大抵物情應莫料, 近來天意也須疑.

自憐心計今如此, 憑仗春醪爲解頤.

<落第한 뒤 아는 분에게 올립니다> 삼수 이산보

기이

인간세상의 갈림길에서 재주부림 모르고,

그저 우직하게 하늘·땅의 신령에게 졸라댔습니다.

名利와는 본래 연분이 없었으며,

도리어 물·구름과 기약이 있었습니다.

대저 세상물정이란 분명 헤아릴 수 없었는데,

근자에는 하늘의 뜻마저 의심하게 되었습니다.

스스로가 불쌍하지요 마음속 생각 이와 같으니,

잘 빚은 막걸리 의지해 턱이 빠지게 웃어야하겠습니다.

註

*岐(기) : 갈림길. 갈래지다.

*泥 : 요구하다. 조르다.

*神祇(신기) : 하늘의 신과 땅의 신. 天神地祇.

*他 : 뜻이 없는 語助辭. 王維의 詩에서 "白眼看他世上人. 세상 사람을 눈흘겨보다."이라 했는데 여기의 他와 같은 용법이다.

*分 : 緣分.

*水雲 : 풍경이 아름다운 곳을 말하는데 隱者들이 사는 곳을 나타낸다.

*大抵(대저) : 대개. 대부분. 대체로.

*物情 : 세상의 이러저러한 실정이나 형편.

*料 : 헤아리다. 계산하다. 따지다.

*心計 : 心算. 속셈. 꿍꿍이 샘. 智謀. 計略.

*憑仗(빙장) : 憑이나 仗 모두 의지하다, 의존하다의 뜻이다.

*春醪(춘료) : 醪는 막걸리, 탁주. 春醪, 春釀, 春醴, 春酒는 같은 말인데 가을에 담가 봄에 익는 술이니 간단히 말해 잘 빚은 맛 좋은 술이다.

*解頤(해이) : 頤는 턱이다. 턱이 빠진다는 말이니 즉 크게 웃는다는 것이다.

<下第獻所知> 三首 李山甫

其三
十年磨鏃事鋒鋩, 始逐朱旗入戰場.
四海風雲難際會, 一生肝膽易開張.
退飛鶯谷春零落, 倒卓龍門路渺茫.
今日慚知也慚命, 笑餘歌罷忽凄涼.

<落第한 뒤 아는 분에게 올립니다> 삼수 이산보

기삼
십년동안 화살촉 갈아 날카로운 기상 힘썼으며,
비로소 붉은 깃발 따라 싸움터에 들었습니다.
짧은 一生의 간과 쓸개라 진심은 펼쳐 보이기 쉬웠지만,
넓은 四海의 바람과 구름이라 뜻 맞는 사람 만나기 어려웠습니다.
꾀꼬리 살던 골짜기에 물러나 나니 봄날은 저물었고,
龍門에 거꾸로 섰으니 앞길은 아득하였습니다.
오늘 지혜에도 부끄럽고 운명에도 부끄러우니,
웃음 그치고 노래 끝나자 홀연 처량해졌습니다.

註

*鏃(족) : 화살촉.

*鋒鋩(봉망) : 鋒이나 鋩 모두 창·칼 따위의 뾰족한 끝을 말한다. 이것으로 날카로운 氣勢·氣像을 비유한다.

*朱旗 : 붉은 깃발. 대개 戰鬪時 쓰이는 깃발을 말한다.

*四海 : 온 천하. 세계.

*風雲 : ≪易≫의 <乾卦≫에서 "雲從龍, 風從虎. 구름은 용을 좇고, 바람은 범을 따른다."라 하였다. 즉 같은 종류끼리 서로 감응한다는 것이다. 그래서 風雲으로 마음이 서로 맞는 사람을 만나다, 서로 의기투합(意氣投合)하다는 것을 나타냈다.

*際會 : ① 좋은 때를 당하여 만남. ② 임금과 신하사이에 뜻이 잘 맞음.

*肝膽(간담) : 간과 쓸개. 이것으로 眞心, 誠意를 비유한다.

*第3句와 第4句는 도치법으로 쓴 것이다.

*鶯谷 : 앞에서 여러 번 소개하였다. 꾀꼬리가 깊은 골짜기에서 큰키나무로 옮아간다고 하였으므로 승진이나 급제를 나타내는데 여기에서 꾀꼬리가 골짜기로 물러나 난다 하였으니 제자리걸음을 하였다는 뜻 즉 낙제하였다는 뜻으로 쓰인 것이다.

*倒卓 : 거꾸로 서다. 卓에는 立의 뜻이 있다.

*龍門 : 앞에서 여러 번 나왔다. 물고기가 이곳을 오르면 용이 된다 하였다. 따라서 龍門에 오른다로 급제를 나타냈다.
本詩에서 "龍門에 거꾸로 섰다."는 밑을 향한 것이니 龍門 아래로 떨어진 것이다. 즉 낙제한 것이다.

*渺茫(묘망) : 아득하다. 까마득하다.

<下第出春明門> 李山甫

曾和秋雨驅愁入, 卻向春風領恨回.
深謝灞陵堤畔柳, 與人頭上拂塵埃.

<落第後 春明門을 나서며> 이산보

일찍이 가을비와 함께 시름 몰고 들어왔는데,
도리어 봄바람 맞으며 원한 이끌고 돌아간다.
깊이 감사한다 灞陵 둑 옆 버들에게,
사람 머리 위 흙먼지 털어줄 줄 알다니.

註

*어느 곳에는 高蟾의 작품으로 되어있다.

*春明門 : 長安城의 城門. 興慶宮의 동쪽에 있다.

*領 : 데리고 가다. 안내하다. 인솔하다. 영솔하다.

*灞陵 : 漢 文帝의 陵. 陵이 있는 고을도 가리킨다. 이 옆에 灞橋가 있으며 나그네를 전송하러 이곳에 와서 둑의 버들을 꺾어주었다.

*與 : 해주다.

<下第臥疾盧員外召遊曲江> 李山甫

眼前何事不傷神, 忍向江頭更弄春.
桂樹旣能欺賤子, 杏花爭肯採閒人.
麻衣未掉渾身雪, 皁蓋難遮滿面塵.
珍重列星相借問, 嵇康慵病也天眞.

<落第하고 병들어 누웠는데
盧員外께서 曲江에 놀러가자 초대하셨다> 이산보

눈앞의 어느 일이라고 내 마음 상하게 않을까마는,
참고서 강가를 대해 또 봄을 완상해본다.
계수나무는 천한 몸을 벌써 업신여겼는데,
살구꽃이라고 상관없는 사람에게 꺾일손가.
삼베옷은 온몸의 눈 털어낼 수 없으며,
검은 일산(日傘)도 얼굴 가득한 먼지 가릴 수 없지.
높은 하늘 뭇 별들에게 정중히 물었더니,
嵇康의 게으른 병통 또한 천진함이라네.

註

*臥疾 : 臥病. 병으로 자리에 누움.

*召(소) : 부르다. 초대하다.

*傷神 : ① 傷心. ② 신경을 쓰다.

*江頭 : 江邊. 江岸.

*更 : ① 다시. 또. ② 반대로. 도리어.

*弄 : 玩賞하다. *弄月 : 달빛을 감상하다.

*桂樹 : 桂樹나무 꺾다는 것은 급제를 뜻한다.

*欺 : 업신여기다. 깔보다. 능멸하다.

*杏花 : 급제자에게 축하잔치 베푸는 杏園을 염두에 두고 杏花를 썼다.

*爭 : 어찌.

*閒人 : ① 일없는 사람. ② 상관없는 사람.

*痲衣 : 科擧에 應試하는 사람의 복장. 삼베옷.

*掉(도) : 흔들다. 흔들리다. 떨어지다. 떨어뜨리다.

*渾身(혼신) : 全身.

*皁蓋(조개) : 관리들이 쓰는 검은색 수레덮개로 우산모양이다. 이것은 盧員外를 나타낸다.

*珍重 : ① 정중함 즉 태도나 분위기가 점잖고 엄숙함. 신중함. ② 珍貴함. ③ 몹씨 아낌.

*列星 : 하늘에 나열되어 있는 별들. 하늘의 별은 땅위의 官職과 相應한다고 하였다. 따라서 별들은 출세한 또는 급제한 사람들을 나타내고 있다.

*嵇康(혜강) : 三國時代 魏나라 사람. 字는 叔夜, 譙國人이다. 세간에 竹林七賢의 하나로 유명하다. 天才로 이름났으며 외모 또한 뛰어났다. 그러나 있는 그대로 아무런 꾸밈이 없었으며 고요한 생활을 좋아하였다. 널리 독서하여 통하지 않는 곳이 없었으나 특히 老·莊을 숭상하였다. 魏나라 宗室과 결혼, 中散大夫가 되었으나 琴을 타고 詩를 읊으며 지냈다. 晉의 司馬氏 一派와 냉담하게 지내 결국 40세에 살해되었다. 재주를 믿고 오만했다고 평을 하기도 하나 오만이라기 보다는 權力이나 名利에 무관심하였다 하는 것이 옳을 것이다.

*慵病 : 嵇康의 <與山巨源絶交書>를 보면 "性復疏懶. 천성이 또한 꼼꼼하지 못하고 게으르다."라 하였고 다시 "頭面常一月十五日不洗. 머리와 얼

굴을 언제나 한 달에 보름을 씻지 않았다."라 하였다. 慵病은 게으른 병통, 나태한 결점인데 作者는 자신의 落第를 嵇康처럼 게으른 탓이라 변명하는 것이다.

* 天眞 : 꾸밈이나 거짓 없이 자연 그대로의 깨끗하고 순진함.

<赴擧別所知> 李山甫

腰劍囊書出戶遲, 壯心奇命兩相疑.
麻衣盡擧一雙手, 桂樹只生三兩枝.
黃祖不憐鸚鵡客, 誌公偏賞麒麟兒.
叔牙憂我應相痛, 回首天涯寄所思.

<과거 보러가며 친한 사람과 헤어지다> 이산보

허리에 칼 차고 자루에 책 담느라 문 나섬이 늦었는데,
웅대한 포부와 기구한 팔자는 서로 방해한다.
베옷 입은 사람들 모두 두 손을 쳐들어도,
계수나무는 겨우 두세 가지 생길뿐.
黃祖는 <鸚鵡賦> 지은 사람을 아낄 줄 몰랐고,
寶誌 스님은 麒麟兒를 유독 칭찬했다.
鮑叔牙가 내 걱정하여 분명 슬퍼할 것이니,
머리 돌려 하늘가에 생각하는 바를 부친다.

註

*赴擧 : 科擧에 應試함. 唐·宋時代에는 州·縣의 鄕貢들이 入京하여 禮部의 시험에 참가함을 가리켰다.
*所知 : 아는 사람. 친한 사람.
*壯心 : 壯志. 雄大한 抱負·計劃.
*奇 : 命運이 좋지 않음. 부닥친 일이 不利함.
*疑 : 질투하다. 시기하다. 碍(방해하다. 장애가 되다)字와 통함.
*第2句 : 李商隱이 <有感>에서 “古來才命兩相妨. 옛부터 재주와 운명은 서로 훼방 놓는다.”이라 하였다.
*麻衣 : 삼베옷. 科擧 參加者들의 衣服. 여기에서는 應試生을 가리킨다.
*桂樹 : 合格한 것을 계수나무 꺾었다 한다.
*黃祖 : 後漢末 劉表밑에서 江夏太守로 있었다. 당시 名士요 奇才였던 禰衡은 曹操를 侮辱한 뒤 荊州의 劉表에게 보내졌다. 上下 모두 尊敬하였으나 또 劉表를 無視하자 성미가 급한 黃祖에게 보내니 처음에는 또한 잘 지냈으며 黃祖의 아들인 章陵太守 黃射(황역)이 특히 극진히 대우하였다. 黃射(황역) 크게 賓客을 대접할 때에 앵무새를 바치는 자가 있었다. 이에 禰衡에게 글을 지을 것을 청하니 붓을 들어 쓰는데 지우거나 고치는 곳이 하나 없이 <鸚鵡賦>를 完成하였다. 후에 黃祖를 조롱하니 그 자리에서 살해되었는데 당시 나이 겨우 26歲였다.
*誌公 : 南北朝時代 梁의 高僧인 寶誌.
*偏 : 치우치다. 쏠리다. 편중되다. 가장. 대단히. 특별히.
*賞 : 칭찬하다. 讚賞(찬상)하다.
*麒麟兒(기린아) : 南朝·梁의 詩人인 徐陵을 가리킨다. 徐陵의 어머니가 꿈을 꾸었는데 오색구름이 鳳으로 변해 왼쪽 어깨에 머물렀다. 그리고 나서 徐陵을 낳았다. 겨우 몇 살때 家人이 데리고 寶誌上人을 뵈었는데 上人이 그의 정수리를 쓰다듬으며 天上의 石麒麟이로다 하였다.
*叔牙 : 春秋時代 齊나라 사람인 鮑叔牙다. 管仲과 친하였으며 그의 처지를 가장 잘 이해하고 격려하였다. 세상에서 흔히 管鮑之交라 하는데 管仲은 일찍이 이렇게 말했다. “生我者父母, 知我者鮑子. 나를 낳은 이는 부모요, 나를 알아준 이는 鮑叔牙다.”
本詩에서는 作者가 詩題에서 말한 所知 즉 절친한 친구다.

*痛 : ① 悲痛. 悲傷. ② 동정하다. 불쌍히 여기다.
*天涯 : 아득히 먼 하늘가. 叔牙 같은 친구가 있는 곳.
*所思 : ① 그리워하는 사람. ② 생각하는 일.

<下第> 胡曾

翰苑何時休嫁女, 文昌早晩罷生兒.
上林新桂年年發, 不許平人折一枝.

<落第> 호증

文壇에서는 어느 때 딸 시집보내지 않을까,
文昌星은 언제 아들 낳는 것 그만둘까.
上林苑의 계수나무 해마다 새롭게 돋건만,
보통사람 한 가지 꺾는 것 허락하지 않으니.

註

*胡曾 : 字는 알 수 없으며 長沙사람이다. 生卒年은 未詳인데 懿宗·僖宗 때 活動하였다. 천성이 시원시원하였고 뜻이 凡常하지 않았는데 여러 차례 낙제하였다가 懿宗의 咸通(860~873)年間에 進士及第하였다. 漢南節度使 밑에서 從事를 지냈고 高騈이 蜀을 鎭守할 때 書記로 불렀다. 그는 軍幕에 있으면서 古今의 興亡盛衰 자취를 볼 때마다 慷慨하여 詠史詩를 지었는데 지금 七言絶句의 형식으로 150首가 남아있다.

*翰苑 : 文苑. 詞壇. 文壇.

*嫁女 : 딸을 시집보내다. 文壇에서 詩人을 朝廷으로 보내는 것을 시집간다 하였다.

*文昌 : 星座의 이름. 특히 文昌宮 六星의 第四星을 가리키는데 文運을 주관한다고 일컬어졌다.

*早晩 : 第1句의 何時와 같다. 언제. 어느 때.

*生兒 : 아이 낳다. 하늘의 文昌星이 詩人을 進士로 만드는 것을 말한다.

*上林 : ① 漢나라의 上林苑. 즉 漢나라의 놀이동산이다. ② 帝王의 동산을 가리킨다.

*平人 : ① 平民百姓. ② 普通사람. 일반사람.

<送喩坦之下第還江東> 方干

文戰偶未勝, 無令移壯心.
風塵辭帝里, 舟檝到家林.
過楚寒方盡, 浮淮月正沈.
持杯話來日, 不聽洞庭砧.

<喩坦之가 落第하여 江東으로 돌아가므로 전송한다> 방간

文戰에서 이기지 못함은 우연이니,
웅대한 포부를 바꾸지는 마시게.
바람과 먼지의 어수선한 임금님 고을 떠나시니,
배타고 노 저어 고향집 동산에 이르시리.
楚땅 지나면 추위가 비로소 다할 것이며,
淮水에 배 띄우면 달이 바야흐로 잠기리.
술잔 들고 찬란한 미래를 이야기하지,
洞庭湖의 처량한 다듬이 소리 듣지 마시게.

註

* 方干 : 字는 飛雄(一本에는 雄飛)이며 桐廬사람이다. 生卒年은 未詳인데 懿宗 前後에 生存하였다. 어려서부터 재주가 있어 徐凝이 한번 보고 重視하여 律詩를 가르쳤다. 지은 詩를 가지고 錢塘太守인 姚合을 뵈었는데 그의 외모가 초라하고 특히 언청이라 몹시 무시하였다. 그러나 詩를 보고는 아주 우대하였다. 과거를 한번 보고 낙제하자 鏡湖에 은거하며 詩酒를 즐겼다. 太守인 王龜가 그는 諫官이 적합하다고 여겨 吳融으로 하여금 추천하는 글을 짓게 하여 떠날 때가 되었는데 急病으로 세상을 떴다. 門人들이 사사로이 諡號를 玄英先生이라 올렸다. 십여 년 뒤 宰相인 張文蔚이 名儒로 及第 못한 五人에게 관직을 주어 영혼이나마 위로하기를 청하였는데 方干이 그중 하나였다.
* 文戰 : 글로 승부를 겨루는 싸움이니 즉 科擧考試를 말한다.
* 移 : 變動. 改變.
* 壯心 : 壯志. 웅대한 포부·계획.
* 風塵 : 어수선한 현실세계를 말한다. 塵世.
* 舟檝(주즙) : 배와 배를 젓는 노.
* 家林 : 자기 집의 동산. 흔히 고향의 뜻으로 쓰인다.
* 來日 : ① 明日. 오늘의 바로 다음날. ② 미래의 날들.
* 砧(침) : 다듬잇돌.
  本詩에서는 砧聲 즉 다듬이질 하는 소리로 쓰였다.
* 7·8句는 두 가지 해석이 가능하다. ① 술잔 들고 찬란한 미래를 이야기하지 처량한 가을날의 다듬이 소리를 듣지 마시게. ② 江東으로 갔다 곧 서울로 와서 잔 들고 밝은 내일을 이야기 할 것이니 늦가을까지 머물러 다듬이 소리는 듣지 마시게.

<送姚舒下第遊蜀> 方干

蜀路何迢遞, 憐君獨去遊.
風煙連北虜, 山水似東甌.
九折盤荒坂, 重江遶漢州.
臨邛一壺酒, 能遣長卿愁.

<姚舒가 落第하고 蜀으로 유람가기에 전송한다> 방간

蜀 가는 길이 얼마나 멀고 먼가,
가엾고말고 그대 홀로 유람 간다니.
부는 바람 끼는 안개는 北虜와 잇닿았고,
솟은 산 흐르는 물은 東甌와 비슷하지.
九折羊腸은 황량한 비탈에 서리고,
두 줄기 강물은 漢州를 감돌지.
臨邛땅에 가 한 병 술 드시게,
충분히 長卿의 시름을 없앨 것이니.

註

＊迢遞(추체) : 아득히 먼 모양. 까마득하게 높은 모양.

＊風煙 : ① 風光. 景象. ② 風塵과 같다. 어수선한 현실세계. 塵世. ③ 戰亂. 戰火.

＊北虜(북로) : 虜는 포로, 奴僕 즉 종, 敵이라는 뜻 말고 北方의 異民族을 뜻하며 또 南方人이 北方人을 멸시하여 부르던 말이다. 따라서 北字가 없어도 虜는 北方의 야만인이라는 뜻이 된다. 中國에서는 北方의 匈奴 等을 北虜라 하였다.

＊山水 : 산이 있고 물이 있는 風景을 뜻한다.

＊東甌(동구) : 甌는 지금의 浙江省 溫州 一帶를 가리킨다. 東甌는 溫州와 浙江省 南部 해안지대의 別稱이다. 東晋때 이곳에 永嘉郡을 설치하였는데 謝靈運이 이곳에 赴任한 뒤 風光을 노래하여 유명해졌다.

＊九折 : 九折羊腸이니 아홉 번 꼬부라진 양의 창자처럼 꼬불꼬불하며 험한 산길을 이르는 말이다.

＊盤 : 돌다. 선회하다. 서리다.

＊坂(판) : 비탈. 고개. 둑.

＊重江 : 두 줄기의 강물. 이 때 重은 去聲이 아니고 平聲이다.

＊漢州 : 蜀의 지명. 明·淸때에는 四川省 成都府에 속하였는데 民國에서 廣漢郡으로 바꿨다.

＊臨邛(임공) : 蜀의 地名. 司馬相如(字가 長卿이다)가 琴에 마음을 실어 卓文君을 유혹, 둘은 臨邛으로 갔다. 수레와 말을 팔아 술집을 사서 文君이 직접 술청에 나앉고 長卿은 행주치마 두르고 중노미와 함께 그릇을 씻었다. 後世에 술을 말할 때 臨邛酒 즉 臨邛의 文君과 相如의 술이라고 어렵게 썼다.

本詩에서 長卿은 姚舒를 가리킨다.

＊遣(견) : 파견하다. 쫓아버리다. 제거하다.

<落第書懷寄友人> 羅鄴

淸世誰能便陸沈, 相逢休作憶山吟.
若敎仙桂在平地, 更有何人肯苦心.
去國漢妃還似玉, 亡家石氏豈無金.
且安懷抱莫惆悵, 瑤瑟調高尊酒深.

<落第한 뒤 회포를 써서 벗님에게 부친다> 나업

淸明한 세상 누가 그저 땅위에서 가라앉 듯 숨어살랴,
그러한 시대 만났으면 靑山 그리는 노래는 읊지 말아야지.
달 속의 仙桂가 평탄한 땅 위에 있다면,
또한 그 누가 애태워 꺾으려하리.
버림받아 떠난 漢의 昭君은 오히려 구슬처럼 예뻤고,
집안 망한 晉의 石崇이 어찌 황금이 없었으리.
또한 마음을 편안히 하고 슬퍼하지 말 것이니,
거문고 가락은 높고 동이의 술은 가득 남실거리니.

註

*羅鄴 : 唐 懿宗·僖宗때의 人物. 父親이 鹽鐵使로 鋸萬의 재산이 있는 부유한 환경에서 공부하였으며 특히 律詩를 잘했다. 같은 집안 羅隱·羅虬도 詩로 이름이 나서 세상에서는 三羅라 하였다. 계속 落第하자 詩로 울분을 토로하였으며 北方으로 流浪하였고 처량하게 살다 죽었다. 昭宗때에 韋莊이 上奏하여 進士及第를 내려주었고 補闕의 벼슬을 주었다.

*淸世 : 太平時代.

*便 : ① 곧. 문득. ② 단지. 다만.

*陸沈 : 땅 위에 살면서 물에 잠긴 듯 숨어있는 것이니 바로 隱居를 말한다.

*仙桂 : 神仙世界의 계수나무니 바로 달 속의 계수나무다. 이것을 꺾으면 及第란 말이 된다.

*敎 : 令. ~하게 하다.

*平地 : 평탄한 땅.

*苦心 : 몹시 애를 태우며 마음을 씀.

*漢妃 : 漢나라 元帝때의 宮女 王昭君. 和親政策에 의해 匈奴에게 보내졌으며 그곳에서 中國의 皇后에 해당하는 연지(閼氏)가 되었다. 晉나라의 司馬昭 때문에 昭君을 明妃라 바꿔 부르게 되었다.

*石氏 : 晉나라의 大富豪인 石崇. 河陽땅에 金谷園이라는 별장을 짓고 王愷·羊琇의 무리와 사치를 일삼고 權臣인 賈謐을 섬겼다. 賈謐이 伏誅된 뒤 벼슬을 잃었는데 綠珠라는 美姬를 탐낸 孫秀에게 살해되었다.

*第5·6句는 버림받아 匈奴로 보내진 昭君은 玉 같은 미모를 지녔고 참소당해 횡사한 石崇은 金을 산처럼 쌓았어도 소용없었다는 말이니 다 팔자소관이요 운명이라는 말이다.

*瑤瑟 : 瑤는 옥돌이다. 瑤瑟은 玉으로 장식한 琴瑟이다.

*調 : 음악의 가락·곡조·멜로디. 調高는 가락이 높다.

*尊 : (준)으로 읽으며 樽·罇과 같다. 술그릇이다.

*深 : 充分하다. 많다. "酒深情亦深"이라 쓴다.

<下第> 羅鄴

謾把靑春酒一杯, 愁襟未信酒能開.
故鄉依舊空歸去, 帝里還如不到來.
門掩殘陽鳴鳥雀, 花飛何處好池臺.
此時惆悵便堪老, 何用人間歲月催.

<落第> 나업

낙제한 봄날 술잔 잡지 말 것이니,
나는 안 믿지 술이 시름 찬 마음 후련하게 풀어준다는 것을.
고향! 옛날처럼 베옷 입고 허무하게 돌아가고,
帝里! 된 일 없으니 안 왔던 것과 여전히 같아.
오는 이 없어 문 걸면 석양에 새들만 울고,
가는 봄 꽃잎 날리면 근사한 연못·정자 어디 있으랴.
이때의 처량함은 절로 사람 늙게 하고말고,
무어 인간세상 세월이 재촉할 필요 없군.

註

*謾 : 莫과 같다. ~하지 말아라.

*靑春酒 : 과거의 합격을 알리는 榜은 봄에 붙인다. 따라서 낙제하여 홧술, 위로의 술 마심도 봄에 이루어진다. 五行과 五方色에 의해 봄은 푸른색, 木, 동쪽이니 靑春. 여름은 붉은색, 火, 남쪽이니, 朱夏. 가을은 흰색, 金, 서쪽이니 素秋. 겨울은 검은색, 水, 북쪽이니 玄冬이다. 靑春을 푸른 봄날 하면 그럴듯하지만 붉은 여름, 흰 가을 할 수 없듯이 그냥 봄이라 해야 한다. 우리가 흔히 쓰는 靑春하고는 다르다.

*襟(금) : 옷깃. 옷섶. 여기에서 가슴속, 생각, 마음으로 발전하였다.

*開 : 마음을 풀어주다. 시원하게 해주다. 상쾌하게 해주다. 후련하게 해주다.

*依舊空歸去 : 벼슬하면 지금까지 입던 麻衣·布衣·褐衣를 벗고 비단옷을 입는다. 그리하여 고향에 가면 이른바 "錦衣還鄕"이 된다. 그러나 낙제하였으니 여전히 옛 차림대로 허무하게 돌아가는 것이다.

*帝里 : 帝都, 京師 즉 서울인데 임금님의 마을이라 하면 좀 정답고 친근하게 느껴진다.

*還 : (hái)로 읽으면 여전히, 또, 다시의 뜻으로 쓰인다.

*掩(엄) : 가리다. 닫다.

*殘陽 : 석양.

*鳥雀 : 옛날부터 돈 없고 힘없거나 몰락한 신세를 나타낼 때 문 앞에 새 잡는 그물을 칠만하다 하여 "門可羅雀" "門前雀羅"라 하였다. 羅는 그물이다.

<落第東歸> 羅鄴

年年春色獨懷羞, 彊向東歸懶擧頭.
莫道還家便容易, 人間多少事堪愁.

<落第하고 동으로 돌아가며> 나업

해마다 봄날 풍경 속에 단지 치욕을 안고,
억지로 동쪽 향해 돌아서니 머리 들기 싫어.
집으로 가면 된다 경솔하게 말들 마시오,
인간세상에는 시름할 일이 많기도 하거늘.

註

*春色 : 봄날의 景色.

*獨 : ① 그저. 단지. 다만. ② 도리어. ③ 여전히. 의구하게.

*懷羞 : 마음 속으로 부끄러워하다. 치욕을 느끼다.

*彊 : 强字와 같다. 억지로. 무리하게. 애써.

*懶 : ① (라) : 게으르다. ② (뢰) : 싫어하다. 미워하다.

*多少 : 少에는 뜻이 없는 偏義複詞다. 즉 多만 뜻이 있다.

<入關> 羅鄴

古道槐花滿樹開, 入關時節一蟬催.
出門唯恐不先到, 當路有誰長待來.
似箭年光還可惜, 如蓬生計更堪哀.
故園若有漁舟在, 應掛雲帆早箇迴.

<關門을 들어가며> 나업

오래된 길 회화나무 꽃 가득 피었는데,
關門 드는 시절이라고 매미 한 마리 재촉하네.
집문 나설 때에는 먼저 도착 못하나 걱정했지만,
집권자 중에 누가 어서 오라 항상 기다린 말인가.
화살 같은 세월 또한 아까운데,
쑥대 같은 생계 더욱 처량해.
고향에 만약 고기 잡는 배 있다면,
마땅히 구름 같은 돛달고 일찌감치 돌아가련만.

註

* 入關 : 函谷關 또는 潼關. 이곳을 들어가야 長安에 이른다.
* 槐(괴) : 홰나무. 회화나무. 서울 거리에는 槐를 심었으니 서울을 상징하는 나무다.
* 當路 : 執權者. 政權을 잡음.
* 長 : ① 長期間. 長時間. ② 항상. 영원히.
* 年光 : 歲月.
* 還 : (hái)로 읽는다. ① 여전히. ② 도리어. 반대로. ③ 또. 다시. ④ 더욱.
* 雲帆 : 구름 같이 하얀 돛.
* 早箇 : 일찌감치. 일찌거니.

<東歸> 羅鄴

日日唯憂行役遲, 東歸可是有家歸.
都緣桂玉無門住, 不算山川去路危.
秦樹夢愁春鳥囀, 吳江釣憶錦鱗肥.
桃夭杏豔淸明近, 惆悵當年意盡違.

<동으로 돌아가며> 나업

하루 하루 나그네 길 더디다 걱정하나,
동으로 돌아간들 어찌 돌아갈 집이 있으랴.
모든 것은 桂枝와 片玉 때문이니 머물 수 없고,
셀 수 없는 산과 내에 가는 길 아슬아슬해.
시름 차 秦땅의 나무 꿈꾸면 봄새는 지저귀고,
그리워라 吳江의 낚시질 비단 비늘이 살졌었지.
복사꽃 나긋나긋 살구꽃 화사해 청명시절 가까운데,
처량하다 한창때 먹은 마음 모두 어긋나다니.

註

*行役 : 본래 兵役 · 勞役에 服務하거나 公務때문에 外地로 다니는 것을 가리켰는데 또한 行旅 즉 나그네 되어 돌아다님도 뜻하게 되었다.

*可是 : 豈是. 어찌.

*都緣 : 모든 것은 ~때문이다.

*桂玉 : 桂林의 一枝, 崑山의 片玉을 줄인 말이니 科擧及第를 뜻한다.

*無門住 : 머물 길 · 방법 · 도리가 없다.

*不算 : 無數. 셀 수 없는. 무수히 많은.

*秦樹 : 秦은 長安을 가리킨다. 樹는 새잎 돋은 봄의 나무.

*囀(전) : 새가 지저귀다.

*吳江 : 松江 吳松江 등으로 불리는 강으로 江蘇省에 있는데 太湖에서 發源하여 黃浦江과 합친다.

*錦鱗 : 비단 같이 곱고 찬란한 비늘이니 물고기를 아름답게 이르는 말이다.

*桃夭(도요) : ≪詩 · 周南 · 桃夭≫에서 "桃之夭夭, 灼灼其華. 복사나무 싱싱한데, 화사한 꽃 피었네."라 하였다.

그러나 本詩에서는 복사꽃이 나긋나긋함을 말한다.

*當年 : 盛年. 한창때. 황금기.

<西京崇德里居> 羅隱

進乏梯媒退又難, 强隨豪貴殢長安.
風從昨夜吹銀漢, 淚擬何門落玉盤.
抛擲紅塵應有恨, 思量仙桂也無端.
錦鱗頳尾平生事, 卻被閒人把釣竿.

<西京 崇德里의 집에서> 나은

나아가자니 사다리도 끌어줄 이도 없고 물러나자니 그 또한 어려워,
억지로 권력층 뒤따르며 長安에 머문다.
바람이 어젯밤 은하수에서 불어왔는데,
눈물은 무슨 수로 옥쟁반에 떨어뜨리나.
홍진세상 名利를 버리자니 분명 한이 남을터,
仙桂를 그리지만 뾰족한 방법 없구나.
평소 꼬리 붉어진 錦鱗을 추구했으나,
상관없는 사람에게 낚싯대 들려지다니.

註

*羅隱 : 本名은 橫이며 字는 昭諫으로 餘杭人이다. 唐 文宗 太和 7(833)年에 태어나 梁 太祖 開平 3(909)年에 卒하였다. 詩名이 天下에 떨쳤으며 특히 詠史에 뛰어났다. 그러나 恃才傲物(재주를 믿고 남을 깔봄)하였고 비난·풍자함이 많아서 公卿들이 몹시 미워하여 열 번 과거 보어도 다 낙제하였다. 그는 다시 이름을 隱이라 바꿔버렸다. 僖宗의 光啓(885~887)年間에 錢塘令이 되어 善政을 베푸니 節度使 錢鏐(전류)가 從事로 불렀다. 朱全忠이 唐을 대신하여 梁을 세우자 諫議大夫로 불렀으나 가지 않았다. 그 후 著作佐郎, 諫議大夫, 給事中을 지내고 卒하니 칠십칠세였다.

*西京 : 長安. 東京은 洛陽이다.

*崇德里 : 長安城의 中央에 위치한다. 東으로 安業里, 北으로 興化里, 南으로 懷貞里가 있고 大路 건너 西쪽에 崇賢里가 있다.

*乏(핍) : 缺乏. 不足.

*梯媒 : 사닥다리와 仲媒. 높은 곳으로 올라갈 사닥다리와 일을 成事시킬 중매를 말한다. 추천해 줄 사람 이끌어 줄 사람을 의미한다.

*豪貴 : 權勢있고 地位가 높은 사람.

*殢(체) : 滯와 같다. 정체하다. 막히다. 머물다.

*風 : 消息. 風聞. 落第의 소식을 말한다.

*銀漢 : 銀河水. 朝廷을 나타낸다.

*第4句 : 張華의 ≪博物志≫에 의하면 南海에 人魚가 사는데 물에서 나와 어느 사람 집에 잠시 기거하며 자기가 짠 비단을 팔았다 한다. 떠날 때 주인에게 그릇을 달라 하더니 눈물을 뚝뚝 흘려 쟁반 가득 진주로 변하자 이를 주인에게 주었다 한다.

本詩에서 눈물은 작자가 품은 재주·재능을 말한다.

*擬 : ~하려고 하다. ~할 작정이다. ~를 준비하다.

*何門 : 무슨 방법. 무슨 길. 무슨 단서.

*抛擲(포척) : 내버리다. 내던지다. 포기하다.

*紅塵 : 車馬가 일으키는 붉은 먼지. 번화한 世俗·俗世의 名利를 뜻한다.

*思量 : ① 고려하다. 속으로 헤아리다. ② 생각하다. 그리다.

*仙桂 : 神仙世界의 桂樹. 달 속의 桂樹. 及第를 뜻한다.

*無端 : 방법이 없다. 바라는 바와 어긋나나 어쩔 수 없다.

* 錦鱗 : 비단 같이 곱고 찬란한 비늘. 물고기를 아름답게 이르는 말이다.
* 赬尾(정미) : ≪詩・周南・汝墳≫에서 "魴魚赬尾, 王室如燬. 방어 꼬리 붉은데, 왕실은 불타듯."라 하였는데 魴魚가 고생을 많이 하면 꼬리가 붉어진다 하였다.
本詩에서는 作者가 자기를 낚시꾼에 비하여 王室을 위해 꼬리가 붉어지도록 애쓴 충성스러운 방어를 낚으려 하였다는 것이다. 그러나 낙제하였으니 忠臣이 될 기회가 막혔다는 이야기다.
* 閒人 : 일없는 사람. 상관없는 사람.
* 釣竿(조간) : 낚싯대.

<投所思> 羅隱

顦顇長安何所爲, 旅魂窮命自相疑.
滿川碧嶂無歸日, 一榻紅塵有淚時.
雕琢只應勞郢匠, 膏肓終恐誤秦醫.
浮生七十今三十, 從此悽惶未可知.

<그리운 이에게 부치다> 나은

長安에서 초췌한 채 무엇을 한단 말인가,
나그네 먹은 마음 오그라진 팔자가 훼방하거늘.
병풍 같은 靑山 가득한 강가 돌아갈 날 없고,
만장의 紅塵 날리는 속세에 나만 위한 평상에 눈물이 났네.
새기고 쪼아도 그저 郢땅의 匠石이나 바쁘게 하였고,
마음에 든 골병은 결국 秦나라 名醫도 誤診하겠지.
덧없는 인생 칠십에 지금 삼십이니,
지금부터 또 얼마나 바쁘게 다닐지 알 수 없다네.

註

*投 : 贈與하다. 부치다. 제출하다.
*所思 : ① 그리워하는 사람. ② 생각하는 일.
*顦顇(초췌) : 憔悴과 같다. 병 · 근심 · 고생 따위로 얼굴 · 몸이 여위고 파리하다.
*旅魂 : 旅情. 즉 나그네의 생각 · 사고 · 감정 · 기분.
*窮命 : 순조롭지 못한 운명. 오그라진 팔자.
*疑 : 의심하고 시샘하다. 질투하다. 시기하다. 礙字와 통함. 방해하다. 훼방하다.
*嶂(장) : 병풍을 세운 것처럼 길게 연하여 있는 산봉우리.
*榻(탑) : 긴 의자. 평상. 東漢의 陳蕃이 豫章太守로 있을 때 웬만한 손님을 접대하지 않았으나 徐穉는 아주 존중하며 그가 오면 榻을 내놓았다가 그가 가면 매달아 놓고 쓰지 않았다 한다.
*第4句는 이 紅塵萬丈의 俗世에 그래도 자기를 알아주고 대접해주는 이 있어 눈물이 나왔다는 것이다.
*雕琢 : 새기거나 쪼는 것. 나아가 詩文을 매끄럽게 다듬는 것을 말한다.
*郢匠 : 楚나라 郢땅의 匠人.
≪莊子 · 徐无鬼≫에 나오는 이야기.
郢땅 사람이 흰 흙을 코끝에 파리날개만큼 칠한 뒤 匠石 즉 石이란 이름의 匠人에게 깎아 내게 하였다. 匠石은 運斤成風이라 휭휭 소리 내며 도끼를 휘둘러 깎아내는데 흙이 다 없어지도록 코는 다치지 않았고 郢땅 사람도 그대로 서서 태연히 얼굴빛이 안 변했다. 그 후 임금이 이 소문을 듣고 한번 해보라 하자 匠石이 대답하기를 자기는 능히 깎아낼 수 있으나 태연히 서있을 상대가 이미 죽어서 불가능하다는 것이었다.
本詩에서 郢匠은 作者의 詩를 진심으로 이해하는 知己의 뜻으로 썼다.
*膏肓(고황) · 秦醫 : ≪左傳 · 成十年≫에 나오는 이야기.
晉나라 임금이 병들자 秦의 醫員인 緩으로 하여금 치료하게 하였다. 그가 와서 본 뒤 말하기를 고칠 수 없다. 병이 肓의 위 膏의 아래에 있어 뜸을 뜰 수도 없고 침을 놓을 수도 없으며 약기운도 이르지 못한다 하였다.
本詩에서는 肉身의 膏肓이 아니고 낙제 때문에 마음의 膏肓에 병이 깊었으니 그토록 뛰어났던 秦나라 醫員인 緩도 내 병은 誤診할 수밖에 없으리라는 것이다.

＊七十 : 杜甫는 <曲江>二首 其二에서 “人生七十古來稀”라 하였다.

＊悽惶 : 棲惶, 棲遑과 같다. 이 때의 棲는 (qiˇ) 아니고 (xiˇ)로 읽는다. 이리저리 분주함. 바쁘고 불안함.

<送章碣赴擧> 羅隱

苹鹿歌中別酒催, 粉闈星彩動昭回.
久經罹亂心應破, 乍覩昇平眼漸開.
顧我昔年悲玉石, 憐君今日蘊風雷.
龍門盛事無因見, 費盡黃金老隗臺.

<章碣이 과거보러 가므로 배웅한다> 나은

사슴이 쑥 먹는 노래는 이별의 술잔 재촉하는데,
분칠한 尙書省 시험장에는 銀河가 돌며 별빛 빛나리.
오랫동안 전란 겪어 심장은 바스라졌어도,
홀연히 太平時代 보니 얼굴이 펴지네.
지난날 회고하면 나 玉石의 구별 못 받음 슬프나,
오늘날 그대 부럽다네 바람과 우뢰 간직했으니.
龍門의 盛大함 볼 길 없으니,
郭隗의 燕臺에서 황금 다 쓰고 늙어가는 신세라네.

註

* 章碣 : 錢塘人으로 章孝標의 아들이다. 詩를 잘 하였으나 계속 落第하였다. 後에 及第하였으나 流浪하였으며 그 뒤는 알려지지 않았다.
* 赴擧 : 科擧에 응시함. 鄕貢이 入京하여 禮部試에 참가함을 가리킨다.
* 苹鹿歌 : 賓客과 宴會할 때의 樂歌.

≪詩 · 小雅 · 鹿鳴≫에서 "呦呦鹿鳴, 食野之苹. 我有嘉賓, 鼓瑟吹笙. 매! 매! 사슴 울며 들판의 쑥을 먹네. 나는 귀한 손 모시고 슬 타고 생황 부네."이라 하였다.

* 粉闈 : 漢代에 尙書省을 胡粉으로 칠하였다. 그래서 尙書省을 以後에 粉省 · 粉署 · 粉閣이라 하였다. 闈는 본래 宮中의 小門인데 試院 즉 試驗場의 뜻으로 쓰였다. 科擧는 尙書省의 禮部에서 主管하므로 尙書省에서 거행하는 進士試驗場 즉 考場의 뜻으로 粉闈라 하였다.
* 星彩 : 星光.
* 昭回 : 별의 광채가 회전함.

≪詩 · 大雅 · 雲漢≫에서 "倬彼雲漢, 昭回于天. 환한 저 은하여, 빛나며 하늘을 도네."라 하였다.

* 罹亂 : 變亂을 만남. 罹는 (병 · 재앙 · 전란에) 걸리다. 입다.
* 乍(사) : ① 졸지에. 갑자기. ② 잠깐. 잠시.
* 昇平 : 太平.
* 眼開 : ① 사물에 대해 눈이 뜨이다. ② 표정이 밝아지다. 얼굴이 활짝 펴지다.
* 悲玉石 : 玉石을 구별 못하고 玉 같은 자기를 落第시킨 것에 대한 슬픔.
* 憐 : 선망하다. 부러워하다.
* 蘊(온) : 쌓다. 모으다.
* 風雷 : 광풍과 우뢰. 폭풍우. 巨大한 力量 · 才能의 비유.
* 龍門 : 江西省 河津縣과 陝西省 韓城市에 있는데 黃河가 이곳에 이르면 양안의 절벽이 마주하였으며 문과 같아서 이렇게 부른다. 전해오는 말에 大魚들이 이 아래 모여드는데 오를 수 없고 오르면 龍이 된다 하였다. 여기에서 발전하여 名望있는 貴人賢者들의 집을 가리키게도 되었으며 또한 科擧試驗場의 正門도 나타내게 되었다.
* 黃金臺 : 지금의 河北省 易縣의 東南, 北易水의 南에 있었던 臺. 金臺, 燕

臺라고도 한다. 戰國時代 燕 昭王이 쌓고 千金을 이 臺에 두었으며 天下의 人才들을 불렀다 한다.

* 隗臺 : 燕 昭王이 齊나라에 원수를 갚기 위해 郭隗(곽외)에게 계책을 물으니 天下의 人才를 얻으려면 먼저 자기부터 시작하란다. 자기 같이 못난 사람이 우대받는 것을 보면 자기보다 뛰어난 인재가 저절로 모여들 것이라는 것이다. 이른바 "先從隗始"다. 昭王이 郭隗를 위하여 宮을 짓고 師事하니 樂毅 鄒衍 等이 제 발로 찾아왔다.

本詩의 內容을 보건대 羅隱이 몸을 의지하고 있는 地方의 節度使 權勢家 等을 가리키며 그들에게 받은 봉급이나 축내고 그저 살고 있다는 뜻으로 쓰인듯하다.

<春日葉秀才曲江> 羅隱

江花江草暖相隈, 也向江邊把酒杯.
春色惱人遮不得, 別愁如瘧避還來.
安排賤跡無良策, 裨補明時望重才.
一曲吳歌齊拍手, 十年塵眼未曾開.

<봄날 葉秀才와 曲江에서> 羅隱

따뜻한 날 강꽃 강풀 서로 어울리니,
우리 또한 강가 향해 술잔 들어본다.
봄 경치는 사람 유혹하여 누를 수 없고,
이별의 서러움은 학질인가 피해도 또 온다.
내 천한 행적 몸과 마음 다해도 좋은 계책 없으나,
청명한 시대를 돕고 채울 그대 같은 큰 인재 기대해본다.
한 곡조 南道唱에 일제히 박수갈채하지만,
십년간 티끌에 찌든 얼굴 펴지질 않는다.

註

*隈 : 偎字와 같다. 가깝다. 가까이하다. 바싹 달라붙다.
*惱 : 유혹하다. 지분거리다. 놀리다.
*遮(차) : 막다. 저지하다. 억제하다. 가리다. 덮다.
*別愁 : 이별의 서러움.
*瘧(학) : 학질. 말라리아.
*還 : (hái)로 읽으며 여전히, 또, 다시의 뜻으로 쓰인다.
*安排 : ① 自然의 변화에 맡김. ② 마음과 힘을 씀. 자연에 맡기고 상관하지 않는 것과 상대되는 말이다.
*賤跡 : 미천한 行跡. 自身의 행적을 겸손하게 이르는 말이다.
*裨補 : 도와서 모자라는 것을 채움.
*明時 : 淸明한 시대. 太平한 시대. 자기가 살고 있는 시대를 대접하여 이렇게 부른다.
*重才 : 大才. 큰 인재. 뛰어난 재능을 가진 사람. 여기서는 葉秀才를 가리킨다.
*吳歌 : 吳땅의 노래. 江南의 民歌. 우리식으로 말하면 南道唱쯤 되겠다.
*拍手 : ① 박수치다. 박수갈채하다. ② 손으로 박자 맞추다.
*塵眼 : 俗塵 즉 세상의 티끌에 찌든 눈.
*眼開 : 표정이 밝아지다. 얼굴이 활짝 펴지다.

<西京道德里> 羅隱

秦樹團團夕結陰, 此中莊舃動悲吟.
一枝丹桂未入手, 萬里蒼波長負心.
老去漸知時態薄, 愁來唯願酒杯深.
七雄三傑今何在, 休爲閒人淚滿襟.

<西京의 道德里에서> 나은

秦땅 나무들 저녁의 어둠과 한 덩어리 되었는데,
그 속에서 莊舃처럼 고향 그려 슬피 탄식하네.
한 가지 계수 아직 손에 넣지 못하고,
萬里 푸른물결 밖 언제나 일은 마음과 어긋나네.
늙어가며 차츰 세상인심 야박한 것 알아채니,
시름 차 그저 바라기는 술잔이 깊기를.
戰國時代 일곱 나라 세 분 영웅은 지금 어디 있나,
일없이 노는 사람 옷깃 가득한 눈물 흘리게 하지 마시길.

註

＊西京 : 長安. 서쪽에 있으므로 그리 말한다. 洛陽은 東京이다.

＊道德里 : 長安城 正南의 中央에 明德門이 있다. 거기에서 北으로 세 블록 올라가면 동쪽이 開明里 서쪽이 道德里다.

＊秦樹 : 長安은 본래 秦의 中心이었다. 따라서 長安을 말할 때 秦으로 나타내곤 하였다.

＊團團 : ① 무리를 이루다. 떼지어 모이다. ② 둥글다.

＊莊舃(장석) : ≪史記·張儀列傳≫에 나온다. 戰國時代의 越人인데 楚나라에 벼슬하여 執珪(珪를 손에 잡는 신분 즉 大夫 以上이 되었다는 말이다)하는 신분이 되었다. 얼마 뒤 병이 들었다. 楚王이 말하기를 莊舃은 越의 미천한 사람이었는데 楚에 벼슬하여 執珪하였으니 富貴를 누리는 것인데 그래도 越나라를 생각할까 하니 侍御인 中謝가 대답하기를 사람이 옛날을 그리워함은 아플 때라 합니다. 그가 越을 생각하면 신음하는 소리에 越나라 투가 섞일 것이고 그렇지 않으면 楚나라 소리의 투겠지요. 이에 사람을 시켜 가 듣게 하니 越나라 투였다는 것이다.

本詩에서는 莊舃의 일로 고향을 절실하게 그린다는 뜻을 나타내었다.

＊動 : 언제나. 늘. 걸핏하면.

＊悲吟 : ① 슬프게 탄식하다. ② 슬프고 애절하게 노래하다. 슬프고 애절한 노래.

＊丹桂 : 과거를 말한다. 급제하면 桂를 꺾었다, 얻었다고 한다.

＊蒼波 : 푸른물결.

＊負心 : ① 본심·본의에 어긋나다. ② 은혜를 배반하다. 정리를 저버리다.

＊時態 : 世情(세상물정. 사회상황). 세상 사람들의 인심.

＊酒杯深 : 前蜀 韋莊의 <菩薩蠻>詞에서 "珍重主人心, 酒深情亦深. 主人의 마음 참으로 귀중하네, 술 많아 정 또한 많으니."이라 하였다. 술잔이 깊으면 담긴 술은 의례 많게 마련이다.

＊七雄 : 戰國七雄. 戰國時代의 七國이니 즉 秦·齊·楚·燕·韓·魏·趙를 가리킨다.

＊三傑 : 戰國時代의 孟嘗君·信陵君·平原君. 모두 人才를 禮遇한 것으로 유명하다.

＊休 : 정지하다. 멈추다. 그치다.

＊閒人 : 하는 일 없이 한가하게 노는 사람.

＊襟 : 옷깃. 옷섶. 나아가 가슴속, 마음, 생각도 나타낸다.

<長安秋夜> 羅隱

遠聞天子似羲皇, 偶捨漁鄕入帝鄕.
五等列侯無故舊, 一枝仙桂有風霜.
燈敧短焰燒離鬢, 漏轉寒更滴旅腸.
歸計未知身已老, 九衢雙闕夜蒼蒼.

<長安의 가을밤> 나은

멀리서 天子가 伏羲 같은 聖君이라 듣다가,
우연히 漁村 떠나 임금님의 고을에 들어왔네.
公爵·侯爵 같은 높은 양반에 친구가 없으니,
한 가지 계수나무에는 바람 서리만 있다네.
짧은 불꽃 등불이 기우니 떠돌이의 머리 태우고,
찬 밤의 물시계 움직이니 나그네의 가슴에 방울지네.
고향 갈 길 모르는 채 몸은 이미 늙었는데,
구구(九衢)와 쌍궐(雙闕)의 서울 밤 망망하다네.

註

* 羲皇 : 伏羲氏로 전설상 옛 帝王이다. 흔히 三皇五帝라 하는데 三皇은 伏羲·神農·燧人을 가리킨다. 이들이 다스리던 시대는 太平聖代였다고 한다.
* 捨 : 버리다. 떠나다. 사면하다. 석방하다.
* 漁鄕 : 漁村. 어민들의 마을.
* 帝鄕 : ① 서울. 임금이 사는 곳. ② 仙鄕. 신선이 사는 곳.
* 五等列侯 : 다섯 등급의 작위(爵位).
  ≪禮記·王制≫에 의하면 公爵·侯爵·伯爵·子爵·男爵의 다섯 등급이 있다.
  本詩에서는 그냥 高官大爵을 가리킨다.
* 故舊 : 친한 오래된 벗.
* 仙桂 : 신화·전설상의 달 속의 계수나무.
* 風霜 : 바람과 서리로 艱難辛苦를 비유한다. 仙桂에 風霜이 있다 함은 과거에 급제 못하고 고통만 당한다는 말이 되겠다.
* 攲(기) : 기울어지다. 경사지다. 비스듬하다.
* 離鬢 : 고향 떠난 사람의 살적. 간단히 말해 나그네의 머리털이다.
* 更漏 : 물시계. 밤에 更(初更부터 五更까지로 밤을 나눔)을 전하여 주므로 更字를 붙였다. 漏壺라고도 한다.
* 轉 : 移動.
* 旅腸 : 나그네의 心情.
* 歸計 : 고향으로 돌아갈 계획·방법.
* 九衢 : 종횡으로 교차하는 大路. 번화한 거리.
* 雙闕 : 대궐 앞 양쪽 高臺上의 樓觀.
* 蒼蒼 : 끝없이 아득함. 망망함.

<東歸途中作> 羅隱

松橘蒼黃覆釣磯, 早年生計近年違.
老知風月終堪恨, 貧覺家山不易歸.
別岸客帆和雁落, 晩程霜葉向人飛.
買臣嚴助精靈在, 應笑無成一布衣.

<낙제 후 동쪽으로 돌아가며 도중에 짓자> 나은

솔과 귤은 푸르고 누르게 낚시터 덮었는데,
젊은날 꾸려가던 생계 근래에는 어긋났다.
늙어 알았네 청풍명월이란 한이 되는 것을
가난하니 깨달았지 고향 돌아가기 쉽지 않음을
떠나는 강가 나그네 탈 배 돛은 기러기와 함께 내려오고,
저문 날 갈 길에 서리 맞은 단풍잎 사람 향해 날린다.
朱買臣과 嚴助의 영혼이 있다면,
이룬 것 없는 한 布衣를 응당 웃으리라.

註

* 松橘 : ≪論語 · 子罕≫에서 "歲寒然後知松柏之後彫也. 날이 추워진 뒤에야 소나무 · 측백나무의 나중 시듦 알도다."라 하였고 ≪楚辭 · 九章 · 橘頌≫에서는 "受命不遷. 타고난 운명을 바꾸고 고치려 않고" "深固難徙. 뿌리 깊이 박아 옮기기 어려워"라 하여 橘을 칭송하였다. 소나무 귤나무를 들어서 자신이 그렇지 못함을 탄식하는 것이리라.
* 釣磯 : 낚시터. 磯는 물이 물가의 돌에 부딪치는 곳이다. 낚시터는 속세의 名利를 떠난 隱者들의 차지이므로 작자의 감회가 남다를 것이다.
* 早年 : 젊은 시절.
* 違 : 어긋나다. 착오가 생기다. 바뀌다.
* 風月 : ① 淸風明月. 아름다운 풍경을 가리킨다. ② 한가하고 쾌적한 일을 말한다. ③ 남녀 간의 애정을 나타낸다.
* 家山 : 故鄕.
* 客帆 : 여객이 타는 배의 돛.
* 晩程 : 저문 날의 路程.
* 霜葉 : 서리 맞아 붉고 누렇게 단풍든 잎.
  杜牧은 <山行>에서 "霜葉紅於二月花. 서리 맞은 잎 이월의 꽃보다 붉다."라 하였다.
* 朱買臣 · 嚴助 : 漢나라 때의 인물들인데 젊은날 고생했으나 결국 출세하였다. 朱買臣은 嚴助가 천거한 인재였다.
* 精靈 : ① 영혼(靈魂). ② 精神.
* 布衣 : 벼슬 못한 백성. 옛날 일반 백성들은 비단옷을 입을 수 없었다. 벼슬하여야 錦衣를 걸치게 되어 있었으므로 백성들이 입던 베옷으로 신분을 나타내게 되었다.

<東歸> 羅隱

仙桂高高似有神, 貂裘敝盡取無因.
難將白髮期公道, 不覺丹枝屬別人.
雙闕往來慚請謁, 五湖歸後恥交親.
盈盤紫蟹千卮酒, 添得臨岐淚滿巾.

<落第한 뒤 동쪽으로 돌아가며> 나은

달 속 계수나무 높고 높아 귀신 붙었나,
담비 갖옷 떨어지도록 애써도 얻을 길 없구나.
흰 머리로 公道를 기대하기 어려우니,
부지중에 丹桂는 남에게 돌아갔구나.
서울의 雙闕 왕래하며 청하고 구하기도 부끄럽고,
강남의 五湖로 돌아가면 친구 친척 남세스러워.
쟁반 가득한 보랏빛 게 천 그릇의 술도,
갈림길에서 수건 가득 채우는 눈물이나 보탤 뿐.

註

* 仙桂 : 달 속의 계수나무. 과거시험의 급제를 계수를 꺾어 손에 넣는 것으로 나타냈다.
* 貂裘敝盡 : 담비 갖옷이 다 떨어짐. 戰國時代의 세객(說客)인 蘇秦이 六國의 재상이 되기 전에 秦王의 마음을 얻기 위해 열 번이나 글을 올렸으나 실패하였다. 담비 갖옷은 다 떨어지고 황금 백 근도 다 써버리니 할 수 없이 秦을 떠나 고향으로 돌아갔다. 이때의 蘇秦과 현재 작자의 상황이 비슷하다는 것이다.
* 公道 : 公平함. 公正함. 科擧는 公平하고 公正할 것이며 公平하고 公正하여야 한다고 하여 科擧를 公道라고 하였다.
* 丹桂 : 丹桂의 가지. 과거의 급제를 비유함.
* 屬 : 歸屬.
* 雙闕 : 대궐 앞 양쪽 高臺上의 樓觀.
* 請謁(청알) : 謁은 뵙다, 청구하다의 뜻이다. 請謁은 무엇을 달라하다, 청구하다는 말이 된다.
* 五湖 : 太湖 一帶를 말한다.
* 交親 : 친구와 친척.
* 卮(치) : 술을 담는 둥근 그릇. 술잔을 이렇게도 쓴다.
* 滿 : 가득 채우다.

<下第作> 羅隱

年年模樣一般般, 何似東歸把釣竿.
巖谷謾勞思雨露, 彩雲終是逐鵷鸞.
塵迷魏闕身應老, 水到吳門葉欲殘.
至竟窮途也須達, 不能長與世人看.

<落第하고 짓다> 나은

해마다 형편은 한가지니,
동쪽으로 돌아가 낚싯대 드는 것이 어떠할까.
그러나 산골에서는 비와 이슬의 은혜를 생각 말아야 하니,
그래도 꽃구름 서울에서 원란(鵷鸞)을 추구해야지.
서울, 먼지가 위궐(魏闕)을 가린 곳 몸만 늙어가고,
고향, 물 따라 오문(吳門)에 이르면 나뭇잎 시들 때겠지.
막다른 길 가도 결국 분명히 출세할 것이니,
영원히 世人의 취급과 함께 할 수는 없지.

註

* 模樣 : 形狀. 情況. 局面.
* 一般般 : 한가지다. 같다.
* 何似 : 어떠할까? ~에 비하면 어떨지?
* 巖谷 : 山谷. 산골짜기. 世俗의 名利를 떠나 隱居하는 곳.
* 謾 : ① 헛되이. ② ~하지 말라. ~할 것 없다.
* 雨露 : 비와 이슬 같은 임금의 은택.
* 彩雲 : 꽃구름. 오색찬란한 구름. 화려하고 찬란한 서울거리를 비유함.
* 鵷鸞(원란) : 둘 다 봉황새의 일종인데 외모가 우아하여 조정에 늘어선 百官의 질서정연한 행렬을 비유한다.
* 魏闕 : 魏(wèi)는 宮의 문밖 양쪽의 樓觀이며 闕도 같은 뜻이다. 이곳 아래에 法令을 매달아 알렸다. 이것으로 朝廷을 나타낸다. 出世와 隱居의 矛盾된 심정을 나타낼 때 흔히 이 말을 썼으니 ≪莊子·讓王≫ ≪呂氏春秋·審爲≫에서 "身在江海之上, 心居乎魏闕之下. 몸은 江湖之上에 있으나 마음은 魏闕之下에 있구나."라 하였다.
* 吳門 : 蘇州 一帶. 作者의 故鄕땅을 가리킨다.
* 至竟 : 究竟. 끝에 가서는.
* 窮途 : 막다른 길. 궁지. 곤경이나 곤궁한 처지를 말한다.
* 也須 : 또한 마땅히. 또한 분명히.
* 達 : 顯達함. 높은 지위에 오름. 입신출세함.
* 看 : 대하다. 다루다. 취급하다.

  世人看은 세상 사람들이 자기를 우습게 취급하는 것을 말한다.

<丁亥歲作> 羅隱

病想醫門渴望梅, 十年心地僅成灰.
早知世事長如此, 自是孤寒不合來.
谷畔氣濃高蔽日, 蟄邊聲煖乍聞雷.
滿城桃李君看取, 一一還從舊處開.

<丁亥年에 짓다> 나은

아픈 이가 醫員 생각하듯 목마른 사람 매실 바라듯 했지만……,
십년 되니 마음은 그저 재가 되었을 뿐.
세상일 언제나 이러한 줄 진작 알았더라면……,
본시 한미한 인생은 오는 것 마땅치 않았지.
골짜기 옆 봄기운 짙으니 높이 해를 가릴 듯하고,
동면하는 곳 소리가 따뜻하니 홀연 천둥소리 들리는데,
城 가득한 복사 오얏 그대는 보라,
하나하나 여전히 옛 피던 곳에서 피었으니.

註

* 丁亥歲 : 懿宗 咸通 8(867)年. 作者 35歲 때임.
* 醫門 : 醫家. 醫術家.
* 心地 : 心情. 心境.
* 僅 : 다만. 단지. 거의.
* 孤寒 : 출신이 한미함. 출신이 한미한 貧寒之士.
* 合 : 合當함. 마땅함.
* 蟄(칩) : 冬眠하다. 칩거하다.
* 蟄雷 : 매년 봄 제일 처음 일어나는 천둥. 겨울 잠자는 동물·벌레를 깨운다고 한다.
* 第5·6句는 天地가 봄이 되어 만물이 피어나나 자기는 여전히 불우하다는 말이다.
* 取 : 뜻이 없는 語助詞. 聽取하다의 取와 같다.
* 還 : (hái). 그래도. 여전히. 또한. 다시.
* 第7·8句는 及第하고 出世하는 이는 다 오래된 가문, 기반이 있는 집 출신이라는 것이다. 세간에 널리 알려지고 회자되는 유명한 구절이다.

<下第寄張坤> 羅隱

謾費精神掉五侯, 破琴孤劍是身讐.
九衢雙闕擬何去, 玉壘銅梁空舊遊.
胡蝶有情牽晚夢, 杜鵑無賴伴春愁.
思量不及張公子, 經歲池江倚酒樓.

<落第하고 張坤에 부친다> 나은

정력 쏟아 公爵 侯爵 높은 양반 움직이려 말 것이니,
깨진 거문고 한 자루 칼이 이 몸의 짝인 것을.
구구(九衢)·쌍궐(雙闕)의 서울 두고 어디로 가랴,
옥루(玉壘)·동량(銅梁) 산들이야 헛된 옛 발자취거늘.
나비는 정이 있어 몽롱하게 살라고 저녁 꿈에 얽히는데,
두견이는 마음 없네 내 봄날의 시름 짝해줄.
내 의지와 도량은 張公子에 못 미치니,
오랜 세월 물가의 酒樓에 기댄 분이라네.

註

* 張坤 : 人名. 자세한 것은 알 수 없다.
* 謾 : ① ~하지 말라. ~할 것 없다. ② 헛되이. 공연히.
* 精神 : 精力. 기운.
* 掉(도) : 흔들다. 요동하다. 掉舌로 볼 수도 있으니 즉 열변을 토하다. 변론을 장황하게 하다. 遊說하다.
* 五侯 : 公爵 · 侯爵 · 伯爵 · 子爵 · 男爵의 다섯 등급 諸侯.
  여기에서는 當權者, 高位層을 가리킨다.
* 孤劍 : 한 자루의 칼.
* 身讐 : 자신의 伴侶. 자기의 짝. 讐는 ① 원수. 적. ② 보복. ③ 同等함. 匹敵함. ④ 서로 附合함의 뜻이 있으니 여기에서는 ③, ④의 뜻으로 쓰였다.
* 九衢 : 종횡으로 교차는 대로. 번화한 거리.
* 雙闕 : 대궐 앞 양쪽 高臺상의 樓觀. 九衢 · 雙闕은 서울을 나타낸다.
* 玉壘 · 銅梁 : 둘 다 山의 이름이다. 四川省에 있다.
* 胡蝶夢 : 莊子가 꿈에 나비된 것인지 나비가 꿈에 莊子된 것인지 아리송함. 따라서 胡蝶夢은 흐리멍덩하고 분명하지 않은 境界를 말한다.
  本詩에서 나비는 시름 찬 나에게 또랑또랑하게 근심하지 말고 몽롱하게 살라고 하는 것이다.
* 牽夢 : 牽(견)은 끌다. 당기다. 牽夢은 꿈속에 얽힘. 꿈결에 휘감김.
* 杜鵑啼血 : 두견새가 너무 슬피 울어 피가 나온다는 전설. 두견새의 입이 붉은 탓에 옛사람들은 새벽까지 울어 피가 초목을 적신다 여겼다.
  本詩에서는 두견새는 제 설움에 울 뿐 나의 시름을 동반할 마음은 없다는 뜻으로 쓰였다.
* 無賴 : ① 버르장머리 없다. 까불고 노리다. 예의 없다. ② 사랑스럽다. 귀엽다. ③ 無意. 無心. ~할 생각 · 마음이 없다. ~할 기분이 안 나다. ~을 하고 싶지 않다.
  本詩에서는 "有情"과 "無賴"가 짝이 되니 ③의 뜻이 마땅하다.
* 春愁 : 봄날의 시름. 낙제한 봄의 시름이다.
* 思量 : ① 志趣와 器量(志向하는 바와 도량 · 국량). ② 고려하다. 헤아리다. ③ 그리워하다. 생각하다.
* 張公子 : 詩題의 張坤이다.

* 經歲 : 經年. 經年累月. 오랜 세월(을 지나다).
* 倚樓 : 樓閣의 창이나 난간에 기대다.
* 酒樓 : 이층 좌석이 있는 술집.

<東歸別常修> 羅隱

六載辛勤九陌中, 卻尋歸路五湖東.
名慚桂苑一枝綠, 鱠憶松江兩筯紅.
浮世到頭須適性, 男兒何必盡成功.
唯慚鮑叔深知我, 他日蒲帆百尺風.

<동쪽으로 돌아가며 常修와 헤어지다> 나은

육년을 부지런히 구맥(九陌)에서 애썼건만,
이제 다시 오호(五湖)의 동으로 돌아갈 길 찾는다네.
이름은 계수 동산의 푸른 한 가지에 부끄럽지만,
회는 松江의 붉은 두 젓갈로 집던 농어가 그립다네.
덧없는 세상 결국은 마음에 맞아야 하는 것,
남자라고 왜 꼭 모두 성공해야 하나.
다만 나를 깊이 알아주는 포숙(鮑叔)에 부끄러우니,
어느 날인가 百尺風에 부들 돛 올리고 숨으려네.

註

*常修 : 人名. 자세한 것은 알 수 없다.

*六載 : 六年.

*辛勤 : 힘든 일을 애쓰며 부지런히 함.

*九陌 : 漢의 長安城에는 아홉 거리가 있었다. 이것으로 서울을 나타낸다.

*五湖 : 太湖 一帶.

*桂苑一枝 : 계수나무 동산의 한 가지. 과거시험에 합격함을 나타낸다.

*鱠憶松江 : ≪世說新語·識鑒≫에 晉 張翰은 서울에 있다가 가을바람 부는 것을 보고는 吳中의 菰菜羹과 鱸魚膾가 생각나자 인생이란 뜻에 맞는 것이 좋지 왜 꼭 수 천리 밖에서 벼슬을 해야 하나 하고 돌아가 버렸다. 이로부터 "농어회"는 고향 그리워 한다는 뜻으로 쓰였다.

*兩筯 : 筯(저)는 箸와 같다. 젓가락 두 짝.

*浮世 : 덧없는 세상.

*到頭 : 最後. 마지막에 이르러. 맨 마지막.

*適性 : 뜻에 맞음. 마음에 듬.

*鮑叔 : 管仲의 친구. 管仲을 가장 잘 이해하여 주었으므로 管仲이 "나를 낳은 이는 부모요, 나를 아는 이는 鮑叔이다."라 말하였다. 世間에 "管鮑之交"로 널리 알려졌다.

本詩에서는 詩題에 나오는 常修를 가리킨다.

*他日 : ① 과거의 어느 날. ② 미래의 어느 날.

*蒲帆 : 부들로 엮은 돛.

雨田 申鎬烈 선생님의 말씀에 의하면 부들·왕골로 자리를 만들어 깔고 있다가 배의 돛으로도 썼으므로 돛자리라 한 것이 돗자리로 바뀌었다 한다. 포목이 귀하던 시절 그것으로 돛 만들기가 어려워 대용한 것이리라.

本詩에서는 장차 배타고 은거지로 돌아가겠다는 말이다.

*百尺 : 높거나 깊거나 긴 것을 나타낸다. 百尺風은 長風과 같다.

<途中除夜> 高蟾

南北浮萍跡, 年華又暗催.
殘燈和臘盡, 曉角帶春來.
鬢欲漸侵雪, 心仍未肯灰.
金門舊知己, 誰爲脫塵埃.

<途中의 섣달 그믐날 밤> 고섬

남으로 북으로 부평초 같은 내 자취,
세월은 또 슬며시 재촉하네.
스러지는 등불 섣달과 함께 다 되어가고,
새벽의 나팔소리 봄을 띠고 온다네.
귀밑머리 차츰 흰 눈에 다가가나,
마음은 아직도 식은 재 되기 싫어.
金馬門의 옛 知己여,
그 누가 흙먼지 벗게 해줄까.

註

* 高蟾 : 河朔人으로 生卒年은 未詳이다. 가난하였으나 詩를 잘 하였으며 얽매이지 않는 성품에 氣節을 숭상하였다. 십년을 科場 出入하였으나 급제 못하였다. 郎中인 鄭谷과 벗이 되었는데 그를 高先輩라 하였다. 僖宗의 乾符 3(876)年에 馬侍郎이 적극 추천하여 及第하였다. 昭宗의 乾寧(894~897)年間에 御史中丞을 지냈다. 그의 作品은 많지 않지만 <下第後獻高侍郎>이 대단히 유명하며 <金陵晩望>의 "世間無限丹靑手, 一片傷心畵不成. 세상의 하많은 화가들도, 一片傷心은 그려내지 못하리."과 <春>의 "人生莫遣頭如雪, 縱得春風亦不消. 인생이란 머리를 눈처럼 하지 말 것이니, 비록 봄바람 만나도 녹일 수 없다네."가 人口에 膾炙되고 있다.
* 途中 : 路中. 路次. 途次. 길을 가는 중간.
* 除夜 : 除夕. 섣달 그믐날 밤.
* 浮萍 : 개구리밥. 물위에 떠있으므로 정처 없이 떠돌아다니는 신세를 이르는 말이 되었다.
* 年華 : ① 歲月. 시간. ② 年歲. 나이.
* 臘 : 음력 12월 臘日에 제사 즉 臘祭를 지내므로 음력 12월을 臘月이라 한다.
* 曉角 : 새벽을 알리는 號角 즉 나팔소리.
* 侵 : 접근하다. 다가가다.
* 仍(잉) : 여전히. 아직도.
* 灰心 : 믿음을 잃고 의지가 사라짐을 뜻한다.
* 金門 : 金馬門. 朝廷의 뜻으로 쓰였다.
* 塵埃(진애) : ① 날리는 흙먼지. ② 俗世. ③ 세상의 밑바닥.

<下第後獻高侍郎> 高蟾

天上碧桃和露種, 日邊紅杏倚雲栽.
芙蓉生在秋江上, 不向東風怨未開.

<落第한 뒤 高侍郎에게 올린다> 고섬

하늘 위 반도(蟠桃)는 이슬과 함께 심으며,
태양 옆 홍행(紅杏)은 구름에 이웃해 가꾼다네.
연꽃이야 가을 강 속에 사노니,
동풍 보고 안 피워준다 원망도 못하네.

註

*碧桃 : ① 꽃잎이 겹이고 열매를 맺지 못하며 관상용으로 가꾸는 복숭아나무. 千葉桃라고도 한다. ② 詩文에 많이 등장하는 仙桃. 西王母가 漢 武帝에게 주었다 하며 蟠桃라고 흔히 부른다.

*露 : 第2句의 雲과 함께 高位層 특히 임금의 특별한 恩寵·庇護를 나타낸다.

*日邊 : 태양의 옆. 서울 부근이나 임금의 좌우를 比喩한다.

*紅杏 : 붉게 핀 살구꽃.

*栽(재) : 심다. 가꾸다.

*芙蓉 : 연꽃.

*東風 : 봄바람. 꽃을 피워주는 역할을 한다.
本詩에서는 과거에 급제시켜줄 역량을 비유한다.

<下第有懷> 章碣

故鄕朝夕有人還, 欲作家書下筆難,
滅燭何曾妨夜坐, 傾壺不獨爲春寒.
遷來鶯語雖堪聽, 落了楊花也怕看.
但使他年遇公道, 月輪長在桂珊珊.

<낙제하고 생각함이 있어서> 장갈

아침 저녁 고향 가는 사람 있다지만,
편지를 부치자 해도 붓대기 어렵지.
촛불 꺼도 밤 자리에 무어 저애 되리오,
술병 기울임은 봄의 추위 때문만은 아니지.
꾀꼬리 옮겨가는 소리 비록 듣고 견뎌도,
버들 꽃 떨어지는 모습 또한 보기 두렵지.
그저 다른 해에 과거시험 만나면,
둥근 바퀴 명월에 길이 밝고 맑은 계수 있기를.

註

* 章碣 : 羅隱의 <送章碣不擧>에서 이미 소개하였다. 僖宗 乾符(874~879)年間에 進士及第하였으나 流浪하여 그 뒤를 알 수 없다.
* 家書 : 가족들과 주고받는 편지.
* 下筆 : 붓을 대다. 글을 쓰거나 그림을 그리기 시작함.
* 何曾 : ① 何故. 왜. 무엇 때문에. ② 何嘗. 언제~한 적이 있는가.
* 傾壺 : 술병을 기울여 술을 따름.
* 不獨 : 不但. 不僅. ~뿐만은 아니다.
* 鶯遷 : ≪詩 · 小雅 · 伐木≫에서 "伐木丁丁, 鳥鳴嚶嚶, 出自幽谷, 遷於喬木. 나무 베는 소리 쩡쩡, 새우는 소리 짹짹. 깊은 골짜기에서 나와 큰키나무로 옮겨가네."이라 하였다. 唐나라부터 짹짹 우는 소리를 내며 골짜기에서 나오는 새는 꾀꼬리라 하였다. 따라서 큰키나무로 옮긴 것은 과거급제 · 승진을 나타내게 되었다.

  本詩에서는 타인들이 급제하여 신나서 왁자지껄하게 노는 것을 보지 않으면 들리는 대로 들을 수는 있다는 말이다.
* 落了楊花 : 버들 솜 지는 것으로 자신의 낙제를 나타냈다. 楊花는 柳絮의 뜻으로 쓰였다.
* 看 : 協韻上 寒韻에 속하며 그 뜻도 看守하다, 지키다가 되어야 한다. 그러나 詩의 內容上 보다는 뜻이 되니 去聲의 翰韻이 된다. 즉 內容은 翰韻의 看이나 外形은 平聲의 寒韻으로 형식을 갖추어 주었다.
* 他年 : ① 과거의 어느 해. ② 미래의 어느 해.
* 公道 : 公正. 公平. 科擧는 公正 · 公平해야 하고 할 것이라 하여 科擧를 말할 때 公道라 하였다.
* 珊珊(산산) : 晶瑩貌. 즉 투명하고 밝다. 투명하게 반짝이다. 달에 계수나무 있다는 것은 급제를 말한다.

<下第退居> 二首 鄭谷

其一
年來還未上丹梯, 且著漁蓑謝故溪.
落盡梨花春又了, 破籬殘雨晚鶯啼.

<落第한 뒤 退居하며> 二首 정곡

기일
요 몇 해 여전히 붉은 계단 못 오르고,
다시 어부의 도롱이 걸치자니 옛 냇물에 부끄러워.
다 떨어진 배꽃이여 봄은 또 끝났는데,
부서진 울타리 비는 그쳐가고 저녁 꾀꼬리 우네.

註

* 鄭谷 : 字는 守愚로 袁州 宜春人인데 生卒年은 未詳이다. 어려서부터 총명, 일곱 살에 詩를 지었다 하며 司空圖가 한번 보고 기특하게 여겼다 한다. 僖宗 光啓 3(887)年에 進士及第하여 京兆의 鄠縣尉가 되었다가 右拾遺 · 補闕로 옮겼다. 昭宗 乾寧 4(897)年에 都官郎中이 되니 이 때문에 그를 鄭都官이라 부르게 되었다. 그의 傑作인 <鷓鴣>詩로 말미암아 鄭鷓鴣라고도 불렸다. 詩僧인 齊己가 지은 詩를 갖고 찾아뵈었는데 그의 <早梅>詩에서 "前村深雪裏, 昨夜數枝開. 앞마을 깊은 눈 속, 어젯밤 몇 가지 피었네."를 보고는 數枝가 피었다면 早梅가 아니니 一枝의 근사함만 못 하리 하니 齊己가 자기도 모르게 엎드려 절하며 "저의 一字師(一字를 고쳐도 가히 스승 될 만하다.) 이십니다." 하였다. 후에 仰山書屋에 隱居하였으며 北巖別墅에서 卒하였다.
* 退居 : 본래 退職하여 집에 기거함을 말하는데 여기에서는 落第한 뒤 서울에서 물러나 집에 거처함을 뜻한다.
* 年來 : 近年以來. 요 몇 해 사이.
* 還 : (hái)로 읽는다. 여전히. 또.
* 丹梯 : 붉은색 계단. 벼슬길을 비유한다.
* 著(착) : 옷을 입다. 걸치다.
* 蓑(사) : 도롱이. 띠나 짚 따위로 엮어 만든 비옷.
* 謝 : 부끄럽다.
* 殘雨 : 거의 끝나가는 비. 다 되가는 비.

<下第退居> 二首 鄭谷

其二
未嘗靑杏出長安, 豪士應疑怕牧丹.
祗有退耕耕不得, 茫然村落水吹殘.

<落第한 뒤 退居하며> 二首 정곡

기이
풋살구 맛 못보고 長安을 나서니,
호탕한 사람이야 내 모란 겁내나 의심하리.
물러나 밭갈 일만 있으나 그도 안 되니,
넋잃고 멍하네 물·바람이 망친 마을 앞에서.

註

* 嘗 : 맛보다. 먹다. 겪다.
* 青杏 : 익지 않은 살구. 풋살구. 進士及第者들은 曲江 賜宴, 杏園探花宴 等에 참석한다. 따라서 青杏으로 進士及第를 暗示하였다.
* 豪士 : 호탕하고 씩씩하며 俠氣가 있는 사람.
* 牧丹 : ≪唐摭言・讌名≫에는 새로 급제한 진사들이 참가하는 讌 즉 잔치가 열이나 되는데 그중에 牧丹讌이 있다. 여기에서는 낙제한 뒤 모란꽃마저 보기가 두려워 서울을 떠났다는 뜻으로 쓰였다. 豪士 즉 씩씩하고 마음 넓은 사람이 보기에는 좀 쩨쩨할 것이라는 말이다.
* 茫然 : 惘然과 같다. 失意한 모습. 아무 생각 없이 멍함. 흔히 茫然自失이라 쓴다.
* 村落 : 마을. 시골의 작은 마을.
* 吹 : 去聲으로 읽으면 바람의 뜻이 된다.
* 殘 : 파괴함. 망가뜨림.

<長安冬日> 杜荀鶴

近臘饒風雪, 閒房凍坐時.
書生教到此, 天意轉難知.
吟苦猿三叫, 形枯柏一枝.
還應公道在, 未忍與山期.

<長安의 겨울날> 두순학

선달 가까워 눈바람 많으니,
텅 빈 적막한 방 떨며 앉아있는 때네.
글 읽는 선비를 이 지경에 이르게 하니,
하늘의 뜻을 점점 알기 어렵네.
고심하여 읊조리니 잔나비 세 번 울부짖 듯,
비쩍 마른 육신이여 측백의 한 가지네.
그래도 공정한 과거에 응시할 기대로,
차마 청산과 기약을 못하네.

註

* 杜荀鶴 : 字는 彦之로 池州人이며 스스로 九華山人이라 하였는데 杜牧의 庶子다. 武宗 會昌 6(846)年에 나서 昭宗 天祐 元年(904)에 卒하였다. 어려서 詩名을 떨쳤는데 顧雲과 九華山에 은거하였다. 여러 차례 과거에 실패하였는데 梁王 朱溫의 추천으로 昭宗 大順 2(891)年에 급제하였다. 다시 朱溫의 힘으로 翰林學士가 되었고 主客員外, 知制誥로 승천하였다. 세력을 믿고 선비들을 모욕하였으며 글에도 비꼬는 말이 많아 사람들이 죽이려 하였으나 마침 병들어 죽었다. 그의 <春宮怨> 中 "風暖鳥聲碎, 日高花影重. 바람 따뜻하니 새소리 바스라지고, 해 높으니 꽃 그림자 겹쳐"는 가장 유명하여 모든 사람들이 칭송하는 바다.
* 臘 : 섣달에 지내는 祭祀. 여기에서 섣달을 가리키게 되었다.
* 饒(요) : 풍부하다. 많다. 더하다. 보태다.
* 閒房 : 텅비고 적막한 방.
* 凍 : 얼다. 추위에 떨다. 寒涼. 淸涼.
* 書生 : 글 읽는 선비.
* 敎 : 使. ~하게 하다.
* 轉 : ① 반대로. 도리어. ② 점점. 더욱.
* 苦吟 : 반복하여 읊어보고 고심하여 퇴고함. 시 짓는 것이 극도로 착실한 것을 말한다.
* 枯形 : 비쩍 마른 육신.
* 應 : 應試함. 즉 考試에 參加함.
* 在 : 期待하다.
* 公道 : 公正. 公平. 과거를 이렇게 부른다.
* 與山期 : 山과의 期約. 즉 山에 돌아가 숨겠다는 약속.

<下第投所知> 杜荀鶴

若以名場內, 誰無一軸詩.
縱饒生白髮, 豈敢怨明時.
知己雖然切, 春官未必私.
寧敎讀書眼, 不有看花期.

<落第한 뒤 아는 이에게 보낸다> 두순학

功名을 다투는 마당에 있어,
그 누가 한 축(軸)의 詩 없으랴!
비록 백발이 풍성하게 돋아도,
어찌 감히 이 淸明한 시대를 원망하랴!
나를 아는 이들은 격렬하게 비판하지만,
禮部에서도 사사로움은 없었으리라.
어떻게 글 읽던 눈에게,
꽃구경 하는 기약은 없게 하겠나.

註

* 若 : ~에 이르러, ~에 있어.
* 名場 : 科擧試驗場. 선비들이 功名을 구하는 장소이므로 이렇게 부른다.
* 軸(축) : 한 가운데 막대를 끼고 둘둘 말게 되어있는 두루마리. 여기에 자신의 작품들을 써넣어 試驗官과 高官 名士들에게 보내 자기의 실력을 인정받으려 하였다. 行卷이라 한다.
* 縱 : 비록.
* 饒 : ① 많다. 풍부하다. ② 용서하다. 봐주다.
* 明時 : 太平한 시대.
* 切 : 懇切하고 率直함. 激烈함(과거가 공정하지 못하다고 비난함).
* 春官 : 禮部를 말한다. 禮部에서 과거를 主管하였다.
* 看花 : 급제자들이 長安의 꽃구경 다니는 풍속을 말한다.

<下第出關投鄭拾遺> 杜荀鶴

丹霄桂有枝, 未折未爲遲.
況是孤寒士, 兼行苦澀詩.
杏園人醉日, 關路獨歸時.
更卜深知意, 將來擬薦誰.

<낙제한 뒤 關을 나서며 鄭拾遺에게 준다> 두순학

붉고 찬란한 하늘 계수나무 가지 있는데,
못 꺾어도 아직 늦은 것은 아니라네.
하물며 미천한 출신 빈한한 선비가,
또한 쓰고 떫은 시를 돌렸으니…….
杏園에서 급제자가 취하는 날은,
關路에 낙제자가 홀로 돌아가는 때라네,
점쳐보네 나를 깊이 알아주는 분이,
장차 그 누구를 추천하실지.

註

* 關 : 函谷關이나 潼關. 여기를 나가 동으로 간다.
* 丹霄 : ① 찬란한 하늘. ② 대궐, 조정, 서울을 나타냄.
* 遲 : ① 늦다. 더디다. ② 遲鈍하다. 굼뜨다.
* 孤寒士 : 出身이 微賤하고 貧寒한 선비.
* 行 : 用.
* 苦澀 : 쓰고 떫다. 詩文의 言語가 流暢하지 않고 내용도 隱晦하여 알기 어려운 것을 말한다.
* 杏園 : 及第者들이 잔치하는 곳.
* 卜 : 점치다. 예상하다. 예측하다. 전망하다.
* 深知意 : 鄭拾遺를 가리킨다.
* 擬 : ~하려 하다. ~할 작정이다.
* 薦誰 : 누구를 추천할까. 拾遺는 人才推薦의 任務가 있다.

<下第東歸別友人> 杜荀鶴

不得同君住, 當春別帝鄉.
年華落第老, 岐路出關長.
芳草緣流水, 殘花向夕陽.
懷親暫歸去, 非是釣滄浪.

<낙제하고 동으로 돌아가며 벗님과 헤어지다> 두순학

그대와 함께 머물 수 없으니,
봄을 맞아 임금님 고을 떠난다네.
나이는 낙제하니 더 늙은 것 같고,
갈림길은 關門 나서니 왜 그리 길고 긴가.
향긋한 풀잎 흐르는 물 따르고,
남은 꽃잎 저녁노을 향하네.
어버이 그리워 잠시 돌아감이지,
창랑(滄浪)에 낚시하려는 뜻 아니라네.

註

* 年華 : ① 나이. ② 세월. 時光.
* 緣 : 따르다. 좇다. 감돌다.
* 殘花 : ① 시들고 상한 꽃. 殘은 훼손·상함의 뜻이다. ② 지지 않고 아직도 있는 꽃. 殘은 남아있다는 뜻이다.
* 懷親 : 어버이를 그리워 함.
* 滄浪 : 푸른빛. 푸른빛의 물을 가리킨다. 滄浪에서 낚시함은 俗世의 名利를 떠나 隱居함을 나타낸다.

<下第東歸途中作> 杜荀鶴

一迴落第一寧親, 多是途中過卻春.
心火不銷雙鬢雪, 眼泉難濯滿衣塵.
苦吟風月唯添病, 遍識公卿未免貧.
馬壯金多有官者, 榮歸卻笑讀書人.

<낙제한 뒤 동쪽으로 돌아가는 도중에 짓다> 두순학

한번 낙제하면 한번 귀성하니,
대개 길 위에서 봄날을 넘긴다.
가슴속 불이 나도 귀밑머리 흰 눈 못 녹이고,
눈 가운데 샘 솟아도 옷 가득한 먼지 씻기 어렵지.
청풍·명월 애써 읊어도 병이 더 할 뿐이고,
정승·판서 두루 안들 가난은 못 면해.
건장한 말에 돈도 많은 벼슬아치,
영광 속에 귀향하여 독서인을 웃는다지.

註

* 寧親 : 省親(성친). 고향에 가 부모님을 찾아뵘. 歸省.
* 多是 : ① 아마. 대개. ② 都是. 모두.
* 過卻의 卻 : 動詞의 뒤에서 動作의 完了를 나타낸다.
* 苦吟 : 반복하여 읊어보고 고심하며 되고 함. 시 짓는 것이 극도로 착실한 것을 말한다.
* 風月 : ① 淸風明月. 아름다운 景色을 이것을 대표로 하여 나타낸다. ② 한적한 일. ③ 男女의 愛情에 관한 일.
* 遍(편) : 두루. 두루 미침.
* 公卿 : 三公九卿. 高官을 나타낸다. 우리식으로 말하면 삼정승(三政丞) 육판서(六判書).
* 榮歸 : 榮光속에 歸鄕함. 높은 벼슬하고 富貴하여 고향으로 돌아감을 말한다.

<下第投所知> 杜荀鶴

落第愁生曉鼓初, 地寒才薄欲何如.
不辭更寫公卿卷, 卻是難修骨肉書.
御苑早鶯啼暖樹, 釣鄉春水浸貧居.
擬離門館東歸去, 又恐重來事轉疏.

<낙제한 뒤 아는 이에게 보낸다> 두순학

낙제하니 새벽 북소리 따라 시름이 솟는데,
가문은 한미하고 재주는 박하니 어쩌란 말인가.
정승·판서에게 보낼 두루마리 마다않고 다시 쓰면서,
부모·형제에게 부칠 편지는 짓기가 도리어 어려워.
나라님 동산 꾀꼬리는 따뜻한 봄 나무에 우는데,
고기잡이 마을 고향 봄물은 가난한 내 집에 스미네.
門館 떠나 동쪽으로 돌아가려해도,
걱정이네 다시 왔을 때 나의 일이 더욱 멀어질까.

註

* 所知 : 아는 사람. 친한 사람.
* 地寒 : 地는 第이니 門第 즉 가문을 말한다. 寒은 寒微함이다.
* 公卿 : 三公九卿. 高官의 泛稱. 政丞과 判書들.
* 卷 : 唐代의 풍속인데 과거응시자들이 시험 전에 자기가 지은 詩文을 두루마리 즉 卷軸으로 만들어 朝廷의 高官들에게 바쳐 그들의 인정을 받으려 하였다. 그렇게 하여 及第에 큰 도움을 얻고자 하였는데 이것을 行卷이라 하였다.
* 卻 : 도리어. 반대로.
* 修書 : ① 편지를 쓰다. ② 書籍을 編纂하다.
* 骨肉 : 骨肉親. 혈통관계가 극히 가까운 至親. 즉 父母, 子女, 兄弟, 姊妹 等.
* 御苑 : 나라님의 동산.
* 鶯啼 : 꾀꼬리 우는 것으로 及第者들을 나타낸다.
* 釣鄉 : 漁村. 이것으로 家鄉을 흔히 나타낸다.
* 春水 : 봄날의 강물. 얼음·눈이 녹아 강물이 불어난다.
* 浸 : 적시다. 잠기다. 젖다. 스미다. 매다. 번지다.
* 門館 : 權力家들이 賓客·門客을 머물게 하는 館舍. 여기에 머무는 사람을 흔히 門館先生이라 하였으니 간단히 말해 食客이며 塾師 즉 가정교사도 여기에 속한다.
* 轉 : 오히려. 더욱 더. 한층 더.
* 疏 : 멀다. 소원(疏遠)하다. 성기다. 희박하다.

<下第寄池州鄭員外> 杜荀鶴

省得蓬蒿修謁初, 蒙知曾不見生疏.
侯門數處將書薦, 帝里經年借宅居.
未必有詩堪諷誦, 祇憐無援過吹噓.
如今足得成持取, 莫使江湖卻釣魚.

<낙제한 뒤 池州의 鄭員外에게 부치다> 두순학

기억합니다 쑥대 덤불 속 인간이 처음 찾아뵐 때를,
알아주셔 전혀 서먹서먹하지 않게 하셨지요.
고관 댁 여러 곳에 글월로 추천해 주셨고,
임금님 고을에 오랫동안 집을 빌려 살게 하셨지요.
낭송할 만한 詩가 꼭 있어서가 아니옵고,
孤立無援이 가여워 과도하게 추켜 주셨지요.
지금 또 지켜 주실 만한 때이니,
江湖에서 도리어 고기 낚지 않게 하여 주십시오.

註

* 省得 : 省的. 기억하다. 알다. 이해하다.
* 蓬蒿(봉호) : 둘 다 쑥이다. 이것으로 덤불, 草野, 무지렁이 사는 곳을 나타냈다.
* 修謁(수알) : 지위가 높거나 항렬이 높은 어른을 찾아뵙는 것.
* 蒙 : 恭敬의 뜻을 나타낸다. ~을 입다. ~을 받다.
* 不見의 見은 被動을 나타낸다.
* 生疏 : 마음으로 疏遠하며 친하지 않음. 서먹서먹함. 익숙하지 않음.
* 侯門 : 諸侯들의 門. 크게 출세한 귀인들의 집을 가리킨다.
* 經年 : 經年累月. 오랜 세월(을 경과하다).
* 諷誦 : 암송하다. 낭독하다.
* 無援 : 끌어 당겨줌이 없다. 도움이 없다. 孤立無援.
* 吹噓 : 吹는 불어줌. 추켜세움. 칭찬함. 噓는 입김을 불어 따뜻하게 해줌. 吹噓는 남의 장점을 추켜세워 추천함.
* 如今 : 지금. 현재.
* 持取 : 잡아주다. 지켜주다. 쥐어주다. 取는 語助詞.

<長安春感> 杜荀鶴

出京無計住京難, 深入東風轉索然.
滿眼有花寒食下, 一家無信楚江邊.
此時晴景愁於雨, 是處鶯聲苦卻蟬.
公道算來終達去, 更從今日望明年.

<長安 봄날의 느낌> 두순학

서울! 뜨자니 대책 없고 머물자니 힘들어,
따뜻한 봄바람 한창인데 도리어 스산하다네.
寒食 무렵이라 눈 가득히 꽃 있으나,
楚江 기슭에선 한 사람도 편지 없다네.
이때의 활짝 갠 풍경 비 올 때보다 시름차고,
이 시각 꾀꼬리소리 매미처럼 괴로워.
公正한 길 뻥 뚫린다 여기고,
다시 오늘부터 내년에 희망을 갖는다네.

註

* 轉 : 반대로. 도리어. 점점. 더욱.
* 索然 : 흩어지고 떨어진 모습. 적막하고 쓸쓸한 모습. 눈물이 흐르는 모양. 흥미가 없는 모양.
* 下 : 名詞 뒤에서 一定한 장소·범위·시간 등을 나타낸다.
* 一家 : 가족의 한 명, 한 사람.
* 是處 : 處는 時의 뜻으로 쓰인다. 是處는 윗구의 此時와 같은 말이다.
* 鶯聲 : 꾀꼬리 소리는 及第를 상징함.
* 公道 : 公正. 公平. 과거시험을 가리킨다.
* 達 : 두 가지 해석이 가능하다. ① ≪荀子·君道≫에서 "公道達而私門塞. 公平함이 暢達하면 삿된 길은 막힌다."이라 하였으니 公正·公平한 과거시험이 결국 暢通할 것이니 희망을 갖고 기다리겠다. ② 公正한 科擧에 합격, 나는 顯達 즉 크게 출세할 것이니 희망을 갖고 기다리겠다.

<長安道中有作> 杜荀鶴

回頭不忍看羸僮, 一路行人我最窮.
馬跡蹇於槐影裏, 釣船抛在月明中.
帽簷曉滴淋蟬露, 衫袖時飄卷雁風.
子細尋思底模樣, 騰騰又過玉關東.

<長安 道中에 짓다> 두순학

머리 돌려 차마 못보겠네 여윈 종아이를,
도중의 행인 중 내가 제일 가난한가봐.
홰나무 그림자 속 말은 절룩거리는데,
달 밝은 가운데 낚싯배를 버려두고 왔었지.
새벽이면 모자챙에 매미 적셨던 이슬 방울지고,
때때로 옷소매에 기러기 말아 올렸던 바람 부네.
내 어떤 몰골일까 이모저모 곰곰이 생각하며,
느릿느릿 대궐문 동쪽 또 다시 지나간다네.

註

* 羸(리) : 파리하다. 수척하다. 여위다. 고달프다. 피로하다. 약하다. 병 앓다.
* 僮 : 어린 하인. 아이종.
* 一路 : ① 途中. 路中. ② 同類. 한 종류. 같은 부류.
* 窮 : 궁하다. 가난하다. 구차하다.
* 蹇(건) : 절룩거리다. 다리를 절다. 굼뜨다. 느리다. 지둔하다.
* 槐(괴) : 홰나무. 회화나무. 周나라 때 조정에 이 나무를 심어 三公의 座席 標識로 삼았으므로 槐位는 三公의 지위, 槐庭은 朝廷을 나타냈다. 또한 서울의 거리에는 이 나무를 심었으므로 槐街는 서울거리를 뜻하였으며 한편으로 長安의 마을에 槐里가 있었기에 槐里는 장안의 뜻으로도 쓰였다.
* 帽簷 : 帽子의 앞부분 또는 사방의 튀어나온 부분이니 바로 모자의 챙이다.
* 淋 : 물 뿌리다. 물방울 떨어지다. 적시다. 스미다.
* 衫(삼) : 홑 웃옷. 적삼.
* 卷 : 말다. 들어 올리다.
* 子細 : 仔細. 자세하다. 꼼꼼하다. 주의하다. 조심하다.
* 尋思 : 깊이 생각하다. 곰곰이 생각하다. 이모저모로 궁리하다.
* 底 : 何와 같다. 어떤. 무슨.
* 模樣 : 모양. 형상. 모습. 용모. 생김새. 인상. 대략. 대강. 대체.
* 騰騰 : (김 따위가) 자욱이 피어오르다. (기세가) 등등하다. 느릿느릿한 모양.
* 玉關 : 흔히 서역으로 나가는 玉門關을 가리키나 宮門을 나타내기도 한다.

<出關投孫侍御> 杜荀鶴

東歸還著舊麻衣, 爭免花前有淚垂.
每歲春光九十日, 一生年少幾多時.
靑雲寸祿心耕早, 明月仙枝分種遲.
不爲感恩酬未得, 五湖閒作釣魚師.

<關門을 나서며 孫侍御에게 보낸다> 두순학

동쪽으로 돌아가며 여전히 옛 베옷 걸쳤으니,
어찌 면하리오 꽃 앞에서 그저 눈물만 흘림을.
매년 봄날은 구십 일인데,
일생에 젊은 날 몇 때나 되랴.
마음으로는 일찍이 靑雲의 祿俸을 농사지었으나,
달 속 계수나무 씨를 나눠줌 더디기만 하니.
그동안의 은혜를 못 느꼈겠는가 보답을 못했을 뿐이지,
五湖에서 한가한 낚시꾼 되려오.

註

* 關 : 函谷關이나 潼關을 가리킨다. 이곳을 나가서 동쪽으로 돌아가는 것이다.
* 還 : (hái)로 읽는다. 그래도. 여전히.
* 著 : (착)으로 읽으며 입다, 걸치다의 의미다.
* 麻衣 : 科擧에 응시하던 擧子들이 입던 베옷.
* 爭 : 怎. 어찌. 어떻게.
* 有 : ① 只有. 只能. ② 又. 또. 다시.
* 春光 : 봄날의 시간. 봄 석 달의 기간. 봄의 날짜.
* 靑雲 : 벼슬아치를 뜻한다.
* 寸祿 : 아주 적은 祿俸. 약간의 봉급.
* 心耕 : 마음속으로 짓는 밭농사. 즉 속계산, 어림짐작.
* 明月仙枝 : 밝은 달 속 신선세계의 나뭇가지니 즉 계수나무 가지로 과거를 상징한다.
* 分種 : 나누어 주는 씨. 쪼개주는 열매. 급제를 뜻함.
* 感恩 : 恩德을 마음속으로 느끼고 생각함.
* 酬(수) : 보답하다. 갚다.
* 未得 : 未能. ~하지 못하다.
* 五湖 : 太湖를 가리킨다.
* 釣魚師 : 漁師. 漁父. 師는 스승이라는 높임말이 아니고 전적으로 어느 직업에 종사하는 사람을 가리킬 때 쓴다. 畵師도 우리식으로 하면 환쟁이와 같다.

<下第東歸將及故園有作> 杜荀鶴

平生操立有天知, 何事謀身與志違.
上國獻詩還不遇, 故園經亂又空歸.
山城欲暮人煙斂, 江月初寒釣艇稀.
且把風寒作閒事, 懶能和淚拜庭闈.

<낙제하고 동으로 돌아가 고향에 이르며 짓다> 두순학

평소의 깨끗한 몸가짐 하늘이 아시건만,
왜 계획과 희망은 어긋날까.
서울에서 시 바쳐도 여전히 불우하고,
난리 겪은 고향 또 빈손으로 돌아간다.
山의 城 저물려하니 연기도 수그러들고,
江 위의 달 막 오싹하니 낚싯배 드물다.
다시 싸늘한 바람 찬기운 속 그럭저럭 보내려니,
이렇게 눈물 섞어 어버이 뵈올 내가 혐오스럽다.

註

*故園 : 옛 동산. 고향.

*操立 : 操守. 깨끗한 몸가짐. 절조. 절개. 지조.

*謀身 : 자신을 위한 계획·企圖.

*上國 : 京師. 서울.

*經亂 : 戰亂을 겪음. 病禍를 겪음.

*人煙 : 사람 사는 곳에서 나는 炊事·暖房의 연기.

*斂 : 收縮. 오므라들다. 줄어들다.

*初寒 : 막 시작되는 추위. 첫추위.

*艇(정) : 좁고 긴 거룻배.

*把 : ~을 가지고. ~을 지니고.

*風寒 : 冷風寒氣.

*閒事 : 별로 중요하지 않은 일. 일정한 職務가 없는 일.

*懶 : ① (라) : 게으르다. 느른하다. ② (뢰) : 혐오하다.

*能 : ① 如此. 이렇게. ② (nài)로 읽으면 耐의 뜻으로 쓰인다.

*庭闈 : 부모님의 居處를 말하며 다시 父母의 뜻으로도 쓰인다.

<途中有作> 杜荀鶴

無論南北與西東, 名利牽人處處同.
枕上事仍多馬上, 山中心更甚關中.
川原晩結陰沈氣, 草樹秋生索漠風.
百世此身如此健, 大家閒作臥雲翁.

<도중에 짓다> 두순학

남북과 동서를 막론하고,
명예와 이익이 사람 당김은 곳곳이 같아.
베개 위 몽상은 말 위 실천보다 많고,
산속사람 욕심이 서울사람보다 더 심하지.
저녁! 내와 벌에 어둡고 스산한 기운 뭉치고,
가을! 풀과 나무에 황량하고 쓸쓸한 바람 생기네.
일생 백년에 이 몸이 이처럼 튼튼하다면,
뭇사람과 한가하게 구름에 누운 영감이나 되려네.

註

*枕上事 : 夢想 속의 일.

*仍(잉) : 오히려. 여전히. 자주. 누차.

*馬上 : 現實中의 일.

*關中 : 長安 一帶. 山中心은 "身在江海之上, 心居乎魏闕之下. 몸은 江湖에 있지만 마음은 朝廷에 가있다."를 생각하면 된다. 산속에 은거하는 사람이 서울사람보다 벼슬욕심이 더 많다는 것이다.

*川原 : ① 강물과 벌판. ② 川도 原과 같다. 原野를 말한다.

*陰沈 : ① 어두컴컴하고 스산하다. ② 날씨가 흐리고 컴컴하다.

*索漠 : 索莫. ① 황량하고 쓸쓸함. ② 적막하고 따분함.

*大家 : 衆人. 뭇사람. 모두.

*臥雲 : 隱居를 나타낸다.

<途中春> 杜荀鶴

年光身事旋成空, 畢竟何門遇至公.
人世鶴歸雙鬢上, 客程蛇遶亂山中.
牧童向日眠春草, 魚父隈巖避晩風.
一醉未醒花又落, 故鄕回首楚關東.

<도중의 봄> 두순학

이 계절도 나의 일도 다시 허탕이 되었으니,
필경 어느 문에 들어야 공정한 시험관 만나리.
나의 인생이여 학이 두 귀밑머리에 돌아온 듯,
나의 여정이여 뱀이 어지러운 산을 감도는 것 같네.
목동은 해 향해 봄풀 속 잠들고,
어부는 언덕에 기대 저녁바람 피하네.
한번 취해 깨지 않았는데 꽃은 또 지니,
고향은 머리 돌리면 楚關의 동쪽.

註

*年光 : 歲月. 光陰. 연령.

*身事 : ① 사람의 經歷과 遭遇. ② 自身의 事情.

*旋 : ① 오래지 않아. 즉시. ② 다시. 또.

*至公 : ① 지극히 公正함. ② 科擧를 보던 때 主考官 즉 考試委員長에 대한 경칭. 그가 아주 公正하고 無私하며 · 할 것이고 · 해야만 한다고 생각하여 이렇게 불렀다.

*人世 : ① 인간세상. ② 인생.

*客程 : 旅程. 즉 여행의 과정이나 일정.

*遶(요) : 감돌다. 두르다.

*亂 : ① 무질서하다. 혼란하다. ② 가득 차다. 번잡하다.

*隈 : ① 물의 굽이. 후미진 곳. ② 가깝다. 가까이하다. 바싹 달라붙다.

*巖 : 바위. 굴. 산봉우리. 언덕. 낭떠러지.

*楚關 : 楚나라의 關塞인데 楚땅의 泛稱으로 쓰인다.

<辭鄭員外入關> 杜荀鶴

男兒三十尙蹉跎, 未遂靑雲一桂科.
在客易爲銷歲月, 到家難住似經過.
帆飛楚國風濤潤, 馬到藍關雨雪多.
長把行藏信天道, 不知天道竟如何.

<鄭員外와 헤어진 후 藍田關에 들어가며> 두순학

男兒가 서른에 아직도 때 놓치고 실의하니,
靑雲의 桂樹 科擧를 이루지 못했네.
나그네 되면 쉽게 세월을 녹인다지만,
집에 가면 머물기 어려워 꼭 스쳐가듯.
楚國에 돛이 날 때 風浪이 축축하더니,
藍關에 말이 이르자 白雪이 펑펑 내리네.
노상 나아가고 물러남을 天道에 맡겼지만,
天道가 끝내 어떠한지 모르겠네.

註

* 三十 : ≪論語 · 爲政≫에서 孔子는 "三十而立"이라 하였다.
* 蹉跎 : ① 허송세월하다. 시기를 놓치다. 失意하다. ② 헛디디어 넘어지다.
* 經過 : 거치다. 목적지가 아닌 곳을 스쳐지나감.
* 風濤 : 風浪.
* 潤 : 축축하다. 습윤하다. 매끄럽다.
* 藍關 : 藍田關. 지금의 陝西省 藍田縣 東南에 있던 關門. 長安 부근에 있으므로 長安을 가리키게도 되었다.
* 雨雪 : 雨를 去聲으로 읽으면 내리다, 떨어지다의 뜻이 된다. 雨雪은 눈이 내린다는 말이다. ≪詩 · 小雅 · 采薇≫에서 "昔我往矣, 楊柳依依. 今我來思, 雨雪霏霏. 옛날 내가 떠날 때에 버들이 한들한들 했는데, 지금 돌아간다면 눈이 펄펄 날리리."라 하였다.
* 第5句는 故鄕, 第6句는 長安을 나타낸다.
* 長 : 常. 언제나. 늘. 노상.
* 行藏 : ≪論語 · 述而≫에서 "用之則行, 舍之則藏. 써주면 일하고, 버리면 숨는다."라 하였다. 세상에 나아가 일을 하거나 자연에 물러나 은거함을 뜻한다.
* 信 : 任. 맡기다.

<辭座主侍郎> 杜荀鶴

一飯尙懷感, 況攀高桂枝.
此恩無報處, 故國遠歸時.
祇恐兵戈隔, 再趨門館遲.
茅堂拜親後, 特地淚雙垂.

<座主이신 禮部侍郎을 하직하며> 두순학

한끼의 대접도 오히려 감격하는데,
하물며 높은 계수가지 잡음에 있어서리오.
이 은혜 갚을 날 없으리오마는,
지금은 고향으로 멀리 돌아갈 때이지요.
그저 두렵기는 전란으로 막혀서,
다시 門館에 달려옴 더딜까 함입니다.
茅堂에서 어버이 뵈온 뒤,
홀연히 눈물이 두 줄기 흐르겠지요.

註

*座主 : 唐·宋時代 進士들은 主試官 즉 考試委員長을 座主라 불렀다.

*侍郞 : 禮部侍郞으로 科擧의 主試官이 되었다.

*一飯 : 一飯之德. 즉 一飯의 恩德으로 아주 작고 시시한 은혜를 말한다. 一飯은 한끼 즉 한번의 식사를 말한다.

*懷感 : 마음에 감격함을 품다.

*攀桂枝 : 계수나무 가지를 부여잡다. 及第함을 나타낸다.

*處 : 時와 같다.

*兵戈 : 兵은 武器를 뜻하며 戈(과)는 가지가 있는 창을 말한다. 따라서 兵戈는 武器라는 의미이며 발전하여 戰爭이나 軍隊도 나타내게 되었다.

*隔 : ① 막다. 막히다. ② 사이를 두다. 떨어져있다. 隔絶 : 막아 끊음. 隔阻(격조) : 오랫동안 소식이 막힘.

*門館 : 權力家들이 賓客·門客을 머물게 하는 館舍.

*茅堂 : 띠풀로 지붕을 인 집. 초가집.

*拜親 : 본래 朋友의 父母를 拜見한다는 말로 쓰였는데 여기에서는 자기의 父母를 뵌다는 뜻으로 해야 한다.

*特地 : ① 突然. 忽然. ② 特底로도 쓴다. 特別히. 각별히. 유달리. ③ 特的으로도 쓴다. 특별히. 일부러.

<恩門致書遠及山居因獻之> 杜荀鶴

時難轉覺保身難, 難向師門欲繼顔.
若把白衣輕易脫, 卻成靑桂偶然攀.
身居劍戟爭雄地, 道在乾坤未喪間.
必許酬恩酬未得, 且須容到九華山.

<恩門께서 글을 보내 멀리 山居에 이르니 이에 바칩니다>

두순학

시절이 험난하니 더욱 몸 보전하기 어려움 깨닫겠고,
師門을 향하여 顔色·말씀 받들려 해도 힘들겠습니다.
만약 제가 흰 옷을 손쉽게 벗었다면,
푸른 계수 잡음은 도리어 우연히 이룬 것이겠지요.
이 몸은 칼 차고 창 든 사람들 자웅을 겨루는 곳에 있지만,
이 나라 江山이 없어지지 않았으니 正道는 있겠지요.
반드시 은혜에 보답하려 해도 갚을 수 없으니,
제가 九華山에 이름을 너그럽게 받아들이소서.

註

*恩門 : 恩地. 恩府. 師門에 대한 칭호인데 과거의 급제자가 시험관을 이렇게 불렀으며 평생 스승으로 모셨다.

*致書 : 書信을 보냄.

*山居 : 산속의 집. 山房. 山舍. 山府라고도 쓴다.

*轉 : ① 점점. 더욱. ② 반대로. 도리어.

*保身 : 自身을 保全함.

*師門 : 스승의 門下. 스승의 가르침 아래.

*繼 : 承接함. 이어 받음.

*承顔 : 尊長의 顔色을 順承함이니 尊長을 侍奉한다는 말이다. 承顔接辭 : 어른을 뵙고 말씀을 듣다.

*把 : ~을.

*白衣 : 옛날 平民의 옷이니 이것으로 平民을 나타냈으며 또한 功名·官職이 없는 士人도 가리켰다. 따라서 이 白衣를 벗으면 비단옷 입는 官人이 되는 것을 말한다.

*輕易 : ① 경시하다. 무시하다. ② 경박하다. ③ 경솔하다. ④ 용이하다. 간단하다.

*第3·4句는 자신의 더딘 급제는 훌륭한 恩門의 발탁을 기다려서 그리 되었다는 말이다. 실력도 모자라고 알아주는 座主도 없었으니 만약 용이하게 白衣를 벗었다면 그것은 순전히 우연하게 계수가지를 잡아 급제하였다는 것이다.

*劍戟(검극) : 劍은 양쪽에 다 날이 있는 칼. 戟은 미늘창 즉 끝이 좌우로 가닥 진 창. 劍戟은 武器의 泛稱인데 여기에서는 武器를 지닌 軍人·武士들을 가리킨다.

*爭雄 : 雌雄을 겨룸. 강함을 다툼.

*乾坤 : 國家. 江山. 天下.

*必許 : 必須. 반드시. 꼭. 기필코.

*酬恩 : 恩德에 報答함.

*容 : 받아들이다. 허용하다. 용서하다. 너그럽게 대하다. 자신의 은거를 용인하라는 말이다.

*九華山 : 安徽省의 名山으로 본래 九子山이라 하였는데 아홉 봉우리가 연꽃 같다고 李白이 九華山으로 고쳤으며 이후 모두 이렇게 불렀다.

<下第題青龍寺僧房> 韋莊

千蹄萬轂一枝芳, 要路無媒果自傷.
題柱未期歸蜀國, 曳裾何處謁吳王.
馬嘶春陌金羈鬧, 鳥睡花林繡羽香.
酒薄恨濃消不得, 卻將惆悵問支郞.

<낙제한 뒤 青龍寺 僧房에 題한다> 위장

일천 말발굽 일만 수레바퀴통 모두 꽃다운 계수 한 가지 때문인데,
높은 벼슬아치와 연줄 없으니 결국 스스로 슬퍼할 뿐이다.
다리 기둥에 큰소리 썼으나 고향 돌아갈 기약 없고,
옷자락 끌며 몸 맡기려 해도 언제나 내 주인 뵈올까.
봄길 말 울고 금 굴레 치장 요란하며,
꽃숲 새 잠드니 자수 같은 깃이 향기롭다.
술은 싱겁고 원한은 진해 삭일 수 없으니,
서글픔을 스님에게 따져보련다.

註

* 韋莊 : 字는 端己로 京兆 杜陵人인데 生卒年은 未詳이다. 가난한 집안의 고아였으나 힘써 공부하여 詩에 능하였다. 黃巢의 亂 때 長安이 함락되었는데 그는 과거에 응시 중으로 兵火를 직접 경험하고 <秦婦吟>이라는 一千六百六十六字의 長篇 걸작을 지었다. 당시 사람들은 그를 秦婦吟秀才라 불렀으며 그 작품으로 병풍을 만들었다. 昭宗 乾寧 元年(894)에 진사급제 하여 校書郎이 되었다. 蜀의 王建이 書記로 불렀는데 오래지 않아 起居郎이 되었으며 王建이 蜀나라를 세우자 모든 禮冊과 詔命이 다 그의 손에서 나왔고 功臣으로 吏部侍郎 · 同平章事가 되었다. 成都에 있을 때 杜甫의 浣花溪 草堂 옛터를 찾아 집을 새로 짓고 거주하였다. 대단히 검약하여 언제나 나무를 저울에 달아 불을 때고 쌀알을 세어 밥을 지으니 사람들이 비웃었다.
* 青龍寺 : 長安 樂遊苑의 남쪽 曲江의 북쪽인 新昌坊에 있으며 북으로 高原을 두고 남으로 終南山을 대하여 오르면 경치가 좋았다. 唐代 密宗의 根本道場으로 隋나라 開皇 2(582)年에 창건되었으며 靈感寺라 하였는데 唐나라 景雲 2(711)年에 青龍寺라 고쳐 불렀다.
* 蹄(제) : 마소의 발굽. 말을 셀 때 쓰는데 네 굽을 한 마리로 계산한다. 예컨대 이백 굽이면 오십 마리를 나타낸다.
* 轂(곡) : 바퀴통. 바퀴의 중앙에 있어서 굴대가 그 가운데를 관통하고 있으며 바퀴살이 그 주위에 모여 박힌 부분. 수레라는 뜻으로 쓰인다.
* 一桂 : 一枝桂. 과거의 급제를 말한다.
* 要路 : 지위가 높고 권세가 크다. 높은 벼슬아치.
* 果 : 결국. 마침내. 끝내. 필경.
* 自傷 : 스스로 슬픔에 잠김.
* 題柱 : 漢의 司馬相如가 고향인 蜀땅을 떠나 長安으로 갈 때 成都 城北 昇仙橋의 기둥에 글을 썼는데 높은 벼슬할 뜻을 自述하였으며 말하기를 붉은 칠한 四頭馬車 안타면 이 밑을 지나가지 않으리 하였다. 以後 題橋柱는 크게 출세할 포부를 나타내게 되었다.
* 蜀國 : 司馬相如의 고향으로 作者의 고향을 대신한다.
* 曳裾(예거) : 曳裾王門을 말한다.

≪漢書 · 鄒陽傳≫을 보면 漢 景帝때 鄒陽이 吳王 濞(비)가 선비를 우대하

므로 가서 섬겼다. 그러나 吳王이 반역의 뜻을 품은 것을 보고 완곡하게 돌려서 충고를 하는데 그중에 다음의 말이 나온다. "飾固陋之心, 則何王之門不可曳長裾乎. 제가 저의 고루한 못난 마음을 잘 꾸미기만 한다면 어느 王의 門에 간들 긴 옷자락 끌며 無爲徒食 못하리오." 결국 그가 吳王을 찾은 것은 吳王의 義를 높이 산 까닭이라고 일단 추어올리며 자신도 固陋한 마음을 꾸미지 않고 솔직히 털어 놓겠다고 하였다.

後에 曳裾王門・曳裾侯門은 王侯나 貴人의 집에 寄食하는 것을 뜻하게 되었다.

*吳王 : 作者가 몸을 맡기고 장래를 도모할 高官貴人을 나타낸다.

*何處 : 何時. 唐・宋의 詩에서 處는 時의 뜻으로 자주 쓰인다.

*嘶(시) : 말이 욺.

*羈(기) : ① 굴레(마소의 얼굴을 얽는 줄). ② 고삐. 金羈는 금으로 장식한 말굴레인데 그냥 화려하게 치장한 말을 나타내기도 한다.

*鬧(뇨) : 시끄러움. 들렘. 소란함.

*繡羽 : ① 수놓은 듯 아름다운 새의 깃. ② 알록달록한 새.

*薄酒 : ① 맛이 좋지 못한 술. ② 자신이 내는 술을 겸손하게 말하는 것.

*消 : (시름・근심・걱정이) 사라지다. 없어지다. 녹다. 소실되다.

*惆悵(추창) : 실망하여 탄식함.

*支郎 : ① 漢末 三國時代의 僧人 支謙. ② 晉의 高僧 支遁. ③ 僧侶의 泛稱으로 쓰임.

<獻所知> 張蠙

跡熟荀家見弟兄, 九霄同與指前程.
吹噓漸覺馨香出, 夢寐長疑羽翼生.
住僻驊騮皆識路, 來頻鸚鵡亦知名.
登龍不敢懷他願, 祇望爲霖致太平.

<아는 분에게 바치다> 장빈

荀家의 八龍 같은 兄弟분들 뵙기에 발길이 익숙하며,
九霄라 높은 하늘 同類되어 앞길을 가리켰지요.
불어주시고 추켜세워 점점 芳香이 풍김 깨닫겠고,
꿈꾸고 잠들면 언제나 羽翼이 돋나 의심했지요.
사는 곳 궁벽해도 타시는 驊騮馬 모두 길을 알고,
자주 찾아오시니 鸚鵡鳥 또한 이름 알더이다.
龍門에 오르면 다른 소원 감히 품겠습니까,
그저 가뭄에 단비되어 太平에 이르기 바랄 뿐입니다.

註

* 張蠙 : 字는 象文이며 淸河人인데 生卒年은 未詳이다. 태어나면서 준수하였고 어려서부터 시를 잘하였다. <單于臺에 올라서>라는 詩를 지었는데 "白日地中出, 黃河天上來."란 句가 있어 이로부터 이름을 떨쳤다. 가난하였는데 계속 낙방하여 長安에 체류하다 昭宗 乾寧 2(895)年에 進士及第하였다. 許棠 · 張喬 等과 함께 유명하여 十哲로 불렸다. 校書郞으로 있다가 櫟陽尉가 되었고 犀浦令으로 승진하였다. 王建이 蜀나라를 세운 뒤 膳部員外郞을 제수 받았다. 후에 制誥를 맡길 예정이었으나 참소를 당하여 白金 千兩을 받는 것에 그쳤다.
* 荀家弟兄 : ≪後漢書 · 荀 · 韓 · 鍾 · 陳列傳≫에 의하면 安帝때 荀淑은 뛰어난 인물로 당시의 명사인 李固 · 李膺이 스승으로 모셨다. 그에게 아들 여덟이 있었는데 모두 걸출하여 세상에서는 八龍이라 하였는데 그 중 荀爽이 가장 빼어났다.
* 九霄 : 하늘의 극히 높은 곳. 高空. 이것으로 帝王, 帝王의 居處를 나타낸다.
* 同與 : ① 同類. 같은 무리. ② 함께. 더불어.
* 前程 : ① 前途. 앞길. ② (선비 · 관리가 추구하는) 功名, 官職.
* 吹噓 : 吹는 불어줌. 추켜세움. 칭찬함. 噓는 입김을 불어 따뜻하게 해 줌. 吹噓는 남의 장점을 추켜세워 추천함.
* 馨香(형향) : 먼 곳까지 퍼지는 향기. 그윽한 향기. 芳香.
* 夢寐(몽매) : 꿈. 꿈속. 몽매간.
* 僻(벽) : 외지다. 후미지다. 구석지다. 궁벽하다.
* 驊騮(화류) : 周 穆王 八駿의 하나로 駿馬의 범칭으로 쓰인다.
* 爲霖 : 霖은 ① 그치지 않고 오는 비. 장마. ② 甘雨. 때맞춘 비. ≪書 · 說命上≫에서 "若歲大旱, 用汝作霖雨. 만약 그 해가 크게 가물면 너로 때맞춘 비를 삼으리라."라 하였다.

<投所知> 張蠙

十五年看帝里春, 一枝頭白未酬身.
自聞離亂開公道, 漸數孤平少屈人.
劣馬再尋商嶺路, 扁舟重寄越溪濱.
省郎門似龍門峻, 應借風雷變涸鱗.

<아는 분에게 드리다> 장빈

십오년간 임금님 고을의 봄을 보았건만,
머리 희어져도 계수 한 가지 이 몸에 응답 않습니다.
제 듣기로는 난리 난 뒤 공평한 길 열려,
차츰 미천한 선비도 억울한 사람 드물다 거론합니다.
그러나 저의 여윈 말은 다시 商山의 길 찾고,
작은 배는 거듭 越溪 물가에 맡깁니다.
省郎이 계신 문은 龍門처럼 높으니,
광풍과 우뢰를 빌려주어 마른땅 고기 용되게 하십시오.

註

* 一枝 : 及第를 나타내는 桂枝도 되고 及第後 꽃구경 다닐 때의 꽃 한 가지도 된다.
* 酬 : 보답하다. 응답하다.
* 離亂 : 變亂인데 통상 戰亂을 가리킨다.
* 公道 : ① 公正한 道理. ② 公正. 公平.
* 數 : 上聲으로 읽으면 계산하다, 손꼽다, 거론하다의 뜻이 된다.
* 孤平 : 出身이 寒微한 선비.
* 屈人 : 억울한 일을 당한 사람. 섭섭한 일을 당한 사람.
* 劣馬 : 여위고 약한 말.
* 商嶺 : 商山. 秦末 漢初에 東園公, 綺里季, 夏黃公, 甪里先生이 이곳에 은거하여 난을 피하였다. 이들을 商山四皓라 한다.
* 扁舟 : 작은 배. 片舟라고도 한다.
* 越溪 : 전해오기로 越의 美女 西施가 이곳에서 빨래하였다 한다.
* 濱(빈) : 물가.
* 省郎 : 임금의 侍從官을 가리킨다. 그들이 省禁 즉 宮中에 있으므로 이렇게 부른다.
* 省門 : ① 宮門. ② 禮部의 衙門. 또한 禮部에서 進士를 試驗하던 곳도 가리키는데 禮部는 尙書省에 隷屬되어 있으므로 이렇게 부른다.
* 龍門 : ① 山西省 河津縣 西北과 陝西省 韓城市 東北에 있다. 큰 고기들이 이 아래 모여서 뛰어오르는데 성공하면 용이 된다 하였다. ② 科擧試驗場의 正門을 가리킨다.
* 應 : ① 응당. 당연히. 마땅히. ② 대개. 아마.
* 涸鱗(학린) : 涸은 물이 마름, 鱗은 비늘이니 물고기를 뜻함. 물 마른 곳의 고기니 곤경에 빠진 것을 말하며 흔히 涸轍之鮒(학철지부) 즉 수레바퀴 자국의 괸 물속의 붕어라고 쓴다.

<言懷> 張蠙

十載聲沈覺自非, 賤身元合衣荷衣.
豈能得路陪先達, 卻擬還家望少微.
戰馬到秋長淚落, 傷禽無夜不魂飛.
平生祇學穿楊箭, 更向何門是見機.

<생각을 말하다> 장빈

십년 사이 명예가 실추되니 내 잘못 깨닫겠고,
미천한 몸이야 본래 연잎 옷 입어야 어울렸는데.
어찌 제 길 만나 선배들 모시겠는가,
도리어 귀가하여 少微星 처사의 별이나 보아야지.
훈련받은 전마도 가을 되면 늘 눈물 떨구며,
다쳤던 새는 혼비백산 않는 밤이 없지.
평소 다만 버들잎 꿰는 활공부 했으나,
다시 어느 곳으로 가야 낌새를 알아챘다 하리.

註

*自非 : 잘못을 스스로 깨닫다. 허물을 스스로 알다.

*衣荷衣 : 荷衣는 연잎으로 만든 옷이니 隱者의 복장이다. ≪楚辭 · 九歌 · 少司命≫에서 "荷衣兮蕙帶"라 하였다. 衣는 입는다는 뜻으로 쓰면 去聲이고 옷으로 쓰면 平聲으로 읽어야 한다. 즉 衣荷衣에서 앞의 衣는 去聲이고 뒤의 衣는 平聲이다.

*先達 : 德行과 學問있는 선비.

*少微 : 星座의 이름인데 一名 處士星이라 하며 점치는 사람은 隱士로 대한다. 따라서 處士의 뜻으로도 쓰인다. 이 때 少는 去聲으로 읽어야 한다.

*戰馬 : 전쟁에 쓰이도록 훈련받은 말.

*到秋 : 가을이 오면 北方의 유목민이 쳐들어오는 법이다.

*傷禽 : 화살에 다친 적이 있는 새.

*魂飛魄散(혼비백산) : 몹시 놀라 넋을 잃음을 이르는 말.

*穿楊箭 : 버들잎을 꿰는 화살.
≪戰國策 · 西周策≫에 의하면 楚나라 養由基는 百步 밖에서 버들잎을 백발백중하였다 한다.

*何門 : 어느 길. 어느 방향. 어느 곳.

*見機 : 機微 즉 낌새를 알아채다. 情勢를 판단하다.

<下第述懷> 張嬪

十載長安跡未安, 杏花還是看人看.
名從近事方知險, 詩到窮玄更覺難.
世薄不慚雲路晚, 家貧唯怯草堂寒.
如何直道爲身累, 坐月眠霜思枉乾.

<낙제한 뒤 마음에 품은 생각을 말한다> 장빈

십년! 언제나(長) 평안하다는(安) 長安에서 지난 자취는 평안 못 했고,
살구꽃! 여전히 보는 놈만 보더라.
명성은 평범한 일부터라더니 험난함을 비로소 알았고,
詩는 심오함을 추구했지만 더욱 어렵다 깨달았다.
세상이 우습게 보라지 구름 속 벼슬길 늦는 것 안 부끄럽고말고.
다만 집이 가난하니 草堂이 추운 것은 겁나더라.
어쩌다 곧은 길이 이 몸의 짐이 되었나,
달 아래 앉고 서리 속 잠들며 원통하게 탈진함 생각한다.

註

*述懷 : 마음속에 품고 있는 여러가지 생각을 말한다.

*長安 · 未安 : 글자 그대로 풀면 영원히 · 항상 평안하고 안락해야만 마땅한 데 자신은 평안하지도 안락하지도 못했다는 말이다.

*杏花 : 及第者들은 杏園에서 잔치를 열었다.

*看人看 : 꽃구경하는 사람. 及第者들은 長安거리를 싸지르며 꽃구경하는 법이다. 그래서 看花人은 及第者를 가리킨다.

*看 : 보다는 뜻으로 쓰였는데 그리하면 去聲의 翰韻이 된다. 平聲의 寒韻으로 해야 韻이 맞는데 그때에는 의미가 돌보다 · 간수하다가 된다. 부득이 外形은 寒韻에 맞추되 의미는 翰韻을 택하였다.

*近事 : 淺近한 일. 平凡한 일. 卑近한 일.

*窮玄 : 老莊의 玄妙함을 깊이 연구함. 窮은 철저히 추구함, 깊이 연구함이고, 玄은 深奧함, 玄妙함인데 老莊을 가리킨다.
本詩에서는 심오함을 깊이 追究함을 말한다.

*薄 : 경시하다. 경멸하다. 멸시하다. 우습게 생각하다.

*雲路 : 하늘에 오르는 길. 신선이 되는 길. 벼슬길 · 고위직에 오름을 비유한다.

*草堂 : 선비들이 자신의 거처를 이르는 말. 기와집에 살아도 이렇게 쓴다.

*直道 : 正道. 올바른 道理 · 準則.
≪論語 · 衛靈公≫에 "直道而行"이라 하였다.

*累 : 수고를 끼치다. 폐를 끼치다. 근심. 걱정거리.

*枉 : 억울하다. 원통하다.

*乾(간) : 다 消耗하다. 氣力 等이 다하다. 脫盡하다. 空虛하다. 텅비다.

參考

<送友人及第歸新羅> 張蠙

家林滄海東, 未曉日先紅.
作貢諸蕃別, 登科幾國同.
遠聲魚呷浪, 層氣蜃迎風.
鄉俗稀攀桂, 爭來問月宮.

<벗님이 급제하고 신라로 돌아가므로 전송한다> 장빈

고향집 동산은 滄海의 동쪽에 있어,
새벽되기 전 태양이 먼저 붉으리.
賓貢되니 뭇 蕃國과는 다른데,
登科하니 몇 나라가 이와 같으리.
물결 빠는 물고기 소리는 멀리 퍼지고,
바람 맞는 蜃龍은 기운이 여러 층이리.
고향 풍속은 계수 잡는 일 드문데,
어떻게 와서 달나라 소식 물었던가.

註

*家林 : 집안의 동산. 집의 정원. 이것으로 家鄕·故鄕을 나타낸다.

*貢 : 賓貢(科). 唐나라 때 외국인이 보던 과거. 신라인이 주가 되었는데 渤海사람도 눈에 띈다.

*蕃(번) : 이민족. 외국. 옛날에는 오랑캐의 나라라 하였다. 참고로 藩國은 諸侯들의 나라를 말한다.

*登科 : 과거에 급제함.

*呷(합) : 빨아들이다. 마시다.

*蜃(신) : 蛟龍의 일종. 기운을 토하여 蜃氣樓를 일으킨다 하였다. 그러나 사실은 광선과 수증기와의 관계로 해변 또는 사막의 상공에 산천이나 성곽 등이 나타나는 현상이다. 層氣蜃은 蜃에 의해 생기는 蜃氣樓가 여러 층이라는 말이다.

*鄕俗 : 시골 풍속. 고향 풍속.

*攀桂 : 계수나무를 잡다. 과거를 치러 합격함을 말한다.

*爭 : 怎과 같다. 어떻게.

*月宮 : 여기에 계수나무가 있다. 이것으로 과거시험의 여러 사정을 뜻한다.

<下第出京> 黃滔

還失禮官求, 花時出雍州.
一生爲遠客, 幾處未曾遊.
故疾江南雨, 單衣薊北秋.
茫茫數年事, 今日淚俱流.

<낙제한 뒤 서울을 나서다> 황도

禮部의 요구기준에 여전히 실패하고,
꽃피는 시절에 雍州를 나선다.
일생동안 먼 길 가는 나그네 되었으니,
몇 곳일까? 안다녀 본 곳이.
江南의 비에 묵은 병 도지고,
薊北의 가을에 한 겹 홑옷 엷었다.
끝없이 아득한 요 몇 년의 일들이여!
오늘 참았던 눈물이 한꺼번에 흐른다.

註

* 黃滔 : 字는 文江으로 莆田人인데 生卒年은 未詳이다. 詩를 잘하였는데 昭宗 乾寧 2(895)年에 進士及第하였고 昭宗 光化 2(899)年에 四門博士가 되었다. 오래지않아 監察御史裏行으로 승진 威武軍節度 推官에 充任되었다. 王審知가 閩땅을 점거하고도 끝내 忠節을 지킨 것은 黃滔가 正道로 타이르고 인도한 공이라 한다.
* 還 : (hái)로 읽는다. ① 변함없이. 여전히. ② 또. 다시.
* 禮官 : 禮儀敎化를 담당하는 관리. 禮部를 말하는데 여기에서 과거시험을 주관하였다.
* 花時 : 온갖 꽃들이 피는 시절이니 봄을 가리킨다.
* 雍州(옹주) : 옛 九州의 하나로 지금의 陝西省 北部와 甘肅省 西北部가 이에 해당하며 그 中心이 鎬京 즉 長安 一帶가 된다. 따라서 長安의 代稱이 되겠다.
* 故疾 : 묵은 병. 固質·痼疾은 오랫동안 앓고 있어 고치기 어려운 병을 말한다.
* 單衣 : 홑옷. 한 겹으로 된 옷.
* 薊(계) : 옛 지명. 지금 北京城 西南 모퉁이가 이에 해당된다. 春秋戰國時代 燕의 근거지가 된다.
* 茫茫 : 망망하다. 아득하다. 한 없이 넓다. 희미하다.
* 俱 : ① 전부. 모두. ② 함께. 같이.

<下第> 黃滔

昨夜孤燈下, 闌干泣數行.
辭家從早歲, 落第在初場.
靑草湖田改, 單車客路忙.
何人立功業, 新命到封王.

<낙제> 황도

어젯밤 외로운 등불 아래,
뚝뚝 몇 줄 눈물 흘렸다.
젊은 날부터 집을 떠났는데,
첫 시험에 낙제하였다.
靑草湖가 물에서 밭으로 다시 물로 바뀔 때,
單車의 나그네 길은 바빴다.
그 누구인가 공을 세워서,
새로 임명 돼 왕까지 봉해지는 이는.

註

*闌干(난간) : 눈물이 뚝뚝 떨어지다. 눈물이 줄줄 흐르다. 눈물이 이리저리 엇갈려 뒤섞이다.

*早歲 : 早年. ① 여러 해 전. 오래전. 왕년. ② 젊은 시절. 젊은 날.

*初場 : 최초의 科場. 즉 최초의 科擧考試.

*青草 : 湖水 이름. 湖南省에 있는데 洞庭湖와 이어졌다. 겨울과 봄에 물이 말라 青草가 가득하므로 이렇게 부르게 되었다 하며 일설에는 青草山이 있어서 湖水 이름이 되었다고도 한다.

*單車 : 一輛車. 수레 한 채.

*功業 : 功勳. 事業.

*新命 : 새로 임명됨.

*封 : 帝王이 爵位·土地·名號를 내려줌.

<關中言懷> 黃滔

三秦五嶺意, 不得不依然.
跡寓枯槐曲, 業蕪芳草川.
花當落第眼, 雨暗出城天.
層閣浮雲外, 何人動管絃.

<關中에서 속마음을 말한다> 황도

三秦에 머무는 五嶺人의 心中이여,
그립고 아쉽지 않을 수 없다네.
홰나무 고목 있는 변두리에 발길을 부쳤고,
향긋한 풀 우거진 벌판에 사업은 황폐했다네.
낙제한 눈에 꽃은 다가오고,
城을 벗어난 하늘 비가 가린다.
뜬구름 너머 높은 누각,
누구인가? 대풍류 줄풍류 건드리는 이는.

註

* 關中 : ① 東의 函谷關, 西의 散關, 南의 武關, 北의 蕭關으로 둘러싸인 땅. ② 函谷關 以西의 戰國時代末 秦의 옛 땅.
  本詩에서는 長安을 가리킨다.
* 三秦 : 秦을 멸망시킨 뒤 項羽는 關中을 쪼개 秦의 항복한 장수인 章邯을 雍王으로 司馬欣을 塞王으로 董翳를 翟王으로 봉하였는데 이 셋을 三秦이라 한다. 후에는 陝西省 一帶를 가리키게 되었다.
  本詩에서는 長安을 가리킨다.
* 五嶺 : 大庾嶺·越城嶺·騎田嶺·萌渚嶺·都龐嶺을 말한다. 江西省·湖南省·廣東省·廣西省에 위치하고 있는데 長江과 珠江 流域의 分水嶺이다. 흔히 남쪽지역을 말할 때 쓴다.
  本詩에서는 作者의 故鄕인 莆田(福建省에 속함)을 이것으로 대신하였다.
* 依然 : ① 依然如故. 여전히·변함없이 예전과 같다. ② 그리워하다. 사모하다. 아쉬워하다. 연연(戀戀)하다.
* 寓跡 : 寄足. 잠시 머무르다.
* 槐 : 홰나무. 회화나무. 漢나라 때 長安의 讀書人들이 모여들고 서로 물물교환 하던 곳은 槐樹가 많아 槐市라 하였는데 후에는 學舍를 가리키게 되었다. 唐代에 長安에는 槐里라는 동네가 있었으니 宋之問의 <魯忠王挽詞>詩之二에서 "人悲槐里月"이라 하였다. 또한 宋代에는 서울의 거리 양쪽에 槐樹가 줄지어 있어서 서울거리를 槐街라 하였다.
* 曲 : 구석. 변두리.
* 業 : 學業. 事業. 功業. 이루어진 결과를 말함.
* 蕪 : 잡초가 무성하다. 황폐하다.
* 川 : 原. 벌판. 평야.
* 當眼 : 눈앞에 있다.
* 暗 : 가리다. 덮다.
* 出 : 넘다. 벗어나다. 솟아오르다.
* 層閣 : 層樓. 高樓.
* 管絃 : 管樂器와 絃樂器.

<下第東歸留辭刑部鄭郎中誠> 黃滔

去違知己住違親, 欲發羸蹄進退頻.
萬里家山歸養志, 數年門館受恩身.
鶯聲歷歷秦城曉, 柳色依依灞水春.
明月藍田關外路, 連天風雨一行人.

<낙제하고 동으로 돌아가며
刑部郎中 鄭誠어른께 남기는 글> 황도

가자니 知己와 떨어지고 머물자니 어버이와 헤어지는데,
이제 여윈 말 타고 출발하니 나아가고 물러남이 잦기도 합니다.
만리 밖 돌아가는 家山은 부모님 봉양하려는 뜻인데,
몇 년간 머물던 門館에서 은혜 받은 몸입니다.
새벽 秦城 꾀꼬리 소리 뚜렷하고 분명한데,
봄날 灞水 버들빛은 아쉽고 섭섭함 입니다.
밝은 날 藍田關 밖의 길에,
하늘 가득 비바람 칠 때 한 행인 있을 것입니다.

註

*留辭 : 이별할 때 하고 싶은 말을 남김.

*郎中 : 벼슬이름.

*違 : 떠나다. 이별하다.

*羸(리) : 파리하다. 여위다.

*蹄 : 발굽. 이것으로 마소를 나타낸다.

*進退 : 서울에 오고 서울을 떠남을 말한다.

*家山 : 故鄕.

*歸養 : ① 집에 돌아가 부모님을 奉養함. ② 집에 돌아가 休養함.

*門館 : 權力家들이 賓客·門客을 머물게 하던 館舍.

*鶯聲 : 遷鶯을 暗示. 及第者들의 의기양양함을 상징.

*歷歷 : 역력하다. 뚜렷하다. 분명하다. 눈에 선하다.

*秦城 : 秦의 咸陽城. 長安의 代稱이 된다.

*柳色 : 이별을 뜻함.

*依依 : ① 바람에 한들거리는 모양. ② 아쉬워하는 모양. 섭섭해 하는 모양. ③ 사모하는 모양. 그리워하는 모양.

*藍田關 : 秦의 嶢關이니 陝西省 藍田縣 東南에 있다. 참고로 藍田縣은 美玉의 産地로 이름이 높았다.

*連天 : 滿天. 連에는 遍 즉 두루, 滿 즉 가득의 뜻이 있다.

<關中言懷> 黃滔

事事朝朝委一尊, 自知無復解趨奔.
試期交後猶爲客, 公道開時敢說冤.
窮巷住來經積雨, 故山歸去見荒村.
擧頭盡到斷腸處, 何必秋風江上猿.

<關中에서 속마음을 말한다> 황도

每事를 每日 같이 한잔 술에 맡기니,
스스로 아네 더 이상 권력에 빌붙을 수 없음을.
시험 때가 이른 뒤에도 여전히 나그네 신분이요,
과거 결과 공개 되도 감히 원통하다 말하리오.
가난한 골목에 살며 장맛비 겪었는데,
옛동산 돌아가도 황촌만 보이리.
머리 들면 눈길 가는 곳마다 애끊는 곳이니,
왜 꼭 가을바람 강가 잔나비소리 있어야 하나.

註

*關中 : ① 東의 函谷關, 西의 散關, 南의 武關, 北의 蕭關으로 둘러싸인 땅. ② 函谷關 以西의 戰國時代末 秦땅.
本詩에서는 長安을 가리킨다.
*事事 : ① 每事. 하나하나의 모든 일. ② 件件. 가지가지. 모두. 어느 일이든지. 樣樣. 여러 가지. 형형색색. 각양각색. 갖가지. 별의 별.
*朝朝 : 매일. 날마다.
*委 : 따르다. 맡기다. 위임하다. 위탁하다.
*尊 : (준)이라 읽으며 樽·罇과 같다. 술단지 술동이를 말한다. 그러나 詩에서 一尊이라 하면 一杯酒 즉 한 잔술을 나타내는 때가 많다.
*解 : ~를 할 수 있다. ~를 할 줄 안다. ~할 능력이 있다.
*趨奔 : 바쁘게 뛰어다님. 권세에 아부하거나 빌붙음.
*交 : 어떤 시기가 도래함(시험 때가 도래함). 前後 交替하는 즈음(시험과 발표가 엇갈리는 시기).
*公道 : 公正함. 公平함. 科擧를 말함.
*寃 : 억울하다. 원통하다.
*窮巷 : 陋巷. 빈민굴. 좁은 골목. 뒷골목.
*積雨 : 久雨. 장맛비.

<長安書事> 黃滔

一年年課數千言, 口祝心祠挈出門.
孤進難時誰肯薦, 主司通處不須論.
頻秋入自邊城雪, 昨日聽來嶺樹猿.
若有水田過十畝, 早應歸去狄江村.

<長安에서 여러 일들을 적어본다> 황도

一年 또 一年 數千言을 학습하였고,
문 나서 고향 떠날 때 비는 입 기도하는 심정 지녔었다.
홀로 잘 난 독불장군 험난한 시절 누가 추천하랴마는,
主司와 통할 때에는 이것저것 따질 것 없다더라.
매년 가을 변방 성의 눈을 헤치고 들어왔는데,
어제는 영마루 나무의 잔나비 소리 들었다.
만약 무논 삼백 평 남짓 있었다면,
일찌감치 돌아가 江村에서 김이나 맸을 것이다.

註

* 課 : 學習. 講習. 功課(학과목). 作業.
* 祝 : 빌다. 축원하다. 축하하다. 축복하다.
* 祠 : 祠堂. 祭祀.
  本詩에서는 告祠 지내는 심정으로 빈다는 뜻이다.
* 挈(설) : 손으로 끌다. 데리고 다니다. 절박하다.
* 出門 : ① 外出함. ② 고향을 떠나 먼 길 감. ③ 出嫁.
* 孤進 : 成就가 突出하고 특색 있는 인물을 가리킨다. 대개 남들에게 따돌림 받는 독불장군인 수가 많다.
* 主司 : 科擧의 主試官. 즉 考試委員長이다.
* 通處 : 通時. 서로 오고가며 친하게 지내는 때.
* 頻秋 : 매년 가을마다. 참고 : 頻年. 頻歲는 連年이다.
* 水田 : 논. 무논.
* 畝(묘) : 논밭 넓이의 단위로 一畝는 약 삼십 평이 된다.
* 第7句는 ≪史記 · 蘇秦列傳≫에서 蘇秦이 한 말을 염두에 두고 쓴 듯하다. 蘇秦이 탄식하며 말하기를 내가 洛陽의 負郭田(城 가까이 있어 기름진 땅) 2頃 즉 200畝가 있었다면 내 어찌 六國의 재상 도장을 찰 수 있었으리오 하였다.
* 狄 : 剔(척)과 통한다. 剪除 즉 제거하다. 잘라내다. 다스리다.
  本詩에서는 논밭의 잡초를 없애는 김매기를 뜻한다.

<放榜日> 黃滔

吾唐取士最堪誇, 仙榜標名出曙霞.
白馬嘶風三十轡, 朱門秉燭一千家.
郄詵聯臂昇天路, 宣聖飛章奏日華.
歲歲人人來不得, 曲江煙水杏園花.

<榜을 붙인 날> 황도

우리 唐나라 가장 자랑스러운 것 인재의 등용법이니,
仙榜에 적은 이름 아침노을 속 나타난다.
합격이다! 白馬 바람에 울 때 서른 명 고삐잡고,
축하한다! 朱門 촛불 밝힌 일천의 저택.
郄詵(극선)과 팔 잡고 하늘길에 오르며,
宣聖(선성)의 나는 글월 日華門에 올린다.
매해 사람마다 올 수는 없단다,
안개 낀 曲江 꽃 핀 杏園에.

註

* 放榜 : 합격자의 이름을 적은 榜을 내 검.
* 取士 : 선비들을 가려 뽑음. 인재를 채용함.
* 仙榜 : 榜을 아름답게 이르는 말.
* 標名 : 이름을 적다. 이름을 드러내다.
* 曙霞(서하) : 朝霞. 아침노을.
* 嘶(시) : 말이 울다.
* 轡(비) : 고삐. 三十轡로 及第者가 三十人임을 나타냈다.
* 朱門 : 붉은 칠한 대문. 貴族·富豪의 집을 말한다.
* 秉燭 : 촛불을 잡다로 풀이들 하나 秉은 炳과 통하며 촛불을 밝히다로 해석해야 맞는다. 촛불을 밤새도록 들고 있을 이치가 없다.
* 郤詵(극선) : 晉나라 때의 사람. 武帝가 스스로 어떻게 여기느냐 묻자 대답하기를 臣이 賢良對策에 추천되어 天下第一이라 하나 겨우 우거진 桂林 가운데 한 가지요 지천으로 玉이 깔린 崑山의 한 조각 玉일 따름 입니다 하였다. 원래는 스스로 겸손해하며 여러 인재중의 하나일 뿐이라는 뜻으로 썼으나 후에 桂林一枝나 崑山片玉은 科擧에 우수한 성적으로 及第함을 나타내게 되었다.
* 聯臂 : 서로 팔을 잡아당기다. 서로 함께 어울리는 것을 비유한다.
* 天路 : 하늘의 길. 서울을 나타내기도 하며 及第·出仕를 비유하기도 한다.
* 宣聖 : 漢나라 平帝 元始 元年(AD 1)에 孔子에게 褒成宣公이라고 謚號를 올렸다. 以後 역대로 孔子를 聖人으로 높였으며 詩文 中에서 宣聖이라고 한다.
* 飛章 : 급히 올리는 奏章 즉 上奏文.
* 日華 : 宣政殿 앞에 兩廡 즉 두 곁채가 있고 각각 문이 있는데 동쪽의 문을 日華門이라 한다.
* 煙水 : 안개가 자욱한 水面.

<二月二日宴中貽同年封先輩渭> 黃滔

帝堯城裏日銜杯, 每倚嵇康到玉頹.
桂苑五更聽榜後, 蓬山二月看花開.
垂名入甲成龍去, 列姓如丁作鶴來.
同戴大恩何處報, 永言交道契陳雷.

<二月二日 잔치에서 同年인 封渭 先輩에게 드린다> 황도

堯임금의 성 안 매일 잔을 입에 물고,
매양 嵇康 본받아 玉山이 기우뚱 무너지듯.
桂苑에서 五更에 합격의 榜을 안 뒤부터,
蓬山이라 二月에 꽃핀 것 보는 맛이라니.
드리운 이름 甲科에 들어 龍이 되어가고,
즐비한 성씨 丁令威 같아 鶴이 되어 온다네.
우리 함께 큰 은혜 이고 어느 때 보답하리,
길게 읊조리네 교제가 陳重·雷義처럼 단단하자고.

註

*二月二日 : ≪全蜀藝文志≫에서 成都는 二月二日이 踏青節이다 하였다. 踏青節은 본래 清明節과 겹치는데 대략 二月二十日 頃이 되니 약 二十日 차이가 난다. ≪全唐詩≫에 白居易·韓琮·李商隱의 <二月二日>이란 詩가 있는 것으로 보아 唐代에는 二月二日이 이름 있는 명절이었던 것 같다.

*貽(이) : 주다. 증여하다. 끼치다. 전하다.

*同年 : 唐代에 同榜으로 進士된 사람. 즉 같은 科擧에 함께 합격한 사람들의 상호 호칭이다.

*先輩 : ① 나이가 많고 경력이 풍부한 사람을 부르는 말이다. ② 唐代에 同時에 科擧及第한 進士들의 相互 呼稱.

*銜杯 : 술잔을 입에 물고 있다는 것이니 즉 술 마신다는 말이다.

*倚 : ① 기대다. 의지하다. 접근하다. ② 본받다. 본뜨다.

*嵇康到玉頹 : 嵇康(혜강)은 三國 魏의 中散大夫로 世俗을 逸脫, 孤高하게 지냈으며 竹林七賢의 하나다. ≪世說新語·容止≫에 의하면 그는 長身의 美男으로 무엇을 하여도 멋이 있었으며 그가 취하면 기우뚱하게 玉山이 무너지듯 하였다 한다. ("其醉也, 傀俄若玉山之將崩.")

*桂苑 : 계수나무 동산. 계수나무 가지는 科擧의 及第를 비유하니 계수나무 동산 또한 科擧試驗場을 뜻한다.

*五更 : 옛날 황혼에서 새벽까지를 初更, 二更, 三更, 四更, 五更으로 나누었다. 따라서 五更은 해가 장차 뜨려는 새벽녘이 된다.

*蓬山 : 蓬萊山. 三神山의 하나. 대궐이나 서울을 가리키기도 하고 경치가 뛰어난 곳을 나타내기도 한다.

*看花 : 進士及第하면 長安을 싸지르며 꽃구경 다니는 풍속이 있었으니 요즈음의 카퍼레이드와 흡사하다. 따라서 看花人은 及第者의 뜻으로 쓰였다.

*甲 : 進士에는 甲科 乙科의 區分이 있었다.

*丁 : 遼東사람 丁令威는 靈虛山에서 修道, 鶴이 되어 遼東城門의 華表柱에 머물렀다. 이때 어떤 젊은이가 활로 쏘려하니 날아 공중에서 빙빙 돌며 말하기를 "새여! 새여! 丁令威로다. 집 떠난 지 천년 이제 돌아왔다. 성곽은 예대로나 사람들은 다 바뀌었다. 왜 神仙을 안배우고 무덤만 겹겹인가" 하고는 하늘 높이 올라갔다.

本詩에서는 鶴으로 及第者를 나타냈다.

*何處 : 何時와 같다.

*永言 : 읊다. 길게 읊조리다. ≪書·舜典≫에서 "詩言志, 歌永言"이라 하였다.

*交道 : 交際上의 親分, 情誼.

*契(계) : 뜻·마음이 통한다. 의기가 서로 투합하다.

*陳雷 : ≪後漢書·獨行傳·陳重·雷義≫에서 "膠漆自謂堅, 不如雷與陳. 아교와 옻칠이 본래 단단하게 붙었다지만 雷義와 陳重의 친함만 못하지."이라 하였다. 극히 친밀한 사이를 나타낼 때 쓴다.

<下第醉中寄孫儲> 孫定

行行血淚灑塵襟, 事逐東流渭水深.
秋跨蹇驢風尙緊, 靜投孤店日初沈.
一枝猶挂東堂夢, 千里空馳北巷心.
明月悲歌又前去, 滿城煙樹噪春禽.

<낙제한 뒤 취중에 孫儲에게 부친다> 손정

가고 또 가며 먼지 낀 옷깃에 피눈물 뿌리니,
나의 일이여 동으로 흐르는 渭水 따라 숨었다.
다리 저는 나귀를 타면 가을바람은 여전히 조이는데,
외딴 旅店에 投宿하니 맑고 고요한 태양 막 잠긴다.
東堂의 꿈이여 그래도 계수 한 가지 거는 것이었는데,
北巷의 심사여 헛되이 천리를 달렸었다.
밝은 달 아래 슬피 노래하며 또 떠나가자니,
長安은 온 성이 언제나 안개 낀 나무에 새 우는 봄이더라.

註

*孫定 : 字는 志元이며 生卒年은 未詳이다. 涪州(蜀에 있다) 兵部尙書 孫某의 族子(성과 본이 같은 일가 가운데 유복친 안에 들지 않는 같은 항렬 형제의 아들)라고 한다. 昭宗 景福(892~893)年間에 과거를 보았으나 실패하였다. ≪全唐詩≫에 本作品 一首만이 전해온다.
*行行 : 쉬지 않고 앞으로 가다.
*灑(쇄) : 뿌리다. 가르다. (바람)불다.
*塵襟 : 본래 世俗의 胸襟을 말하나 本詩에서는 나그네의 먼지 낀 옷깃으로 보아야 할 것이다.
*逐 : 따르다. 쫓다.
*深 : 숨다. 숨기다. 감추다.
*跨(과) : 넘다. 사타구니. 걸터앉다. 걸치다.
*蹇驢 : 절뚝발이 당나귀.
*投 : 投宿하다.
*店 : 旅店. 客店. 여인숙. 규모가 작은 여관.
*靜日 : 깨끗하고 고요한 태양.
*挂(괘) : 掛와 같다. 걸다. 挂一枝는 계수나무 한 가지를 걸다로 及第를 말한다.
*東堂 : 晉나라 대궐의 正殿. 武帝때 郤詵이 皇帝가 친히 주관한 시험에 일등으로 합격하였다. 따라서 東堂은 試驗場의 代稱이 되었으며 東堂夢은 급제를 꿈꾼다는 뜻이 되겠다.
*北巷 : ① 北里와 같다. 長安의 平康里는 북쪽에 있어 北里라 불리는데 妓院이 있던 곳이다. 따라서 후에는 妓女가 모여 사는 유흥가를 나타내게 되었다. ② 北門과 같다. 唐代 學士院은 대궐의 北門에 있었다. 따라서 學士院의 代稱이 된다.
*煙樹 : 안개가 에워싼 樹林 · 叢林.
*噪(조) : 떠들썩하다. 새가 지저귀다. 벌레가 울다.

<下第不勝其忿題路左佛廟> 于鄴

雀兒未逐颺風高, 下視鷹鸇意氣豪.
自謂能生千里足, 黃昏依舊委蓬蒿.

<낙제한 뒤 울적함을 이기지 못해
길 왼쪽의 佛寺에 題한다> 우업

참새가 날리는 바람 따라 오르지도 못했건만,
매와 새매를 깔보며 의기가 호탕했었지.
스스로 여겼지 하루에 천리 가는 능력 드러냈다고,
황혼이 되자 예대로 쑥덤불에 몸 맡겼네.

註

*于鄴 : ≪新唐書 · 藝文志≫와 ≪全唐詩≫에서는 于鄴과 于武陵이 별개의 두 사람으로 되어있으나 요즈음의 연구에 따르면 기실 한사람으로 武陵은 于鄴의 字라 한다. 同一人이기 때문에 ≪全唐詩≫中 于武陵 詩와 于鄴의 詩는 중복되는 것이 많다. 生卒年은 未詳인데 ≪全唐詩≫의 于武陵에서는 武宗 會昌(841~846) 때 사람이며 宣宗 大中(847~859) 때 進士及第하였다 하였고 于鄴에서는 간단히 唐末進士라 하였다. 일찍이 낙제하였을 때 琴과 書를 가지고 商洛 · 巴蜀을 往來하였으며 後에는 嵩陽의 別墅에서 생을 끝마쳤다. 그의 詩는 飄逸로 이름났다.

*忿 : ① 분노. 원한. ② 답답함. 울적함. 우울함.

*雀 : 참새(痲雀). 작은 새.

*逐 : 따르다. 쫓다. 追求하다. 求取하다.

*颺(양) : 휘날리다. 나부끼다. 키로 까부르다. 키질하다.

*下視 : 경멸하다. 무시하다. 깔보다. 업신여기다.

*鷹鸇(응전) : 매와 송골매. 매와 새매.

*意氣 : 意志와 氣槪.

*自謂 : 스스로 ~라 여기다. 스스로 헤아리다 · 생각하다.

*生 : 드러내다. 나타내다.

*千里足 : 하루에 천리 가는 발의 능력.

*蓬蒿 : 둘 다 쑥이다. 시시한 풀덤불을 나타낸다.

≪莊子 · 逍遙遊≫에 나오는 이야기.

鵬이라는 새가 등은 太山같고 날개는 구름을 드리운 듯한데 회오리바람 타고 오르기를 구만리 청천을 등지고 남으로 南冥에 가려한다. 斥鴳(鴳雀이라는 작은 새)이 웃으며 말하기를 저것은 어디로 가려는가? 나는 팔딱 뛰어 올라도 몇 길을 못 넘고 내려오고 쑥대덤불에 날아다녀도 이 또한 나는 것의 지극함이거늘 하였다.

本詩에서는 鵬새 같은 실력을 갖춰야 합격하는데 鴳雀 같이 주제를 모르고 날뛰었다는 부끄러움을 吐露한 것으로 과거의 不公正따위는 아예 거론 않고 자신의 무식을 책망한 것이다.

<下第夜吟> 戴衢

擾擾東西南北情, 何人於此悟浮生.
還緣無月春風夜, 暫得獨聞流水聲.

<낙제한 뒤 밤에 읊다> 대구

어수선하고 혼란하지 東西南北으로 떠다니는 실정이야,
그 누가 이 속에서 덧없는 인생을 깨닫겠나.
그래도 봄바람 부는 달 없는 밤 덕분에,
잠시나마 도리어 흐르는 물소리 들을 수 있다네.

註

* 戴衢 : 未詳. ≪全唐詩≫에 本詩 一首만 전한다.
* 擾擾(요요) : 혼잡하고 어수선하다. 번잡하다.
* 東西南北 : 到處, 處處를 가리키며 밖에서 飄流하며 一定한 居處가 없는 것을 나타낸다. ≪禮記·檀弓上≫에서 孔子는 스스로 東西南北之人也라 하였다.
* 還緣 : 그래도 ~때문에.
* 獨 : 도리어. 여전히. 또한.

낙제생들의 노래

초판 1쇄 인쇄 2011년 7월 11일 초판 1쇄 발행 2011년 7월 15일
역주 최년균·정환종 감수 정원표
펴낸이 박성복 펴낸곳 도서출판 월인
등록번호 제6-0364호 등록일 1998. 5. 4.
주소 142-879 서울특별시 강북구 수유2동 252-9
대표전화 (02) 912-5000 팩스 (02) 900-5036
e-mail worinnet@hanmail.net homepage http://www.worin.net

ISBN 978-89-8477-494-0 93810

값 25,000원